Friedrich Wilhelm Hackländer

Humoristische Schriften

2. Band

Friedrich Wilhelm Hackländer

Humoristische Schriften
2. Band

ISBN/EAN: 9783744663496

Hergestellt in Europa, USA, Kanada, Australien, Japan

Cover: Foto ©ninafisch / pixelio.de

Weitere Bücher finden Sie auf **www.hansebooks.com**

F. W. Hackländer's

Humoristische Schriften.

Dritter Band.

Wachtstubenabenteuer.

Zweiter Band.

—◄►

Stuttgart.

Verlag von Adolph Krabbe.

1872.

Von

F. W. Hackländer.

Zweiter Band.

Vierte Auflage.

———wwww———

Stuttgart.

Verlag von Adolph Krabbe.

1872.

Erstes Kapitel.

Worin der geneigte Leser eine Post-Wachtstube kennen lernt und vielleicht eine alte Bekanntschaft erneuert — gewiß etwas Seltenes für ein erstes Kapitel.

Es ist in den meisten großen Posthöfen ein Winkel, ein heimliches Plätzchen, das der oberflächlichen Beschauung fremd bleibt und das sich nur dem Blicke eines Eingeweihten in seiner ganzen Anmuth und Lieblichkeit offenbart. Es ist dies nicht des Passagierzimmers trostlose Einsamkeit mit vier grau angestrichenen Wänden, einem fast durchgerutschten ledernen Sopha, einem übermäßig großen Ofen mit übermäßig kleinem Feuer darin, mit einem trübe glimmenden, herabgekommenen Talglicht und einem verdrießlich aussehenden, ebenfalls herabgekommenen Kellner. Nein, es ist nicht dieser Schreckens= aufenthalt für alle unglücklichen Reisenden: der Platz, den wir meinen, ist die Post-Wachtstube, ein gerade nicht besonders großes Gemach, gewöhnlich hinter der Packkammer gelegen und auf der andern Seite an die Expeditionszimmer stoßend. Der Eingang zur Packkammer besteht in der Regel aus einer Glasthüre, in der sich oben ein Fensterchen öffnen läßt und vermittelst dessen der Wachthabende und Aufsichtführende sich mit den Packknechten zu verständigen im Stande ist.

Diese Postwachtstube kann sich nur des Abends sehen lassen. Sie erhielt bei ihrer Erschaffung kein Fenster, und ist deßhalb nur wohnlich und traulich, wenn der Talglichter Schein die Wände erhellt. Diese Wände sind geschmückt mit einem Postreglement, einem Brief= und Packettarif und einigen großen Nägeln, an welchen hier Rock und Mütze des Wachthabenden, dort eine überaus lange Papierscheere und ein Knäuel Bindfaden hängt.

Von dem Ameublement und sonstiger Verzierung läßt sich nicht viel sagen; sie bestehen aus einer alten hölzernen Kiste, die als Heu=, Stroh= und Papierkorb dient, ferner aus einem wackeligen Tische, aus einem großen ledernen Lehnstuhle und endlich aus dem Portrait des General=Postdirektors Excellenz.

Es ist Abends zehn Uhr. Der Posthof, der noch vor einer Viertelstunde mit Wagen, mit schüttelnden, schnaubenden Pferden, mit ungeduldig schreienden Conducteuren, mit schluchzenden und lachenden Passagieren angefüllt war, hat sich nun nach allen Richtungen entleert. Die Postillone auf ihren Pferden blasen, die Postuhr schlägt langsam und feierlich zehn Mal, der expedirende Sekretär ruft sein „Fertig!" die Wache haltenden Hunde auf den Wagendächern kläffen, als sähen sie sich jetzt schon durch eine Legion Räuber beunruhigt, und so schwankt einer der schweren Kasten nach dem andern durch das Thor, der Eine hierhin, der Andere dahin. Man hört eine Zeit lang das Klatschen der Peitschen, das Rollen der Räder, auch vielleicht das schmetternde Horn des Postillons, der durch die finsteren Straßen reitend und an den Fenstern hinauf blinzelnd in einer gewissen Dachkammer ein Licht erblickt — dem gilt sein Blasen; für sie, die droben wacht, ertönt durch die stille Nacht das Lied:

Es reiten drei Reiter zum Thore hinaus — Ade!

Auf dem Posthofe, von dem wir zu sprechen die Ehre haben, wurde es mittlerweile ruhig und still; die Uhr schlägt ein Viertel auf Elf, und der wachthabende Packmeister kann

bis Mitternacht, wo wieder einige Pack= und Eilwagen ab=
gehen, ruhig träumen. Seine Geschäfte sind besorgt; in der
anstoßenden Packkammer liegen sämmtliche Pakete, groß und
klein, wohlgeordnet nach den verschiedenen Stationen nach
einander, und die dazu gehörigen Begleitschriften und Fracht=
briefe, ebenso sorgfältig geschichtet, neben ihm auf dem Tisch.

Der Wachthabende hier ist ein Mann an die vierzig
Jahre, groß und schlank, fast mager zu nennen. Er trägt
eine graue Militärhose, darüber das blaue Collet der Post=
conducteure, und auf der Brust neben dem silbernen Adler
an den drei Ketten hat er die goldene Schnalle, wodurch
wir die Gewißheit erhalten, daß er fünfzehn Jahre lang in
irgend einem Regiment oder einer Artilleriebrigade gedient.
Wir wissen nicht, woher es kommt, aber es ist etwas außer=
ordentlich Würdevolles in der ganzen Haltung und den Be=
wegungen dieses Mannes, ja, in seiner Art, zu sitzen, wie
er den Kopf aufstützt, wie er das ernste nachdenkende Haupt
in die Hand gelegt hat. Da gibt er uns auf dem alten
Lehnstuhle so ein bekanntes Bild: der linke Fuß etwas zurück=
gezogen, erreicht fast die Sprossen des Stuhles, der rechte,
auf ein mächtiges Paket in schwarzem Wachstuche aufgestellt,
zeigt uns ein außerordentlich spitzes Knie, so spitz, daß es
seine Bekleidung zu durchbohren droht, was auch unfehl=
bar geschehen müßte, wenn die Hosen mit Steegen versehen
wären. So aber ziehen diese sich durch die ungeheure An=
strengung nur unten krampfhaft in die Höhe und zeigen über
einem Paar blank gewichster Stiefel die hierzu gehörigen,
aber sehr fuchsigen Schäfte. Er hält ein außerordentlich
großes Buch, eine Art Foliant, auf den Oberschenkel gestützt,
mit der rechten Hand aufrecht; und der Kopf, den, wie wir
schon bemerkten, die linke Hand unterstützt, ist den großen
Blättern des Buches zugewendet.

Der Mann scheint eifrig zu lesen; doch ist dies eigent=
lich zu wenig gesagt: er scheint, versunken in seine Lectüre,
sonst für nichts in der ganzen weiten Welt in diesem Au=
genblicke Interesse zu haben. — Und dieses Gesicht, es paßt

vollkommen zu der ganzen nachdenklichen Haltung des Körpers. Die hohe Stirn, deren Grenzen nach oben wegen
Haarmangels nicht mehr genau zu bestimmen sind, und die
sich wie eine Waldlichtung fast bis zu den buschigen Abhängen
des Hinterkopfes sanft hin verliert, endet nach unten in ein
Paar dichter Augenbrauen, welche finster die ernsten, aber
gutmüthigen Augen überschatten. Die Nase ist lang und
spitz und wendet sich drehend den Zeilen zu, bald nach rechts,
bald nach links, den lesenden Augen folgend. Der Schnurrbart ist gewöhnlich militärisch verschnitten, doch verrathen die
Spitzen desselben eine kühne Neigung nach aufwärts; der
Mund ist fest zusammengekniffen, wahrscheinlich in Folge der
schlechten Lectüre.

Jetzt erinnern wir uns auch plötzlich, wem dieses ganze
Bild ähnlich sieht. Ja, es ist Don Quixote, wie er den
Amadis von Gallien liest. — Doch der Wachthabende zer-
stört uns dieses Bild im Augenblicke wieder, indem er das
Buch zusammenklappt, es neben sich auf den Tisch legt, dann
die Talgkerze in dem eisernen Leuchter putzt und auf seine
Taschenuhr sieht, welche halb Elf anzeigt. Darauf erhebt
er sich, legt seine Hände auf dem Rücken zusammen und
geht mit großen Schritten in dem kleinen Gemache auf und
ab. Der Raum in der Wachtstube ist so beschränkt, daß
der Packmeister nach dem vierten Schritt jedes Mal wieder
umkehren muß.

Obgleich sich der zusammengekniffene Mund etwas geöffnet hat, obgleich die Augenbrauen nicht mehr finster und
drohend herab hangen, so lagert doch noch ein tiefer Ernst
und eine gewisse Schwermuth auf den Zügen des langen
Mannes. An der Glasthür zur Packkammer bleibt er endlich stehen, schlägt die Arme über einander und blickt nachdenkend auf den großen Haufen von Paketen und Kisten
aller Art. „Das habe ich mir früher alles so praktisch und
schön gedacht," sagte er nach einer längeren Pause mit leiser
Stimme, „so den Vermittler der ganzen Welt zu machen,
und wenn man gewissermaßen Phantasie hat, so kann man

sich bei dem Anblick dieser kleinen schwarzen und grauen Dinge
gewisser seltsamer Gedanken nicht erwehren; da gehen Zettel
und Briefe durch meine Hand und fließen in alle Welt hin=
aus — dem Einen bringen sie Lust und Freude, dem Ande=
ren Kummer und Schmerz. Und doch ist nichts reell Poeti=
sches dabei! Es ist ein höchst langweiliges, trübes Leben!
Ja, wenn man den Postdienst so von Weitem ansieht — die
dahineilenden Wagen; der Conducteur in seine Ecke gedrückt,
raucht eine der vortrefflichen Cigarren seines Passagiers; oder
der Ruhetag in einer fremden Stadt, wo man behaglich und
wohlgemuth einherspaziert und all das Merkwürdige mit Muße
anschaut, ja, das sind die Lichtseiten davon, und an die dacht'
ich nur, als ich den Rock mit dem schwarzen Kragen auszog,
als ich den Säbel abschnallte, und von meinem Geschütze,
der Minerva, Abschied nahm. Jetzt ist Alles ganz anders
geworden, und als ich noch im Eilwagen fuhr und zuweilen,
wie es sich gerade traf, über eine Chaussee kam, durch ein
lustiges Manöver hindurch, und rechts und links die weißen
Staubmassen aufwirbelten, da wollte mir die Sehnsucht schier
das Herz zerbrechen, wenn ich so aus den dichten Rauchwolken
hindurch in weiter Ferne an irgend einem Waldsaume das
Glänzen der Geschützrohre sah, oder wenn quer vor mir über
die Landstraße hinweg eine reitende Batterie dahinflog. —
Ja, es gibt auf dieser Welt nichts Schöneres als eine reitende
Batterie, und es war mir in solchen Augenblicken, als zög'
es mich Nachts zu dem Kutschenfenster hinaus und als ge=
hörte ich immer noch dazu und sei nur zufällig zu spät ge=
kommen; — was aber während meiner Dienstzeit nie vorgekom=
men," setzte er mit großer Wichtigkeit hinzu und strich sich
mit der rechten Hand über die Augen.

Draußen wurde in diesem Augenblicke die äußere Thür
der Packkammer geöffnet, und der Conducteur, der einen der
Zwölfuhr=Wagen zu fahren hatte, kam in die Wachtstube,
um mit dem Collegen noch eine halbe Stunde zu plaudern.
Hinter dem Conducteur drein kam dessen Hund, ein kleiner,
wachsamer, possierlicher Spitz, der in der Packkammer nichts

Angelegentlicheres zu thun hatte, als sämmtliche Pakete zu beschnüffeln, über eine große Kiste leicht und gewandt hinweg= zusetzen und sich alsdann auf den Boden nieder zu kauern, um eine Jagd zu beginnen, deren nähere Beschreibung wir für vollkommen überflüssig halten.

„Sie sind ja heute außerordentlich früh!" nahm der Packmeister das Wort, nachdem er seinen Sitz im Lehnstuhl wieder eingenommen. „Erst halb Elf und schon im Post= gebäude!"

„Ja, ja," meinte der Andere, „wenn man so um zwölf Uhr fort muß, so ist gar nichts anzufangen. Legt man sich zu Haus auf's Bett, so wird man so schläfrig, daß man Mühe hat, seine fünf Sinne wieder zusammen zu suchen; im Wirthshaus verzehrt man nur sein Bischen Geld, und da komme ich lieber hieher, um mit Ihnen ein Stündchen zu verplaudern."

„Das ist mir sehr angenehm," entgegnete der Wacht= habende. „So die Zeit zwischen zwei Postwagen ist ziem= lich langweilig. Da liegt schon Alles geordnet, dort die Pakete, hier meine Frachtbriefe, und wenn es auf diese Art nichts mehr zu thun gibt, da wird einem auch die Zeit recht lang."

„Aber Sie lesen zuweilen," sagte der Conducteur, „und haben immer so absonderlich merkwürdige Bücher. Was ist denn das da wieder?" — Bei diesen Worten zeigte er auf den dicken Folianten, den der wachthabende Packmeister auf den Tisch gelegt.

„Das ist der höllische Proteus," antwortete dieser wichtig, „ein sehr anständiges und lehrreiches Buch, handelt von Gei= stern und Gespenstern und deren Beschwörung. Man kann außerordentlich viel Gutes daraus lernen."

„Ist keine Lectüre für mich," meinte der Conducteur. „Ich hasse dergleichen Geschichten von Geistern und Gespen= stern. Warum soll man es sich absichtlich grauselich machen? Wenn man so Nachts allein fährt, hat man ohnedies seine curiosen Gedanken — so über eine Haide hinweg, wenn der

Mond recht hell scheint, wo man Meilen weit sieht und der Wagen so dumpf rollt."

„Ja, ja," nahm der Wachthabende nachdenkend das Wort, „und wenn so plötzlich querfeldein ein Reiter kommt, so nebelig und federleicht, und flattert nur so auf dem Boden dahin, und kommt immer näher und näher und dicht an Ihr Wagenfenster, und wenn er Sie gerade grüßen will, so fällt ihm ein, daß er keinen Kopf mehr hat."

„Das sind ja gräuliche Possen! Laßt die Geschichten unterwegs."

„Aber sie sind voll Poesie, und nach solchen Phantasieen, wenn mein Gemüth dergestalt aufgeregt war, habe ich meine schönsten Gedichte gemacht."

„Apropos, was Ihre Gedichte anbelangt," bemerkte der Conducteur, der augenscheinlich froh war, das Gespräch auf einen anderen Gegenstand zu leiten, „so werde ich heute mit einem Bande fertig. Wollen Sie dieselben jetzt drucken lassen, wie ist's damit? Das kann ich Sie versichern, sobald sie heraus kommen, kaufe ich sie, und wenn sie auch einen ganzen Gulden kosten."

Bei diesen Worten überflog die Züge des wachthabenden Packmeisters ein trübes Lächeln; doch nur einen Augenblick blitzte dieses Lächeln auf seinem Gesichte auf, und dann erschien dasselbe finster, kalt und abstoßend. — „Das ist eine Geschichte," sagte er nach einer Pause und zog die Mundwinkel ernst in die Höhe, „woran vor der Hand nicht mehr gedacht wird. Ich versichere Sie, lieber Conducteur, es ist keine Poesie mehr auf Erden, kein Gefühl mehr für das Gute und Schöne."

„Ah," entgegnete dieser und schaute den Packmeister mit ziemlich dummem Gesichtsausdrucke an, „ist das wirklich wahr?" — Er wußte nämlich nicht, was er Anderes antworten sollte.

„Keine Poesie mehr," versetzte der Packmeister und machte eine horizontale Bewegung mit der Hand, wodurch er augenscheinlich ausdrücken wollte: die Sache ist abgemacht!

Es entstand hiedurch eine längere Pause, und nach der=
selben legte der Conducteur sein rechtes Bein auf das linke,
schlug die Arme über einander und sah den gegenüber Sitzen=
den fest an.   Der Spitz machte es gerade so, nur mit dem
Unterschiede, daß er seine Beine nicht über einander schlug,
sondern sie der größeren Bequemlichkeit halber weit von sich
abstreckte. — „Ich möchte nur wissen," sagte jetzt der Con=
ducteur, „weßhalb Sie sich in der That überzeugt haben, daß
keine Poesie mehr auf Erden ist? Ich kann das nicht glauben;
denn wenn ich so ein Zeitungsblatt durchlese oder bei den
Bücherläden vorbeifahre, so sehe ich eine solch ungeheure
Menge von Poesie, daß es mir oft ganz übel zu Muth
werden könnte."

Das trübe Lächeln auf den Zügen des Packmeisters
verwandelte sich nach diesen Worten in ein mitleidiges.   Er
zog seine Achseln in die Höhe und entgegnete: „Wenn ich
vorhin sagte, es sei keine Poesie mehr auf Erden, so wollte
ich darunter verstanden haben, es sei kein Gefühl für Poesie
mehr vorhanden."

„Ja so! ja so! — Bei den Leuten im Allgemeinen, was
man Publikum nennt, da mögen Sie gewiß Recht haben;
aber bei denen, die sich mit Poesie abgeben müssen, bei den
Zeitungsschreibern und Buchhändlern, da muß doch noch ein
schönes Stück Poesie zu finden sein."

„Wie sehr Sie namentlich in letzterem Punkte Unrecht
haben, will ich Ihnen bestens beweisen, wenn Sie nämlich
Zeit haben, mich anzuhören."

Statt aller Antwort zog der Conducteur aus seiner
Tasche ein ledernes Uhrenfutteral heraus, eine dicke unbehülf=
liche Maschine, aus welcher nur das Zifferblatt hervor sah,
warf auf letzteres einen prüfenden Blick und entgegnete: „Ich
habe noch volle achtundzwanzig Minuten Zeit."

„Von jeher," sagte der Packmeister, „fühlte ich einen
Drang zu etwas Höherem in mir und haßte alles Gemeine.
Schon in jenen Tagen, wo ich zum Militärdienst tauglich
befunden wurde und wo sich alle die Anderen entsetzlich

fürchteten, man möge sie zur Artillerie einschreiben, meldete ich mich gerade zu dieser Waffe und war stolz darauf, als man mich derselben zutheilte. Ich war Artillerist mit Leib und Seele, und in einem halben Jahre erreichte ich das Höchste, was Rekrutenehrgeiz verlangen kann — ich wurde zur reitenden Artillerie versetzt. Ich weiß noch ganz genau, wie Tages vorher, als es so halb und halb bekannt geworden war, wir sollten die tüchtigsten Leute zur reitenden Batterie abgeben und ich sei unter diesen, wie ich mir damals einen Schleppsäbel borgte und mit demselben klirrend durch die dunkeln Straßen schritt. — Es war das ein schöner Moment!"

„Aber da bekamen Sie ja ein Pferd zu putzen?" meinte der Conducteur.

„Freilich zu putzen," fuhr der Packmeister fort. „Aber auch eins zum Reiten," setzte er stolz hinzu. — „Nun studirte ich auf's Eifrigste den Leitfaden für Artilleriewissenschaften, exercirte mit einer wahren Begeisterung und hatte in kurzer Zeit meinen Dienst inne, wie der älteste Kanonier. Bald wurde ich auch Bombardier, die erste Stufe auf der Leiter zur höchsten Macht. Ich hoffte es zum Offizier bringen zu können, doch andere Umstände ließen mich nicht weiter daran denken. Ich sah leider ein, daß meine Schulbildung in der Jugend nicht der Art vorbereitet worden sei, um sie als Fundament zu einem dereinstigen Examen betrachten zu können. Ich dachte nicht weiter an die Epauletten und beschloß, es zu machen, wie jener große Römer so treffend sagte: Aut Cäsar, aut nihil! das heißt auf Deutsch: Lieber ein großer Unteroffizier, als ein kleiner Lieutenant. — Und also geschah es, und ich kann mit großem Stolze sagen, daß ich meinen eigenen Erwartungen entsprach und denen meiner Vorgesetzten. Orden und Ehrenzeichen konnte ich freilich dafür keine bekommen, aber allen, die damals bei der Brigade waren, wird der große Moment unvergeßlich sein, als wir bei einer Schießübung nach einer Rotonde mit fünfzigpfündigen Bomben warfen und ich das Glück hatte, nicht nur unter acht Schuß sechs

hinein zu bringen, sondern als obendrein das Unglaubliche
geschah, daß mein vierter Wurf die Flaggenstange mitten in
der Rotonde herabriß. — — — — Da ritt unser alter
Oberst von T. — Gott mög' ihn selig haben! er konnte
sehr grob sein, und hatte das in derselben Viertelstunde an
einem unglückseligen Lieutenant bewiesen, aus dessen Mörser=
batterie eine Bombe zwischen die Distanz flog, die statt mit
Ausstoß mit Springladung versehen war — da also ritt der
alte T. auf mich zu, nahm seinen Federhut ab und sagte:
„Nu, et is nur gut, dat et neben solche Offiziere noch so
respectable Unteroffiziere gibt!" Und darauf reichte er mir die
Hand, und ich muß Ihnen gestehen, liebster Conducteur, was
mir nie geschah, geschah mir in diesem Augenblicke: mir liefen
ein paar Thränen über die Backen herab."

„Ja, das war auch sehr schön," entgegnete der Andere;
„das hätte mich auch unsinnig gefreut."

„Ob! — und wie!" gab der Packmeister zur Antwort;
„ich erfand mir auch für jenen glorreichen Tag ein eigenes
Erinnerungszeichen, über das Manche freilich damals ge=
lacht. Doch hat mich dieses Lachen nie geschmerzt. Ich
machte mir nämlich von weißem Leder einen kleinen Stern
und schrieb darauf hin:

> Unter acht Wurf sechs geglückt —
> Mir der Oberst die Hand gedrückt —
> Die Kameraden mich stolz angeblickt.

Dann kam Datum und Jahreszahl, und diesen Stern
nähte ich mir innerhalb des Collets gerade auf die Stelle,
wo man einen Ordensstern zu tragen pflegt. Jener Hände=
druck hatte mich geadelt; mein eigenes Bewußtsein gab die
Erlaubniß, mich selbst, wenn auch unsichtbar für Andere, zu
decoriren."

„Da hatten Sie vollkommen Recht," sagte der Conduc=
teur mit wichtiger Miene; „wenn das während eines Krieges
geschah, so konnte Ihnen das allgemeine Ehrenzeichen doch
nicht entgehen."

„Das dachte ich auch," antwortete der wachthabende
Packmeister, setzte aber mit trüber Stimme hinzu: „Leider
war's Friedenszeit, und ich mußte den schwarzen Kragen
ablegen, ohne den ernstlich gemeinten Kanonenschuß zu
erleben."

Zweites Kapitel.

Handelt von Redacteuren und Buchhändlern, und zeigt, wie wenig
Poesie überhaupt bei den Menschen zu finden ist.

„Doch bin ich ganz von dem Faden meiner Erzählung
abgekommen," fuhr der Packmeister nach einem Augenblick
tiefen Nachsinnens fort. — „Also von der Poesie der Re-
dacteure und Buchhändler sprachen wir?"

„Die keine Poesie verständen," ergänzte der Conducteur.

„So war's! — Als ich nun sah, daß ich wohl Zeit
meines Lebens Unteroffizier bleiben würde, nahm mein Geist
eine andere Richtung, und ich begann in meinen Freistunden
mich mit poetischen Gedanken zu befassen. Mein erstes Gedicht galt meinem Pferde; es waren da sehr schöne Reime
anzubringen: Pferd — Werth — ehrt — mehrt — nährt
und Heerd. Es war dies kein unsauberes Stück Arbeit, doch
hatten wir damals bei der Batterie einen naseweisen Freiwilligen — H. hieß er, ein vorlauter Bursche, sonst ein guter
Kerl, — der nannte mein Gedicht, als ich mich ihm anvertraute und es ihm vorlas, eine Pferdspoesie, was mich sehr
darniederdrückte; doch schreckte mich das nicht ab, auf dem
einmal betretenen Wege fortzufahren. Ich machte Gedichte
über alles Mögliche; ich schrieb sie sauber ab und hatte
bald zwei ganze Bände beisammen, die ich beständig bei mir

führte, den einen Band in dem linken Pistolenhalfter, den anderen in dem Mantelsack, weßhalb der Herr Hauptmann, wenn er gut gelaunt war, mein Pferd, den Cato, nur Pegasus nannte. — Darauf kam eine stille betrübte Zeit: ich verließ die Batteriebrigade, ich hatte fünfzehn Jahre gedient, und bekam eine Stelle als Postconducteur. Anfänglich kam mir dies sehr poetisch vor, das beständige Hin= und Herfahren in dem gut gepolsterten Eilwagen. Doch es war viel Geschrei und wenig Wolle; vorn getrommelt und hinten keine Soldaten."

„Das weiß Gott!" seufzte der Andere; es gibt gar keine Trinkgelder mehr. Wenn man gegen so einen Passagier noch so artig ist, wenn man ihm Nachtsack und Hutschachtel noch so bereitwillig erlaubt in das Cabriolet zu nehmen, daß man selbst kaum sitzen kann, wenn man ihm einmal ums Andere Feuer für Cigarren und Pfeife macht, 's ist Alles einerlei: einen höflichen Dank, aber kein Trinkgeld."

„Ja, ja," bekräftigte der Packmeister düster, „wie ich vorhin gesagt: es hat alle Poesie aufgehört."

„Jetzt haben Sie aber einen angenehmen Posten," fuhr der Conducteur fort; „nicht mehr das ewige Herumrutschen auf der Chaussee, nur hie und da eine kleine Wache, und einen besseren Gehalt."

„Allerdings," entgegnete der Packmeister; „aber dafür auch die langweiligste Beschäftigung, die man sich denken kann: Pakete zu ordnen und einzuschreiben den ganzen lieben Tag hindurch. Anfänglich hat es mich amüsirt, die Frachtbriefe zu lesen und dann darüber nachzudenken, was wohl in den Paketen sein könne, namentlich zur Weihnachtszeit. Da kommen vier Mal so viel als sonst, groß und klein, leicht und schwer, die meisten mit gestickten Sachen und ähnlichen Schnurrpfeifereien. — — Aber lassen Sie mich wieder auf meine Gedichte zurückkommen: als ich nun Conducteur war, hatte ich keine Zeit, etwas dafür zu thun, und erst als ich nach C. in die Packkammer versetzt wurde, fand ich Lust und Muße, die beiden Bände nochmal sauber abzuschreiben, sie

sie wieder durchzusehen und zu corrigiren. Ich hatte jetzt den großen Entschluß gefaßt, damit vor die Oeffentlichkeit zu treten, und wandte mich zu diesem Zwecke an den Redacteur eines geachteten Blattes, der zuweilen Gedichte abdruckt. Ich sandte ihm aus beiden Bänden eine Auswahl zu, ich versah sie mit lieblichen und passenden Motto's. Denn ich wußte, der Redacteur liebte dergleichen; und als ich nun sehr lange Zeit vergeblich auf eine Antwort gewartet, ging ich eines Tages hin, dem Redacteur einen Besuch zu machen. Ich traf ihn in seinem Studirzimmer. Es war ein kurzer dicker Mann mit einem rothen Schlafrock, einer ziemlich langen Nase und auf derselben eine Brille, durch welche er mich einen Augenblick ansah und alsdann meine Verbeugung mit einem kurzen Kopfnicken beantwortete. Er rauchte eine lange Pfeife und beschäftige sich gerade damit, im Zimmer mit großen Schritten auf und ab zu gehen. Ich theilte diese Beschäftigung und lief ebenfalls mit auf und ab. Als wir auf solche Art das Zimmer vier Mal gemessen hatten — ich brauchte dazu sechzehn Schritte, kleiner als meine ge= wöhnlichen, denn der Redacteur hatte sehr kurze Beine, — da faßte ich mir endlich Muth und sagte, ich sei gekommen, mich nach dem Schicksal meiner Gedichte zu erkundigen." — „Ja so! Ihre Gedichte!" versetzte der Redacteur; „ja, ich habe sie freilich gelesen, über Felddienst im Allgemeinen — recht gut, über Behandlung der Pferde — mit vielem Ge= fühl geschrieben; dann die vernagelte Kanone — enthält viel Poesie." — Ich verbeugte mich unendlich geschmeichelt. — „Aber," fuhr er fort, „diese Gedichte befinden sich in so schöner chronologischer Ordnung, daß es Schade wäre, sie aus ihrem Zusammenhange herauszureißen, wirklich Schade. Die Poesien sind recht gut, aber wenn Sie meinem Rathe folgen würden, so sollten Sie keines davon einzeln abdrucken lassen, Sie sollten das Ganze einem Buchhändler anbieten. Gewiß, das wäre besser!" — Bei diesen Worten waren wir auf unserem Zimmer=Spaziergange in die Nähe eines Schreib= tisches gekommen, und da nahm er ein Paketchen in die

Hand, das ich augenblicklich als meine Gedichte erkannte.
Ich muß gestehen, wenn ich auch gar zu gern einzelne der
Gedichte in dem geachteten Journale abgedruckt gesehen hätte,
namentlich die vernagelte Kanone, so nahm ich doch das
Wort des Redacteurs, meine Gedichte sogleich gesammelt er=
scheinen zu lassen, als baare Münze, und das schmeichelte
mir. Ich kannte damals noch nicht die Arglist der Men=
schen. Als wir nun wieder an seine Zimmerthür gelangt
waren, drückte er mir mit ungemeiner Geschwindigkeit jenes
Paketchen in die Hand, nickte abermals mit dem Kopfe, und
ich befand mich auf dem Gange, ohne eigentlich zu wissen,
wie das so schnell gekommen sei. — — —

„Ein Buchhändler also! Ich hatte mit solchen Herren
noch nie zu thun gehabt, besaß aber einen großen Respekt
vor ihnen. Wir hatten bei der Batterie einen einjährigen
Freiwilligen, der war Buchhändlergehülfe und außerordentlich
belesen. Er lieh uns schöne Bücher, war selbst voll Poesie,
konnte aber den Dienst nicht lernen. Auch hatte er krumme
Beine, schielte ein wenig und wurde deßhalb zur Infanterie
versetzt. — Doch genug davon! Ich hatte also beschlossen,
einen Buchhändler aufzusuchen, und verschaffte mir zu dem
Zwecke eine Adresse. An den bedeutendsten wandte ich mich
natürlicher Weise zuerst, der wohnte in einem großen, präch=
tigen Hause. Doch konnte ich hier nicht einmal bis in's
Vorzimmer gelangen. Ein langer, magerer Bedienter, der
sehr schwer zu hören schien, versicherte mir mehrere Male,
sein Herr sei ausgegangen, und als ich ihm bei einem wei=
teren Besuche anvertraute, ich sei nicht blos Post=Conducteur,
sondern auch wirklicher Dichter, und wünsche angelegentlich
gedruckt zu werden, da machte der Bediente ein ungeheures
langes Gesicht und versicherte mir hoch und theuer, sein Herr
habe plötzlich verreisen müssen und werde auch in den näch=
sten zehn Jahren wahrscheinlich nicht zurückkehren.

„So lange zu warten, hielt ich für unnöthig und be=
schloß, einige Stufen tiefer hinabzusteigen und mich an einen
jungen strebsamen Buchhändler zu wenden, der dafür bekannt

war, daß er aufkeimende Talente gern unterstütze, der keinen Livree-Bedienten besaß und auch kein Geld, um so große Reisen zu unternehmen. Zu dem Manne ging ich also eines Tages hin. Meine beiden Bände Gedichte, sauber in blaues Papier eingeschlagen, trug ich unter dem Arme. Ich hatte mich in Civil-Kleidung geworfen, damit der Buchhändler nicht auf die Idee kommen sollte, als hätte mein Besuch den Zweck, ihm irgend etwas Postliches zu überbringen. Er hatte sein Bureau in einem Hinterhause, unten roch es sehr gut nach frisch gedrucktem Papier, und ich stieg eine hühnerleiterartige Treppe hinauf zum Comptoir. An der Thür desselben machte ich Halt, zog meinen Hemdkragen an's Tageslicht, drehte den Schnurrbart etwas in die Höhe und klopfte an.

„Herein!" hieß es.

Ich klopfte aus Bescheidenheit zum zweiten Male, und erst als drinnen nochmals Herein! gerufen wurde, öffnete ich die Thür und trat in das Zimmer.

Der Buchhändler saß an seinem Pulte; ein kleiner, blasser, wackeliger, aber noch junger Herr mit einer spitzen Nase und nur wenig Haar. Er hörte zu schreiben auf, wie er meiner ansichtig wurde, hüpfte von seinem Drehstuhle herunter, fuhr sich mit der rechten Hand durch seine Haar= reste und wünschte zu wissen, womit er dienen könne. Der Mann hatte eine recht unbedeutende Stimme, überhaupt keine imponirende Persönlichkeit, und das machte mir Muth, mit drei großen Schritten auf ihn zuzugehen und ihn freund= lich lächelnd zu betrachten, während ich ihm meine beiden Bände Gedichte übergab. Der Buchhändler — er reichte mir, unter uns gesagt, höchstens bis zum vierten Uniforms= knopfe — nahm die Bücher aus meiner Hand, fuhr sich mit den fünf Fingern abermals durch die Haare und blickte dabei angelegentlich nach einer Ecke des Zimmers. Da er Letzteres während unserer Unterredung sehr häufig that, so sah ich auch einmal verstohlen dahin und bemerkte einen Spiegel, in welchem er jeden Augenblick sein Gesicht betrachtete. Doch war dieß nicht der Mühe werth.

„So freundlich der Mann Anfangs war, so nahm doch
sein Gesicht plötzlich etwas Peinliches und Befangenes an,
als er das blaue Papier herunter nahm und den Titel
meiner Werke las: Kanonenlieder. Doch als er meines
Namens ansichtig wurde, erheiterte sich seine Physiognomie
wieder etwas, und er sagte: „das wäre nicht so übel, Ka=
nonenlieder klingt ganz gut, und der Name, den Sie da
gewählt, ist auch nicht schlecht — Kanonenlieder von Feodor
Dose.“ — Dabei blickte er abermals in den Spiegel, um
den pfiffigen Ausdruck seines Gesichtes zu bewundern, mit
welchem er mich fragte: „aber haben Sie auch Erlaubniß,
diesen Namen auf den Titel zu setzen?“

„Meinen eigenen Namen? fragte ich erstaunt.

„Der Buchhändler schüttelte lächelnd mit dem Kopfe
und gab mir zur Antwort: „der Mann hier, um den es sich
handelt, ist längst gestorben, war überhaupt wohl nur ein
Phantasiebild — eine Erfindung.“

„Bei diesen Worten stand ich wie erstarrt. Ich wußte
wohl, daß jener vorwitzige Freiwillige, von dem ich Ihnen
vorhin erzählt, Einiges über mich hatte drucken lassen, doch
nur die Wahrheit, das muß ich anerkennen. Und jetzt wollte
es dieser knusperige Buchhändler wagen, mich selbst mir ge=
genüber für eine Erfindung, für ein Phantasiebild zu erklä=
ren! Herr! rief ich in voller Entrüstung, halten Sie mich
für einen Narren? sehe ich aus wie ein Phantasiebild, wie
eine Erfindung?

„Er betrachtete mich lächelnd von oben bis unten, und
dann blinzelte er seinem Spiegelbilde zu, als wollte er sagen:
warte, dem wollen wir schon imponiren! Darauf hüpfte er
wieder auf seinen Drehstuhl hinauf, kratzte sich mit einer
Feder an der Nase herum und sagte sanft lächelnd: „Sie
wollen mich zum Besten haben, Herr ... Ihren Namen
weiß ich nicht.“

„Feodor Dose,“ versetzte ich würdevoll und groß.

„Darauf schüttelte er mit dem Kopfe und entgegnete:
„Sie wollen einen Spaß mit mir machen. Feodor Dose,

Artillerie=Unteroffizier, starb als Eckensteher in Berlin. So stand es vor nicht langer Zeit in unseren geachtetsten deut=schen Journalen zu lesen."

„Das war zu viel! Herr Buchhändler, sagte ich ihm, ich bekümmere mich den Teufel um Ihre geachteten deutschen Journale; aber Sie können mir glauben, daß ich weder Eckensteher war noch gestorben bin."

„Nun, es ist ja gut, es ist ja gut!" gab er mir hierauf zur Antwort und erschrack vor seinem eigenen Bilde im Spiegel, das sehr ängstlich und kläglich aussah; denn ich war ihm bei den eben gesprochenen Worten sehr nahe ge=treten. „Lassen Sie's nur gut sein, ich will ja Alles glau=ben, was Sie nur wünschen. Vertrauen Sie mir Ihr Ma=nuscript ein paar Tage an und lassen Sie mir Ihre Adresse da, vielleicht läßt sich etwas machen. Doch muß ich mir die Sache reiflich überlegen."

„Was konnte ich thun? Ich vertraute ihm meine Ma=nuscripte an und empfahl mich anscheinend sehr ruhig, ob=gleich mich die ganze Geschichte sehr erschüttert, auf's Tiefste gekränkt hatte. Ich wartete drei bis vier Tage, dann erhielt ich nicht blos einen Brief des Buchhändlers, sondern auch meine Gedichte zurück."

„Ah!" sagte der Conducteur im bitteren Tone getäusch=ter Erwartung.

„Ja, meine Gedichte zurück," fuhr der Packmeister mit tiefem Seufzer fort, „und mit welchem Briefe dazu! — Hier habe ich ihn, ich will Ihnen denselben vorlesen." — Bei diesen Worten zog er einen blauen Umschlag aus der Tasche und entfaltete ein gelb gewordenes Papier, welches darin verborgen war.

„Verehrter Herr!" so schrieb er an mich, „Sie beehrten mich mit der Uebergabe Ihrer Gedichte, und indem ich Ihnen für dieses Zutrauen danke, sehe ich mich veranlaßt, Ihnen dieselben aus verschiedenen Gründen anbei zurück zu geben. Die unterzeichnete Buchhandlung ist erstens im gegenwärtigen Augenblicke durch eingegangene Verbindlichkeiten so beschäf=

tigt, daß sie etwas Weiteres zu unternehmen außer Stande
ist. — „So heißt es immer bei den Buchhändlern," unterbrach sich der Vorleser. — „Zweitens," fuhr er zu lesen
fort, „habe ich nach reiflicher Durchsicht der mir übergebenen
Gedichte gefunden, daß sich dieselben in dieser Gestalt noch
nicht recht zum Drucke eignen, es müßte noch bedeutend geändert und gefeilt werden. Der angenommene Name," —
diesen Satz las der Packmeister im Tone höchster Entrüstung
zwei Mal — „berechtigt zu Erwartungen, die in den vor-
liegenden beiden Bänden leider nicht erfüllt werden. Feodor
Dose, als ein hochpoetisches Gemüth bekannt, voll Empfäng-
lichkeit für alles Gute und Schöne, würde, wenn er noch
lebte, gewiß nicht Gedichte, wie z. B. Nr. 10 „„Mittelarrest"" oder Nr. 12 „„Das verlorene Hufeisen"" anerkennen wollen. Mein Rath wäre, zu einem unserer deutschen
geachteten Journale zu gehen und dasselbe um Aufnahme
eines oder des anderen dieser Gedichte zu ersuchen. Mich
damit ꝛc."

„Das heißt Jemanden von Pontius zu Pilatus schicken",
sprach ärgerlich der Conducteur. „Und haben Sie nie
Schritte gethan, um diesem Buchhändler zu beweisen, daß
Sie der echte und wirkliche Dose sind?"

„Ich that so," antwortete der Packmeister mit gebeug-
tem Haupte. „Ich wandte mich sogar an einen Advokaten,
der mir aber erklärte, daß sich da nichts machen ließe. Wenn
es sich um die Erbschaft irgend welcher Realitäten handelte,
meinte er, so würde es nicht schwer sein, die Identität Ihrer
Person zu beweisen; aber ungleich schwerer wird es sein, den
Beweis zu führen, daß Sie mit jenem anderen Dose, dessen
Thaten und Abenteuer beschrieben wurden, ein und dasselbe
Individuum sind."

„Für diesen Ausspruch mußte ich dem Advokaten fünf-
undzwanzig Silbergroschen bezahlen und ging zerknirscht und
melancholisch nach Hause. — Von meinen früheren Kameraden
hat sich hieher an die äußerste Gränze bis jetzt keiner verloren, der für mich zeugen könnte. Und was würde mir

auch ein solches Zeugniß nützen! — Jenem schändlichen
Buchhändler gegenüber gar nichts! — — — Gedichte zu
verschmähen, in welchen „Die vernagelte Kanone" vorkommt!
Ich habe mich aber furchtbar an ihm gerächt, indem ich ein
Seitenstück dazu schrieb: „Der vernagelte Buchhändler."
Doch was half's? Es kostete mich acht Silbergroschen In-
sertionsgebühr, und er hat's gewiß nicht gelesen. Das ist
der Fluch der Poesie, das ist der Fluch eines großen Namens."

Der Packmeister stützte seinen Kopf in die Hand und
schwieg tief erschüttert still. Auch der Conducteur sprach eine
Zeit lang gar nichts, und der Spitz war das einzige Wesen,
welches die peinliche Pause, die nun entstand, dadurch unterbrach, daß er sich erhob, sich lang ausstreckte, dann den
Kopf schüttelte und hierauf mit dem Schweif anhaltend we-
delte, was so viel sagen wollte, als: er fange an, es hier langweilig zu finden, und wünsche eine angemessene Unterhaltung.

„Apropos!" sagte der Conducteur nach einer längeren
Pause, „da fällt mir eben ein, ich erfuhr vorhin auf der
Brief-Expedition, daß einer Ihrer früheren Kameraden hieher
als Postsekretär ernannt wurde, ein sicherer Bombardier
Tipfel. Haben Sie ihn nicht gekannt?"

„Tipfel?" versetzte der Wachthabende nach einigem Ueber-
legen, während er an die Zimmerdecke blickte, „Tipfel? —
Ja, ich erinnere mich! Er war bei der Fußartillerie, eine
Offizierspflanze, war vordem Schreiber bei einem Advokaten."

„Und wird so plötzlich Sekretär?"

„Protectionen! — Wird irgend einen Bekannten haben,
der ihn gut empfohlen hat. — Und kommt hieher? Ei, ei!"

„Kann man mit ihm leben, läßt er sich ordentlich an?"
fragte der Conducteur.

„So viel ich von ihm weiß," entgegnete Dose, „ist er
einer der ruhigsten, ja faulsten Menschen, die es nur geben
kann, einer, der nicht zwei Schritte geht, wenn das nicht ab-
solut nothwendig ist, und der gewiß nicht unnöthig von seinem
Stuhle aufsteht. Er war eine Zeit lang Schreiber bei der
Geschütz-Revisions-Compagnie. Das Schreiben machte ihm

keine Mühe, das konnte er einen ganzen Tag aushalten; aber alle körperlichen Bewegungen haßte er: wenn ihm ein Blatt Papier herabfiel, so schrieb er lieber ein neues, als daß er sich gebückt hätte, um das alte aufzuheben. — So, so! der kommt hieher? Nun, den Dienst wird er uns nicht sauer machen, dafür kann ich einstehen."

Drittes Kapitel.

Der Packmeister Dose erhält einen ehemaligen Untergebenen zum Vorgesetzten, und was sich weiter dabei ereignet.

Es ist immer von großer Wichtigkeit und gibt viel= fachen ergötzlichen Unterhaltungsstoff, wenn man vom Wetter reden kann. In einem Zwiegespräch ist ein solches Thema freilich oft nicht nothwendig und nicht einmal unterhaltend; für den Erzähler einer kleinen Geschichte aber, wie vorlie= gende, ist es äußerst wichtig, seinem Leser vom Wetter spre= chen zu dürfen, namentlich zu Anfang eines Kapitels, welches im Freien beginnt. Wir erlauben uns also, davon zu sprechen.

Der geneigte Leser, der dem Erzähler gefolgt ist, be= findet sich in diesem Augenblicke in jener unangenehmen Wetter=Uebergangsperiode, wo der überwundene Winter, in= dem er dem siegreich einherziehenden und mächtig andringenden Frühling fliehend den Rücken kehrt, sich noch manchmal umwen= det, um seinem Verfolger kalte Schnee= und Regenschauer in das Angesicht zu werfen, und wo die entfesselten Winde, noch ungehorsam dem neuen Herrscher, auf eigene Faust maro= diren, die Leute plagen und den größtmöglichen Unfug trei= ben. Mit anderen Worten: es ist zu Ende März, und der unglückliche Reisende, der um diese Zeit unterwegs ist, sieht

sich genöthigt, alle Waffen bei sich zu führen, die zur Vertheidigung gegen des Wetters Ungestüm nur erdacht sind.
Gegen die Kälte dienen ihm Paletot und Mantel, gegen
das Schneewasser braucht er Fußsack und Ueberschuhe, gegen
die himmlischen Wasser, die ihn auf so vielerlei Arten be-
lästigen, Regenschirm und Wachstuch-Ueberzieher.

Und mit allen diesen Geschichten versehen sitzt der lei-
dende, geduldige Reisende zu Sechs in einem Wagenkasten,
dicht zusammengepreßt, fast ohne alle Regungs- und Bewe-
gungsmöglichkeit. Die Fenster des Wagens sind verschlossen;
denn wenn auch vom Himmel herab hier und da einige
freundliche Sterne glänzen, so dauert dies doch um diese
Jahreszeit nicht lange. Man hört den Wind hinter sich
drein brausen, man sieht den Postillon sich niederducken und
ängstlich seinen Hut festhalten, während sein weiter dunkler
Mantel in die Höhe flattert. Schnee und Regen peitschten
den Wagen und klatschten sausend und klirrend an Fenster
und Lederdach. Die Pferde ziehen ihre Schweife ein, und
im Augenblicke trieft das ganze Geschirr, Wagen, Pferde,
Postillon, als seien sie eben aus dem Wasser gezogen worden. Die Passagiere sitzen in einem entsetzlichen Qualm,
das Wasser der Kleider und Pelze löst sich durch die Hitze
in Dämpfe auf, dazu der Athem der vielen Menschen in dem
kleinen Raume, sowie Tabaksqualm, der sich von heute Nachmittag, wo bei offenem Fenster und gutem Wetter geraucht
werden durfte, festgesetzt hat — es ist ein qualvoller Aufenthalt. Durch die lange Fahrt den ganzen Tag über sind
die Glieder wie gelähmt; da wird von allen Sechsen kein
Gespräch mehr gehört, da sitzen sie stumm mit der Geduld
der Verzweiflung neben einander; die Zähne sind auf einander gebissen, der Körper folgt fast willenlos den Stößen
des Wagens. Nur das Auge ist frei, und das Auge schaut
gierig um sich und sucht durch die angelaufenen Scheiben
in's Freie zu dringen. Man hat die letzte Station hinter
sich, und wenn sich jetzt rechts und links die Häuser am
Wege mehren, und nach und nach große städtische Gebäude

auftauchen, so hat man die Hoffnung, bald erlöst zu sein.
Jetzt zittert ein Licht bei den trüben Wagenfenstern vorbei
und scheint röthlich und dunstig wie der Mond, wenn er
einen Hof hat; jetzt sieht man auf der andern Seite auch
eins, und nun auf dieser Seite wieder eins, und drüben
mehrere, — Gott sei Dank! da huscht ein großes Gebäude
vorbei mit vielen erleuchteten Fenstern — eine Fabrik. Man
hört einen tiefen Seufzer der Befriedigung von einem Pas=
sagier, der die Gegend kennt. — „Ist das die Stadt?"
fragen die anderen Fünf. — „Ja, wir sind sogleich da,"
ist die tröstliche Antwort. Und dieses Wort löst plötzlich
die Zungen der bisher in stummes und trübes Nachsinnen
versunken gewesenen Gesellschaft. — Das war ein abscheu=
licher Weg — und eine lange Station, und dabei so enge,
sechssitzige, miserable Menschenquälungs=Anstalten! — Meint
denn die Post, man würde sich das immer so gefallen lassen?
— Man sollte von allen Seiten und kräftig auf Abschaffung
dieser Marterkarren antragen. — „Aber die Post kann dies
mit Einem Male nicht ändern," versetzte eine fette Stimme,
die man bisher nicht gehört. Doch wird die fette Stimme
übertönt von dem allgemeinen Rachegeschrei, und wenn man
allen diesen Ausrufungen und Verwünschungen Glauben
schenken wollte, so könnte man erwarten, daß, sobald der
Wagen ankommt, nicht nur der Postmeister ein Opfer der
Volkswuth würde, sondern seine sämmtlichen Sekretäre schmäh=
lich enden müßten zum abschreckenden Beispiel für andere. —
Aber der Mensch vergißt die ausgestandenen Leiden so schnell!
     Jetzt klappern die Hufe der Pferde auf dem Pflaster,
der Wagen rollt dumpf rasselnd durch die Straßen, und die
Poesie dieser Töne — Poesie für arme Reisende nämlich —
besänftigt offenbar die empörten Gemüther.   Dort ist der
Gasthof zum Adler, wo der Eine einkehren wird, hier das
große königliche Hotel, wo der Andere schon seine Zimmer
bestellt hat. Dieser denkt an seine Familie, die ihn erwartet,
oder an Freunde, die er wieder sehen wird. Jenem schwebt
eine lange Speise= und Weinkarte vor Augen, und auf solche

Art werden die wilden Gedanken friedlich und freundlich. Der Postmeister wird nicht zerrissen, sämmtliche Sekretäre nicht gehängt, ja, der Conducteur erhält von dem Einen oder dem Andern ein anständiges Trinkgeld, und nur ein einziger Passagier — er saß rückwärts in der Mitte — ein blut= dürstiger „Reisender in rothen Weinen," verlangt das Be= schwerdebuch und schreibt hinein: „Der ganz gehorsamst Un= terzeichnete erlaubt sich, Eine verehrliche Postverwaltung ge= ziemendst darauf aufmerksam zu machen, daß zur Winterzeit, wo der Reisende durch Mantel und Fußsäcke eingeengt ist, wohl die sechssitzigen Wagen zu beseitigen und dafür vier= sitzige zu nehmen sein dürften. — Dieser Mann ist der Einzige, der für die Leiden seiner Mitmenschen wirkt, und wenn er nachher in seinem Gasthofe dem Oberkellner davon erzählt und demselben versichert, die Seite des Beschwerde= buches werde der Postmeister nicht hinter den Spiegel stecken, so zittern der Oberkellner und zwei Unterkellner, nnd das Stubenmädchen, das später davon hört — ihr Schatz ist wirklicher schmierender Postgehülfe — erkundigt sich erschreckt, ob in einem solchen Falle wohl das ganze Postpersonal ent= lassen werden könnte.

Also der Postwagen kam glücklich an, hatte auch nur zehn Minuten versäumt; es war fast ein Viertel vor zwölf Uhr. Der Postillon, der vom Pferde herunter steigt, ersucht den Stallknecht, der ihm ausspannen will, ein wenig auf die Seite zu treten. „Wenn du da stehen bleibst, mußt du ersaufen," sagt er, und nun beugt er seinen Kopf etwas auf die Seite, und aus der breiten Krämpe des lackirten Hutes fließt das Regenwasser wie eine kleine Cascade auf den Boden. Dann übersieht er kopfschüttelnd den unend= lichen Schmutüberzug, womit Pferde und Geschirr bedeckt sind. Der dienstthuende Postspiz ist ganz dunkelbraun ge= worden, und seine Haare starren vor Schmutz und Wasser. — „Das könnte einem 's Leben verleiden," meint der Con= ducteur, „so ein Hundewetter!" Und dabei bemüht er sich, die Briefpakete aus dem Kasten unter dem Sitz hervorzu=

ziehen. „Leuchtet doch einmal ordentlich daher," ruft er dem
Packnecht zu.   Aber da ist schwer leuchten: die Pferde
dampfen, daß sie fast unsichtbar sind, der Postillon hat eben=
falls einen Dunstkreis um sich, und die Passagiere, die noch
allerlei in dem Wagen zu suchen haben, treten zu wieder=
holten Malen zwischen den Conducteur und die Laterne.

„Hast du nicht acht Passagiere?" fragt den Ankommen=
den nun der andere Conducteur, dessen Bekanntschaft wir
im vorigen Kapitel im Wachtzimmer gemacht haben.

„Versteht sich!" entgegnete er verdrießlich.   „Zwei im
Cabriolet, sechs im Wagen."

„Aus dem Wagen kamen aber erst fünf; hast du denn
unterwegs einen verloren?"

„Ei was, dummes Zeug!" meint der Angekommene,
„es wird noch einer drin stecken." — „Richtig! ja, der
wird's sein." —· „Ich habe auch einen neuen Postsekretär
mitgebracht, ein wenig dick und unbeweglich, hat fast den
ganzen Tag über geschlafen, und als wir zum Mittagessen
anhielten, ließ er sich etwas Kaltes in den Wagen hinein
geben.   Der wird Euch keine überflüssige Arbeit machen." —
Mit diesen Worten trat der Conducteur an den Schlag seines
Wagens, tastete mit der Hand hinein, und als er höchst
wahrscheinlich ergriffen, was er gesucht, wandte er sich lächelnd
zu seinem Kollegen um und sagte: „Es ist schon so, er ist
wieder fest eingeschlafen." — „He! Herr Sekretär!" schrie
er in den Wagen hinein, „wollen Sie nicht gefälligst auf=
wachen?   Wir sind angekommen, Sie können aussteigen."

„Ja so, Männeken," gab die fette Stimme, die wir
schon während der Fahrt einmal gehört, von sich, „wir sind
wirklich angekommen? in L. angekommen? Nun, das freut
mich!   Wenn ich nur schon aus dem Wagen wäre!"

„Das Beste wird sein," sagte lachend der Conducteur,
„Sie versuchen es einmal und gehen mit Ihren Füßen voran."

„Richtig, Männeken!" erwiederte die fette Stimme. Und
dann hörte man, wie der Besitzer derselben sich mit einiger=
maßen schwerem Athem abmühte.   Das Resultat dieser Be=

mühungen waren denn nun auch zwei unförmliche Beine, die jetzt am Schlage zum Vorschein kamen; unförmlich, weil sie mit großen Filzstiefeln versehen waren. „Seien Sie doch so gut, Männeken," sagte darauf der Besitzer der fetten Stimme und der unförmlichen Beine, „und ziehen Sie mir meine Filzstiefel ein Bischen aus, dann wird sich die Sache schon nach und nach machen."

Und so geschah es. Die Filzstiefel wurden beseitigt, die daraus befreiten umhertappenden Füße auf das Tritt= brett des Wagens dirigirt; dann wurden zwei dicke Kniee sichtbar, und somit wäre Alles gut gegangen, wenn der kor= pulente Passagier es nicht in diesem Augenblicke für rath= samer gehalten hätte, statt vorwärts rückwärts aus dem Wagen zu steigen, zu welchem Ende er sich gewaltsam herum drehte und dadurch einen andern Theil seines Körpers zum Vorschein brachte, der so kolossal war, daß beide Conduc= teure, so wie der Stallknecht in ein unauslöschliches Ge= lächter ausbrachen.

Jetzt hatte dieser letzte Passagier das Pflaster des Hofes erreicht, und als er sich nun in seiner ganzen Größe und Breite aufpflanzte, schien er geneigt, jenes Lachen nicht un= gnädig zu nehmen, ja, es sogar mit seinem eigenen, freund= lichen Lächeln zu begleiten. Doch blieben seine Züge hierbei auf halbem Wege stehen, sein Mund sperrte sich verwunde= rungsvoll auf, und er sagte: „Ei, der Tausend, wer hätte das gedacht!"

Nun hatte aber Niemand anders diesen höchsten Grad der Verwunderung und Theilnahme erregt, als der Pack= meister Feodor Dose, der in seiner ganzen Länge vor den erstaunten Augen des neuen Sekretärs unter der Thür der Packkammer erschien.

Auch Dose schien nicht minder gerührt. Er fuhr mit der Hand über sein langes, dürres Gesicht, und auf seinen Zügen malte sich eine wehmüthige Freude, als er so plötzlich dem alten Kameraden gegenüber stand.

„Dose!" sprach der frühere Bombardier, jetzt Sekretär

Tipsel: „das hätte ich nicht erwartet, Sie hier zu finden.
Wie sind denn Sie hieher an's Ende der Welt verschlagen
worden?"

„Das kam so nach und nach," entgegnete wehmüthig
der Packmeister. „Zuerst fuhr ich aus der Residenz ab und
zu, dann schickte man mich weiter weg, und zuletzt avancirte
ich hieher als Packmeister. Es ist das freilich eine Beförderung; aber unser einer mit einem poetischen Gemüth ist
doch mehr an die großartigen Einrichtungen der Residenz
gebunden und fühlt sich hier so unter den Bauern — unter
uns gesagt — durchaus unbehaglich, ganz und gar nicht
an seinem Platz. — Aber kommen Sie doch von dem nassen
Boden hinweg; in der Packkammer ist es behaglich warm,
da können wir uns gegenseitig unsere Freude bezeugen. —
Da ist die Thür, Sie haben den Vortritt, Herr Postsekretär." — Damit salutirte der Packmeister seinem ehemaligen
Kameraden und Untergebenen, jetzt seinem Vorgesetzten. Das
ist der Lauf der Welt, und obgleich Dose innig überzeugt
war von der Gerechtigkeit und Unparteilichkeit der Behörden,
welche diese Stellen zu besetzen pflegen, und er hieraus blos
auf große, ihm bisher unbekannt gebliebene Eigenschaften
des Bombardiers Tipsel schloß, so war doch sein an sich
schon gekränktes Gemüth durch diese Anstellung noch tiefer
verletzt.

Da saßen nun die beiden in der Packkammer einander
gegenüber, als der Mitternachts = Wagen endlich abgefahren
war, und hatten nun Muße genug, sich über vergangene
Zeiten zu unterhalten. Der Bombardier behauptete, den
Tag über so durcheinander geschüttelt worden zu sein, daß
ihm noch lange kein Schlaf in die Augen komme; die
Wahrheit aber war, wie wir bereits wissen, daß er während
der Fahrt, mit Ausnahme der Essenszeit, im Ganzen nicht
eine halbe Stunde gewacht.

Ein schläfriger Kellner aus der Passagierstube, den
Dose herbei gerufen, brachte ein paar Gläser Punsch und
ließ alsdann die beiden Waffengefährten allein. Der Postil=

lon war begreiflicher Weiſe noch ausgegangen. Der Con=
ducteur nebſt Poſtſpitz, welche vorhin Doſe noch Geſellſchaft
geleiſtet, ſchaukelten im eben abgefahrenen Wagen, und auf
dieſe Art herrſchte in der Packkammer Ruhe und Friede.

Der neue Poſtſchreiber Tipfel hatte den Lehnſtuhl ſeines
Freundes eingenommen, ſein Haupt hatte er auf das Seiten=
polſter gelegt; ſeine Füße hatten ihre Stützpunkte gefunden
auf einem Paket in Wachspapier, in welches die nägel=
beſchlagenen Abſätze nach und nach ein paar Löcher bohrten,
was übrigens in dieſem Falle weiter nichts zu ſagen hatte;
denn wie es auf dem Begleitſchein hieß, ging die Verpackung
auf Gefahr des Abſenders.

„Ja, ja, ſo geht's!" ſprach der Sekretär nach einer
längeren Pauſe, während welcher er den Inhalt des Punſch=
glaſes näher unterſucht. „Da bin ich denn wieder in einem
ſcheinbar ſehr ruhigen Hafen eingelaufen, einem ähnlichen,
wie ich damals leichtſinniger Weiſe verließ, als ich Soldat
wurde."

„Ganz richtig," bemerkte der Packmeiſter Doſe, „Sie
waren Schreiber bei einem Advokaten und wollten Offizier
werden."

„Wie ſo Mancher," entgegnete Tipfel. „Aber Viele
ſind berufen und Wenige auserleſen. Ich glaube, ſo heißt
der Spruch."

„Wenige, ſehr Wenige," ſagte Doſe melancholiſch. —
— — „Es iſt mir noch wie heute, als Sie zur Batterie
kamen, und der kleine H. und der weißköpfige R., und wo
wir dazumal achtzehn Offizierspflanzen bei der einzigen
Batterie hatten. Dadurch waren ſämmtliche Unteroffiziere
der Batterie geplagt und kamen in Schaden, bis auf den
Unteroffizier Linkſen, deſſen Frau als Marketenderin fungirte
und von euch ein ſchönes Geld verdiente."

„Das iſt wahr," antwortete Tipfel, „wenn ſie über=
haupt Geld bekam, das heißt: pünktlich ihr Geld bekam.
Doch mußte ſie oft lange Zeit warten." — Der geweſene
Bombardier ſchaute angelegentlich an die Decke; nicht als

ob er sich an etwas erinnern wollte, sondern als ob er die
wenigen Gedanken, die sich bei ihm versammelten, wieder zu
verabschieden gedächte. — —

Viertes Kapitel.

In Folge eines Austausches militärischer und anderer Erinnerungen
findet sich der Packmeister Dose sehr aufgeregt, der Postschreiber
Tipfel aber sehr sch'äsrig.

„Lesen Sie auch hier zuweilen Zeitungen?" fragte nach
einer Weile der Postschreiber.

„Selten," entgegnete Dose, „ja, so gut wie gar nicht;
wenn ich darin was suche, so sind es die Anzeigen, und da
freue ich mich jedes Mal, wenn ich einen bekannten Namen
finde und mich so der alten guten Zeit erinnern kann. Es
war doch damals eine glückliche, höchst vergnügte Zeit."

„Was! so lange wir dienten?" fragte fast erschrocken
der dicke Postschreiber.

Dose nickte traurig mit dem Kopfe, dann fuhr er sich
mit der Hand über die Augen, und etwas, woran er in
diesem Augenblicke gedacht, brachte ein schmerzliches Lächeln
auf seinem mageren Gesichte hervor. — „Was macht denn
die Minerva?" fragte er endlich.

„Die Minerva?" wiederholte der Postschreiber und kniff
dabei das linke Auge zu, augenscheinlich in der Absicht,
nachdenklich auszusehen. „War das ein Schatz von Ihnen?"

„Das war mein Geschütz," sprach Dose mit ziemlich
entrüstetem Tone, „und, wenn Sie wollen, als solches auch
mein Schatz. — Aber man kann Ihnen dergleichen nicht

übel nehmen," fuhr er lächelnd fort, „denn ich glaube, Sie haben in Ihrer ganzen Dienstzeit nicht zehn Mal exercirt."

„Ja, das ist wahr," entgegnete schmunzelnd der gewesene Bombardier. „Wenn die Andern draußen in der Kälte standen oder in Schnee und Regen, da war ich droben bei meinem Feldwebel. Er war im Grunde ein guter Kerl, der alle dicke Löffel, und wenn wir so recht fleißig waren, dann machte er gegen zehn Uhr seinen Wandschrank auf, rief uns zu: Batterie Halt! Im Avanciren protzt ab! — Mit Kartätschen geladen! — Feuer! Und dann warfen wir Feder und Papier bei Seite, und Jeder bekam einen soliden Bitteren und ein Stück Brod und Käse. — Das waren die Sonnenblicke meines Militärlebens."

„Tipfel, Tipfel!" sagte der Packmeister. „Und bedenken Sie nun, jetzt sind Sie Postschreiber geworden; Sie haben wahrhaftig mehr Glück als Ver — — gnügen."

„Hatten auch unsere großen Plagen: die Wachen. Damit bestrafte uns der dicke Löffel, wenn wir etwas angestellt hatten. Sie wissen, er hatte so eine dünne, heisere Stimme; wenn er mich also auf dem Strich hatte, mußte ich ihm auf den Compagniebefehl setzen: Zur Wache auf Fort Nr. 4 — Bombardier Tipfel. Und wenn ich ihn erschrocken und fragend ansah, setzte er lächelnd hinzu: Das macht gesund und verdünnt das Blut. Leider darf ich selbst keine Wache thun, deßhalb bin ich auch wahrhaftig so gefährlich im Zunehmen begriffen. — Was konnte der aber im Essen nicht alles ertragen! — Apropos, Männeken!" unterbrach hier der Sekretär den Strom seiner Rede, „da`wir gerade vom Essen reden, so kann ich Sie versichern, daß ich einen Mordhunger habe; wäre nicht irgendwo etwas aufzutreiben? In dem Falle plaudere ich gern noch ein paar Stunden mit Ihnen: denn morgen," setzte er seufzend hinzu, „fängt das Geschäft an, und da wird's genug zu thun geben."

Der Packmeister rief abermals den schläfrigen Kellner; doch war dieser junge Mann so schlaftrunken, daß er kaum auf seinen Füßen stehen konnte, und als ihm Tipfel endlich

verständlich gemacht hatte, er solle etwas kaltes Fleisch und
Brod bringen, irrte er wie eine geängstigte Fliege an den
Wänden vorbei, und es war ihm längere Zeit unmöglich,
die Oeffnung, zu welcher er hereingekommen, wieder zu er=
kennen. Dose half diesem mangelnden Bewußtsein auf etwas
soldatische Art nach, wodurch der Kellner einiger Maßen
erschrak, aber vollständig aufwachte und hiedurch im Stande
war, das Verlangte schnell herbei zu bringen.

Tipfel hatte unterdessen über etwas eifrig nachgedacht
und sagte jetzt: „Ich habe mich besonnen wegen der Minerva."

„Nun?" fragte Dose gespannt.

„Die Minerva," fuhr der Postschreiber fort, „wurde
der Geschütz=Revisions=Compagnie übergeben, welche ihr Ge=
stell für sehr wackelig erklärte. Da sich auch herausstellte,
daß man ihr, um sie zum Felddienst beizubehalten, ein neues
Zündloch einschrauben müsse, so wurde sie bei Seite gestellt
und dient jetzt als Exerciergeschütz."

„Was?" rief der Packmeister wahrhaft entrüstet aus:
„Die Laffette der Minerva sei wackelig gewesen? Ich habe
sie doch aus meinen Händen gegeben als eine der solidesten
Laffetten der ganzen Monarchie. — Die Minerva — Nr. 4
— der Stolz der Batterie! Es gab nichts Untadelhafteres
als dieses Stück mit Bespannung."

„Ja, sie hatte aber ein Unglück bei dem letzten Ma=
növer," fuhr der Bombardier mit kaum vernehmlicher Stimme
fort, denn er kaute an einem übergroßen Stück Kalbsbraten.
„Die Batterie sollte über einen Graben setzen, und weiß der
Himmel, wie das kam — kurz und gut, das Geschütz warf um."

„Mein Geschütz!" rief schmerzvoll der Packmeister.

„Die Deichsel brach, ein Rad auch, das weiß ich; das
Stangenhandpferd wurde bedeutend verletzt."

„Der Kosmus?"

„Ich glaube, Männeken, daß er so hieß. — Kurz, es
war ein Unglückstag; auch der Geschützführer stürzte mit
seinem Pferde, und dadurch verletzte es sich so, daß es aus=
rangirt wurde."

„Mein Cato ausrangirt!" sagte Dose und faltete, von tiefem Schmerz erfüllt, seine Hände. „Das erste Dienstpferd der Christenheit! Es geht zurück mit der Monarchie. Das sind böse Vorzeichen!" — Bei diesen Worten sank der Pack= meister zerknirscht auf seiner Kiste zusammen und hätte wahrscheinlich sein Haupt verhüllt, wenn die Schöße seines Rockes nicht so gar kurz gewesen wären. — „Und wie lange kam der Geschützführer dafür auf's Holz?" fragte er sodann nach einer längeren Pause mit tiefer Stimme.

„Ich glaube, er wurde gar nicht bestraft," entgegnete Tipsel, „denn man sah die Sache als ein Unglück an."

„Als ein Unglück?!" wiederholte Dose und blickte an die Decke empor, als wollte er sagen: Hörst du es auch, Herr des Himmels und der Artillerie! — — Und nach einer längeren Pause setzte er noch hinzu: „Zur Zeit unseres Obersten von T., dem Gott im Himmel ein großes Com= mando verleihen möge, wäre das unter drei Tagen nicht abgegangen nebst einem Schlag auf den Tzako und einigen Tausend=Millionen=Hunden. Da hat sich viel verändert!"

„Ja, sehr viel," antwortete Tipsel, „wir wollen später darüber sprechen."

„Das kommt davon," fuhr Dose fort, „weil man es den gedienten Unteroffizieren so leicht macht, den Dienst zu verlassen und eine Civilanstellung zu bekommen. Hätte der Major freundschaftlich zu mir gesagt: Dose, Er ist ein Narr: bleib' Er bei der Batterie, solche Leute kann man nicht ent= behren! — ich wäre wahrhaftig nicht fortgegangen, Nro. 4 wäre nicht gestürzt, Kosmus und Cato hätte man nicht aus= rangirt, und die Minerva wäre nicht wackelig geworden! Aber da waren wir überflüssig, da wurden die schönen Bat= terien demobil gemacht, da hieß es: man muß die jungen Leute avanciren lassen. — Gott der Gerechte! Und wir gingen damals mit Vergnügen fort! Wenn man so, wie unser eins, etliche zwanzig Pferde unter Commando gehabt hat, und mit seinem Geschütz als unumschränkter Herr auf einem Dorfe allein lag, stets zu Gast gebeten vom Bürgermeister,

vom Schulmeister, ja zuweilen vom Pfarrer, und soll dann
zurück in die Kaserne mit leerer Protze, ohne Kugel= und
Kartätschwagen, das kommt einem schwer an.   Unterschrieb
ich doch damals meine Rapporte: Feodor Dose, Geschütz=
führer der vierten reitenden Batterie, zweite Abtheilung,
siebente Brigade, Commandirender in Niederbühl. — Das
war gerade so, als wenn der österreichische General schreibt:
Commandirender in Siebenbürgen. — Und nun sollte ich
gar nichts mehr sein, vielleicht noch mein Geschütz verlieren;
denn es hieß damals, wir sollten nur vier Stück bespannt
haben.   Es wäre mein Tod gewesen, bei der Batterie zu Fuß
herum zu laufen; deßhalb zeigte ich auf meine silberne
Schnalle und wurde alsbald Postconducteur."

Der gewesene Bombardier vertilgte mit großer Auf=
merksamkeit die Reste von Brod und Kalbsbraten und nagte
dabei die Knochen so rein ab, daß eine Maus nach ihm
nicht satt geworden wäre.   Als dieses Geschäft beendigt
war, stieß er einen tiefen, nachdenklichen Seufzer aus, wälzte
sich in dem Lehnstuhl auf die rechte Seite, wodurch sich der
Riß in dem Wachstuchpaket unter seinen Füßen bedeutend
vergrößerte. — „Seien Sie froh," sagte er nach einiger
Zeit, „daß Sie von der Batterie weg sind! Es hat sich doch
viel geändert.   Später mehr davon."

„Recht so!" entgegnete Dose mit kummervollem Gesicht,
„das erfährt man alles noch früh genug.   Aber sagen Sie
mir jetzt vor allen Dingen, lieber Tipfel, wie sind Sie eigent=
lich zur Postschreiberei und hieher gekommen? Allen Respekt
vor Ihren Kenntnissen, aber dazu gehört doch ein Bischen
Protektion."

Bei diesen Worten kniff der dicke Bombardier listig
lachend sein linkes Auge zu, und er lachte dabei in der
That mit dem ganzen Körper, denn diese schwere Masse zit=
terte dergestalt, daß der Lehnstuhl bedeutend schwankte. „Viel
Letzteres," sagte er, nachdem er wieder zu Athem gekommen,
„viel Protektion.   Ich habe diese Stelle dem dümmsten
Streich meines ganzen Lebens zu verdanken, einer sehr un=

überlegten Handlung, die aber durch Zusammentreffen ver=
schiedenartiger Umstände zu einer außerordentlich famosen
wurde. Schade, daß Sie nie Zeitungen lesen, sonst hätten
Sie da vor einem halben Jahr ungefähr eine Geschichte
lesen können, wie durch die Kaltblütigkeit, durch die Energie,
durch das taktvolle Benehmen eines Bombardiers der Fuß=
artillerie ein entsprungener Kettengefangener wieder beige=
bracht wurde."

„Davon habe ich gehört," erwiederte Dose. „Es hat
mir's ein Postcollege erzählt, der hier durchkam."

„Nun denn," sagte Tipfel und richtete seinen Kopf mit
der größten Anstrengung in die Höhe, welcher durch diese,
bei der Lage des Bombardiers sehr verdrehte Stellung sich
tief roth färbte: „dieser kaltblütige, energische Mann mit
dem taktvollen Benehmen war Niemand anders, als —
ich selbst."

„Sie?" rief erstaunt Dose. „Es hieß aber doch bei
der Geschichte, der Bombardier, dem dieß geschehen, sei bei
dieser Gelegenheit von seiner Wache gelaufen."

„Nun ja, zufällig."

„Und habe desertiren wollen," fuhr der unerbittliche
Dose fort.

„Ach was, Narrenpossen!" versetzte Tipfel. „Sehe ich
aus, wie Jemand, der desertiren will? — Aber Sie haben
Recht, Dose: man hat damals so was gesagt. Ich wurde auch
mit einem guten Freunde gehörig eingesteckt, und nur unserer
genauen Bekanntschaft mit hochgestellten Personen hatten
wir's zu danken, daß wir mit ein paar Tagen Arrest glück=
lich davon kamen."

„Ei der Tausend!" entgegnete Dose. „Und diese hohen
Personen halfen Ihnen weiter?"

„So ist's," gab der ehemalige Bombardier mit wich=
tiger Miene zur Antwort und versuchte seine strickartige
Halsbinde etwas in die Breite zu ziehen, was ihm aber
nicht gelang, da sie von seinem feisten Unterkinn augenblick=
lich wieder herab rutschte. — „Wir waren bei diesem Un-

ternehmen unser zwei betheiligt, ich und einer meiner Bekannten, ein sicherer Bombardier Robert, von der reitenden
Artillerie, unter uns gesagt, ein verfluchter Kerl; lief allen
Mädchen nach und hatte erstaunliches Glück bei ihnen.
Nun sehen Sie, bei so einer Geschichte kam es vor, daß ich
ihm zu Lieb meine Wache verließ — gewiß nur ihm zu Lieb!
das konnte mir die ganze Batterie bezeugen — und ich sehe
auch wahrhaftig nicht aus wie Jemand, der einen ruhigen
Posten, wie so eine Wache, freiwillig verläßt. — Ich half
ihm also, und dabei wurden wir erwischt und eingesteckt.
Diese Liebesgeschichte betraf aber die Tochter eines Mannes
von großem Einflusse; Robert, der verfluchte Kerl, mußte
sich obendrein einen Empfehlungsbrief an den Vater des
Mädchens zu verschaffen und dadurch kam er in's Haus
hinein und ich aus dem Untersuchungsarrest heraus. Ja,
noch mehr; jener Herr empfahl mich der Postverwaltung,
und da bin ich nun hieher geschickt worden, als wohlbestallter Sekretär."

„Das sind merkwürdige Geschichten," sprach Dose lächelnd. „Das heiße ich Glück haben! — Und der Andere?"

„Der Bombardier Robert wurde aus zweierlei Gründen
aus C. fort nach der Hauptstadt geschickt, und das hatte der
Papa sehr gut arrangirt. Erstens sollte er dem jungen
Mädchen aus den Augen kommen und zweitens was Tüchtiges lernen, um bald Offizier zu werden. Er ist jetzt auf
der Artillerieschule und wird nächstens sein Examen machen
können."

„Also doch dabei geblieben? Das ist recht von ihm."

„Ja, er hatte alle guten Aussichten," entgegnete Tipfel.
„Ich sprach vorhin von Veränderungen, die bei uns vorgefallen."

„Nun, was die Veränderungen anbelangt," versetzte Dose
verstimmt, „die werden ihm nicht viel helfen."

„Im Gegentheil," antwortete der ehemalige Bombardier;
„ihm können diese Veränderungen wohl nützen, uns freilich
nichts. — Aber lesen Sie denn gar keine Zeitungen?"

Dose schüttelte betrübt sein dürres Haupt.

„Ja, in dem Falle wundert es mich nicht, wenn Sie nichts erfahren," versetzte Tipfel. „Da unten ist einiger Maßen der Teufel los; man spricht davon, und mit vieler Gewißheit, daß nächstens die vierte, die sechste, die siebente und achte Brigade mobil gemacht werden."

Bei diesen Worten hätte man das Gesicht, die Haltung des ehemaligen Unteroffiziers sehen sollen! Seine Augen, die weit aufgerissen schienen, funkelten in höchster Freude, sein etwas zusammengesunkener Körper richtete sich straff in die Höhe, er erhob sich langsam von der Kiste, stellte sich aufrecht hin; den kleinen Finger der Linken an die Hosennaht haltend, fuhr er mit der Rechten militärisch grüßend an seine Stirn. Dabei sah er seinen Kameraden mit einem unaussprechlichen Blicke an, und nachdem er ihn dergestalt ein paar Sekunden lang fixirt, sprach er mit tiefer, etwas zitternder Stimme: „Herr Postschreiber, Sie sind als solcher mein Vorgesetzter, und ein Vorgesetzter darf um Alles in der Welt einem Untergebenen keine Unwahrheit sagen, und ich bitte Sie nochmals, wiederholen Sie mir das Wort von vorhin und sagen Sie mir: ist es gewiß und wahrhaftig wahr, daß die Brigaden mobil gemacht werden?"

Tipfel war nicht wenig erstaunt über das sonderbare Benehmen des Packmeisters; doch beeilte er sich, ihm eine Antwort zu geben; denn Dose blieb aufrecht vor ihm stehen, die Hand an den Kopf haltend, in der allermilitärischsten Haltung, mit einem erwartungsvollen, fast ängstlichen Ausdruck in den Gesichtszügen. „Allerdings ist es wahr, was ich vorhin gesagt," versicherte Tipfel; „die Batterien werden mobil gemacht und ziehen aus mit gefüllter Protze und Kartätschwagen; ja, was noch mehr ist: diese Kugeln und Kartätschen werden wahrscheinlich nächstens gebraucht werden."

„Und das ist wahr, wirklich war?" rief der ehemalige Unteroffizier, und sein Auge leuchtete vor Freude und Lust.

„Gewiß; die Befehle zur Mobilmachung sind schon an das Generalkommando gelangt."

„Hurrah!" schrie nun Dose und warf seine Hände
jubilirend in die Höhe; „abermals Hurrah! und zum dritten
Mal Hurrah!"   Und das schrie er nicht schüchtern hinaus,
sondern so laut und kräftig, daß der wachthabende Sekretär
nebenan erschrocken sein Fenster öffnete, mit dem Kopfe her=
aus fuhr und fragte, ob eine Räuberbande in die Pack=
kammer eingebrochen sei.

Diese Frage beruhigte den aufgeregten Packmeister eini=
germaßen und ließ ihn erwachen aus seinem Freudenrausche.
Er setzte sich wieder auf die Kiste nieder; doch konnte er
sich nicht enthalten, mehrere Signale zum Angriff und hef=
tigen Feuern vor sich hin zu brummen und dazu mit den
Füßen den Sturmmarsch zu trommeln, wie er es bei Ma=
növern von der Infanterie gehört.

Tipfel hatte still lächelnd diesem Paroxismus zugeschaut
und bildete sich dabei ein, Dose fühle gerade wie er selbst
und freue sich so unsinnig, weil er, in Anbetracht, daß es
da unten bald losgehen würde, sich glücklich schätze, hier in
der entfernten Gränzstadt bei dem ruhigen Postdienst so weit
vom Schusse zu sitzen.   Er hatte gar keine Ahnung davon,
welche Kampfbegierde in der Brust des ehemaligen Geschütz=
führers wogte. — „Hier ist ein ganzes Paket Zeitungen,"
sagte der Postschreiber nach einer Pause, „ich habe sie zu=
fällig mitgenommen, und Sie können daraus den Gang der
Begebenheiten lesen; es ist eine merkwürdige Geschichte,
ganz unglaublich."

„Geben Sie her!" bat eifrig der Packmeister.

„Da sind sie, legen Sie's nur hin bis morgen, es ist
jetzt wahrhaftig Zeit, daß man sich nach einem Bette um=
sieht.   Der Kalbsbraten ist verschwunden, der Punsch aus=
getrunken. — — Ich habe gut gegessen und gut getrunken,
Männeken, jetzt ist es nicht mehr als billig, daß man nach
diesen Anstrengungen dem ermatteten Körper einige Ruhe
gönnt."

Dose fand dieses Begehren des Kameraden vollkommen
gerechtfertigt; der schlaftrunkene Kellner aus der Passagier=

stube wurde zum dritten Male herbei beschieden, und da neben dem Postgebäude glücklicher Weise der erste und beste Gasthof des Ortes lag, so hatte Tipfel nicht weit zu gehen und lag schon eine Viertelstunde später in seinem Bette, schlief den Schlaf des Gerechten und schnarchte dazu, daß es klang, als seien ein Dutzend Schreiner beschäftigt, die hartnäckigsten und dicksten Mahagoniblöcke zu durchsägen — lauter Astknollen.

Fünftes Kapitel.

Worin Einiges von dem vergangenen Leben des Packmeisters vorkommt, sowie auch, welch' großen Entschluß derselbe faßt. Der geneigte Leser macht schließlich die Bekanntschaft eines bayonnetfechtenden Postmeisters.

Wir brauchen nicht erst zu sagen, daß Feodor Dose unverheirathet war; wer den Charakter und die erhabenen Gesinnungen, sowie das hochpoetische Gefühl dieses merkwürdigen Mannes etwas näher in's Auge gefaßt, wird unsere Ansicht vollkommen theilen, daß ein solch hochstrebender Charakter nicht dazu geschaffen ist, die Fesseln des Ehestandes zu tragen, ja nicht einmal die Rosenketten der Liebe zu dulden. Dose hatte bei seinem fünfzehnjährigen Militärleben sowohl in dem Garnisonsorte den Eroberungsversuchen unternehmender Köchinnen und beutelustiger Dienstmädchen siegreich widerstanden, als auch in den Cantonirungsquartieren den wirklich stattgehabten Anträgen einer Schulmeisterstochter und einer unversöhnlichen Steuerbeamtenwittwe, die ihn als zweites Opfer zu einem langsamen Martertode liebevoll erkoren hatte. Als Dose den Militärstand verließ, war

er vollkommen frei; kein weibliches Auge weinte ihm sanfte
Thränen nach; seine Erinnerungen drückte nichts als eine
leichte, aber dennoch verdrießliche Geschichte mit einer tugend-
haften Wäscherin, deren Schlingen und Banden er sich nur
durch den bündigen Ausspruch des französischen Gesetzbuches
entzog, unter dessen Schutze er gelebt, geliebt und gesündigt.

Wir wollen aber mit dem eben Gesagten den geneigten
Leser durchaus nicht auf die Vermuthung bringen, als sei
Dose ein Weiberfeind, ein Verächter des schönen Geschlechts
gewesen — im Gegentheil: Dose war galant, unternehmend,
feurig, zuvorkommend; aber bei all' diesen Punkten, die zur
Angriffstheorie gehören, vergaß er das Hauptaugenmerk eines
klugen Soldaten nicht und wußte sich beständig einen klugen
Rückzug offen zu halten. — Darauf fuhr er mit dem Eilwagen, wie wir bereits wissen; er reiste Tag und Nacht;
er machte den edlen, fürsorglichen Ritter bei allen Damen,
die sich seinem Schutze anvertrauten, er betrachtete sie als
ein ihm übergebenes Heiligthum, als unverletzlich, kurz, wie
alle übrigen ihm anvertrauten Poststücke und Briefe, die
man ebenfalls nicht angreifen darf, nicht untersuchen, nicht
durchlesen. Dose war zartfühlender Conducteur in der weitesten Bedeutung des Wortes; ja, er stellte eines Tages den
Antrag, die Postverwaltung möge ihm gestatten, die Hemmmaschine seines Wagens ändern zu dürfen, indem er durch
unvorsichtigen Gebrauch derselben — sie war nämlich neben
ihm unten am Sitze angebracht — in unangenehme, leicht
zu mißdeutende Berührungen mit seinen weiblichen Passagieren gerathen könne. Wir bezweifeln übrigens, ob die
Postbehörde dieses Zartgefühl verstanden, und glauben, daß
die Hemmmaschine an ihrem alten Platze blieb.

Da wurde Dose zum Packmeister befördert und kam
hieher in diese entlegene Gränzstadt. Anfänglich versprach
er sich von eben dieser nahen Gränze eine Menge roman-
tischer und hochpoetischer Abenteuer, Schleichhändler-Romane,
welche den Räubergeschichten so ähnlich sind, und dergleichen
mehr. Doch fand er sich hierin, wie so oft im Leben, bitter

getäufcht, und das Städtchen — fein jetziger Aufenthaltsort
— gehörte zu den allerprofaifchften des Landes. Auch war
die Lage durchaus nicht fo malerifch, wie Dofe's Phantafie
diefelbe für eine Gränzftadt unbedingt verlangte. Da war
kein wilder Wald mit tiefen Schluchten, durch welche die
Schmuckler, gefolgt von riefenhaften Hunden, auf und nieder
kletterten; da war nichts wie nüchterne Fruchtfelder, und was
fie hier einen Wald nannten, das war eine Gruppe von
fechs Birken und einem Tannenbaum, in deffen Schatten
die Honoratioren des Sonntags ihren Kaffee zu trinken
pflegten.

Dofe war hieher gekommen mit dem guten Vorfatze,
Land und Stadt umher wunderfchön zu finden. Er langte
zur felben Nachtftunde an, wie geftern der Bombardier Tipfel,
und als der Packmeifter am erften Morgen feines Hierfeins
erwachte, fand er, daß der eben erwähnte Vorfatz gänzlich
unausführbar wäre. Wir können nicht verfchweigen, daß
Dofe's Gemüth hierüber fehr betrübt war; fein Geift brauchte
Nahrung, feine Augen mußten etwas Schönes, Malerifches
fehen, fein poetifches Gefühl drohte bei diefer Fruchtfelder=
und Birken=Profa unterzugehen.

Diefes Gefühl, verbunden mit der Erinnerung an feine
früher fo angenehm verlebte Militärzeit, hatte ihm bald
feinen jetzigen Aufenthalt, ja, feine Stellung unbehaglich
gemacht. Nur die Frage: was beginnen, wenn er den Poft=
dienft verließ? war ihm bis heute zu beantworten unmöglich
gewefen. Da brachte der harmlofe Tipfel mit feinem Be=
richt von der Mobilmachung der fo geliebten Artilleriebrigade
den ehemaligen Unteroffizier auf einmal mit fich felbft in's
Klare.

Am andern Morgen fchritt Dofe mit weiten Schritten
in der Packkammer auf und ab. Er war in der Nacht wo
möglich um einen Zoll gewachfen. Zuweilen blieb er vor
den Paketen ftehen, die fo hübfch geordnet auf Haufen da=
lagen, wandte fich aber alsbald wieder verächtlich davon ab,
drehte fich auf dem Abfatz herum, fpuckte gelinde auf die

Seite und sagte zu sich selber: „Das Vaterland ruft!" —
Und wie wir schon Eingangs dieses Kapitels dem geneigten
Leser versicherten, so fesselte den Packmeister nicht das Geringste an die kleine Gränzstadt, was ihn verhindert hätte,
diesem Rufe Folge zu leisten.

Der neue Postsekretär hatte sich, weil er heute seinen
Dienst antreten mußte, ziemlich frühzeitig und seufzend dem
Bette entwunden und sortirte im Nebenzimmer Briefe und
schrieb Begleitscheine für die abfahrenden Conducteure, daß
es eine Lust und Freude war. Sein stilles, harmloses Gemüth hatte mit großem Wohlgefallen das einsame, geräusch-
lose Städtchen begriffen und war glücklich, ein Asyl gefunden
zu haben, wo er ungeplagt von dem Geräusche der Welt
still betrachtend leben, d. h. essen, trinken und schlafen konnte.

Dose hatte schon mehrmals einen Schritt an den
Schalter gethan, um dem Freunde mitzutheilen, was ihm
auf dem Herzen liege. Doch hatte ihn bis jetzt der Respekt
vor dem Vorgesetzten abgehalten, den ehemaligen Kameraden
anzurufen. Glücklicher Weise aber für ihn legte der Sekretär in diesem Augenblicke die Feder nieder, rutschte äußerst
langsam von seinem Stuhle herunter und trat an das Fenster, welches in die Packkammer führte. Dose näherte sich
alsbald und bat ihn, einen Augenblick in das Nebengemach
zu treten. Tipfel gehorchte, wenn auch langsam, und als
er sich in dem Wachtzimmer auf den großen Lehnstuhl nieder-
gelassen, theilte Dose dem auf's höchste überraschten Postschreiber seinen Entschluß mit, den Civilstand zu verlassen
und zur Batterie zurück zu kehren. Dieser, der so etwas
gar nicht begreifen konnte, sah ihm besorgt in die Augen,
ob sich nicht dort eine Spur aufkeimenden Wahnsinns entdecken ließe. Aber der Blick des ehemaligen Unteroffiziers
war ruhig, groß, edel. „Das Vaterland ruft", sagte er,
„und seinem Dienste auf dem blutigen Feld der Ehre werde
ich mich treu und gewissenhaft widmen."

Dagegen ließ sich nun nichts einwenden; Tipfel war
überhaupt viel zu faul, um sich die Mühe zu geben, Jeman-

den von einem einmal gefaßten Entschlusse abzubringen; ja, nicht einmal sich selbst mochte er bei ähnlichen Veranlassungen Vorstellungen machen, und so kam es denn oft, daß man bei ihm für Charakterstärke ansah, was eigentlich nur über= mäßige Faulheit war.

„Noch im Laufe des heutigen Morgens," fuhr der Packmeister fort, „werde ich mich zum Herrn Postmeister be= geben, um demselben meinen Entschluß kund zu thun. Ich bin überzeugt, es wird ihm schmeicheln, daß einer seiner Beamten sich zum bevorstehenden Kriege bei der Armee mel= det. Und wenn er auch hieran keine große Freude hätte, so läßt er mich dennoch gern ziehen. Ich war ihm beständig ein großer Dorn im Auge, und es machte ihm einen großen Strich durch eine gewisse Rechnung, als ich hieher versetzt wurde; denn meinen Posten hatte er einem seiner Schützlinge versprochen."

Tipfel, der den Entschluß des Packmeisters, seinen so behaglichen und angenehmen Postdienst zu verlassen, für das größte Unglück ansah, das den ehemaligen Kameraden nur treffen könnte, hielt es für seine Pflicht, ihn wo möglich von dem Abgrunde zurückzuziehen, in welchen er mit gleichen Füßen springen wollte, und hätte ihm zu dem Zwecke gern kräftige Gegenvorstellungen gemacht. Doch lag er zu behag= lich in dem alten Lederstuhle, und es wäre in diesem Augen= blicke wahrhaftig zu parteilich gegen seinen Geist gewesen, ihn so sehr anzustrengen, während der Körper behaglich aus= ruhte. Deßhalb begnügte er sich mit der einfachen Frage: „Aber, Dose, haben Sie das auch reiflich überlegt?"

„Das werden Sie sogleich sehen," erwiederte sehr ernst= haft der Packmeister. „Es ist die Stunde, wo man den Postmeister sprechen kann, und ich werde die Sache noch heute am Morgen in's Reine bringen, damit meiner Abreise — noch heute Abend — nichts entgegen steht."

Der Postsekretär hatte schon die Augen zu einem kleinen Schlafe geschlossen, sonst würde er sich doch wohl laut ver= wundert haben. So aber begnügte er sich mit einem gelin=

den Grunzen, welches vielleicht auch etwas heißen sollte, was aber kein Mensch im Stande war, zu verstehen.

Dose ließ sich unterdessen bei dem Postmeister anmelden und wurde auch sogleich vorgelassen.

Dieser war ein kleiner dicker Mann mit gewaltigem Bauch, den er des Morgens in einen rothseidenen Schlaf= rock gehüllt hatte. Er war vordem Hauptmann bei der In= fanterie gewesen, und da er diese Waffenart für die erste unter allen anderen hielt, so wählte er auch seine Beamten möglicher Weise darunter aus und war durchaus nicht zu= frieden damit, daß man ihm zu Conducteuren, Wagenmeistern und dergleichen so viele Unteroffiziere von der Artillerie ein= schob. Der Postmeister hieß Dachsinger, eigentlich Freiherr von Dachsinger, obgleich weder auf der genauesten Post= noch Flurkarte die Güter verzeichnet waren, welche das Glück hat= ten, ihre Namen dem Namen des Postmeisters abgeben zu dürfen. Dessen ungeachtet hieß die Postmeisterin gnädige Frau und der sechsjährige Sprößling der kleine Herr Baron. Wir müssen aber dabei gestehen, daß letztere Benennung nicht vor den Augen des Vaters gebraucht werden durfte; über= haupt war der Postmeister ein aufgeklärter Mann, sehr be= kannt mit seinem Dienst und deßhalb außerordentlich geschätzt von seinen Vorgesetzten. Da aber kein Mensch auf dieser Welt vollkommen ist, so hatte auch der Herr v. Dachsinger zwei Passionen, zwei schwache Seiten, zwei Stellen, wo er sterblich war. Das war erstens eine Leidenschaft für Sing= vögel aller Art, und zweitens eine ihm von der Infanterie= zeit nachgebliebene Liebhaberei für das Bayonnetfechten. Letztere Kunst hielt er für die größte und wichtigste auf Erden. Sein Bedienter, ein ehemaliger Infanterist, mußte des Postmeisters Sohn darin unterrichten, und nebenbei ge= hörte es zu des Vaters liebsten Studien, wenn er sich eben= falls diesem angenehmen Zeitvertreib widmen konnte.

Herr v. Dachsinger hielt das Bayonnetfechten für die beste aller Vertheidigungsarten, und er war fast daran, zu glauben, dieselbe könne, wie einen Säbelhieb oder Lanzen=

stich), beinahe eine feindliche Kugel abwehren. Er hatte schon
einmal daran gedacht, bei der Generalpostdirektion darauf
anzutragen, sämmtliche Conducteurstellen mit des Bayonnet=
fechtens kundigen Leuten zu besetzen, um etwaigen Raudan=
fällen kräftig begegnen zu können; nebenbei aber auch, um
es einem Artilleristen oder Caballeristen unmöglich zu machen,
eine Conducteurstelle zu erhalten.

Der Postmeister war, als Dose sich anmelden ließ, ge=
rade im Begriff, seinen Singvögeln ein Frühstück zu reichen,
und er ließ den Packmeister augenblicklich eintreten. Dabei
rauchte der Herr v. Dachsinger aus einer langen Pfeife, wie
er beständig zu thun pflegte, und diese sehr lange Pfeife
hatte einen doppelten Zweck: denn wenn er auf und ab ging
oder mit Jemand sprach, so gebrauchte er sie nebenbei um
die Griffe des Bayonnetfechtens mit derselben durchzumachen.

Sobald Dose eintrat, nahm der Postmeister eine Stel=
lung zur Abwehr ein, indem er die Pfeife vor die Brust
hielt, das Mundstück nach oben. Dose trat militärisch grü=
ßend näher, worauf der Postmeister diesen günstigen Moment
nicht vorbeigehen lassen konnte, ohne gegen die Brust des
Untergebenen einen Ausfall zu machen. Aus der ersten
Stellung ging er in einen Quartstoß über, sprang darauf in
eine kunstgerechte Abwehr, nahm alsdann die zweite Stellung
an und schulterte hierauf ruhig seine Pfeife.

Diese Manöver, die Dose längst kannte, waren nicht im
Stande, ihn einzuschüchtern, ja, sie ermuthigten ihn; denn
er wußte, daß der Postmeister sich bei solchem Benehmen in
recht guter Laune befand.

„Der Herr Postmeister werden verzeihen,“ sagte der
Untergebene, „ich bin gekommen, um eine große Bitte vor=
zutragen.“

Herr v. Dachsinger that ein paar mächtige Züge aus
der Pfeife und nahm dieselbe alsdann leicht zur Abwehr
vor sich hin.

„Der Herr Postmeister werden wissen,“ fuhr der ehe=
malige Unteroffizier fort, „daß da unten im Lande, wenn

ich mir erlauben darf, mich so auszudrücken, der Teufel los ist."

„Ja, allerdings!" rief der also Angeredete, und machte dabei einen wüthenden Ausfall mit Terzstoß nach links.

„Die Armee wird auf den Kriegsfuß gesetzt, die Artilleriebrigaden mobil gemacht, und man verlangt nach tüchtigen und langgedienten Unteroffizieren."

„Ja, es wird was geben," versetzte eifrig der Herr v. Dachsinger, „und dann passen Sie auf, mein lieber Dose, welchen unsäglichen Nutzen es haben wird, daß unsere Infanterie so vertraut mit dem Bayonnetfechten ist. Die feindliche Cavallerie wird hiedurch ganz unschädlich. Haben Sie mich schon gesehen mit zwei Reitern fechten? Ich glaube, ich habe das einmal ausgeführt, so lange Sie da sind; sich zwei Husaren vom Leib zu halten, ist keine Kleinigkeit. Ohne Schuß — wohl verstanden! Denn mit Schuß nehme ich es mit dreien auf. — Haben Sie mich damals fechten sehen?"

„Zu Befehlen, Herr Postmeister," antwortete Dose. „Ich erinnere mich dieses Ereignisses."

„War freilich nur kleine Arbeit," fuhr der Chef fort. „Keine gewandten Leute, keine flüchtigen Pferde; aber doch sah man deutlich den Segen dieser Fechtart."

Dose pflichtete den Worten des Vorgesetzten eifrigst bei, obgleich der Vorfall, den derselbe erwähnte, ihm damals keinen überaus günstigen Begriff von dem Bayonnetfechten beigebracht hatte. Zwei Postillone, ehemalige Trainsoldaten, auf halb lahmen und ganz blinden Pferden hatten natürlicher Weise mit der größten Schonung und Vorsicht gegen ihren Vorgesetzten manövrirend mit diesem gefochten.

„Man wird das erleben," sagte ernst der Postmeister, nachdem er seine Pfeife geschultert, „man wird noch so weit kommen, der Artillerie ebenfalls die Gewehre wieder zu geben und sie ebenso genau in dieser Fechtart zu unterrichten, wie in dem Bedienen ihrer Geschütze. — — — Aber was haben Sie von mir gewollt? — Lassen Sie hören!"

„Ich erlaube mir, dem Herrn Postmeister zu sagen, daß ich gehört, man suche, namentlich bei der Artillerie, alte, gediente Unteroffiziere für den Dienst wieder zu gewinnen; deßhalb geht meine unterthänige Bitte an den Herrn Postmeister, mir einen vierzehntägigen Urlaub nicht verweigern zu wollen, damit ich nach C. reisen kann zu meiner Brigade und dort den Versuch machen, ob man mich wieder aufnimmt und einstellt."

„Aha!" erwiederte ihm rasch der Postmeister und berührte mit einem Quartstoß sanft die Brust seines Untergebenen; „das nenne ich mir einen löblichen Vorsatz!"

„Und werden mir der Herr Postmeister diesen Urlaub nicht verweigern?"

„Wo denken Sie hin! das hieße ja gefrevelt gegen den Wunsch Sr. Majestät unseres allergnädigsten Königs; solche wackere Männer zurückzuhalten, wäre ja eine Sünde!"

Herr v. Dachsinger dachte neben diesen Worten, die ihm wirklich von Herzen kamen, auch daran, wie angenehm es sein würde, alsdann die Packmeistersstelle mit einem des Bayonnetfechtens kundigen Infanterie-Unteroffiziere besetzen zu können.

Er schulterte seine Pfeife und ging einige Mal im Zimmer auf und ab, immer dicht an den Wänden und tief in Gedanken. Plötzlich aber traversirte er das Zimmer und trat vor den Packmeister hin, die Pfeife hoch gehalten, zum Anschlag bereit, wie es ein vorsichtiger Tirailleur zu machen pflegt, der sich einem verdächtigen Gebüsche naht. „Teufel, Teufel!" sprach er nach einer Pause, „da fällt mir eben ein, daß es mir unerklärlich ist, woher Sie so genau wissen können, daß es drunten im Lande einigermaßen Spektakel gibt. Wir halten doch hier so gut wie gar keine Zeitungen, und außerdem war ich bemüht, keine Nummer auszugeben, worin sich etwas befindet, das den Leuten ihre Köpfe aufregen könnte. — Haben Sie Briefe?"

„Das nicht," entgegnete Dose etwas beunruhigt. „Doch traf gestern einer meiner Bekannten hier ein, der neuernannte Postsekretär."

„Und der hat Ihnen diese Neuigkeit mitgebracht?" er=
wiederte eifrig der Vorgesetzte, wobei er seine Pfeife mit
beiden Händen rasch und so eilfertig und heftig erhob, als
parire er einen kräftigen Säbelhieb. „Ich muß mich da
vorsehen!" sagte er. „Zum Teufel auch! das könnten wir
hier brauchen, wenn die Postsekretäre selbst sich unterfingen,
dergleichen Nachrichten zu verbreiten! Tipfel ist von der
Artillerie; ich möchte sagen, leider, und läßt sich deßhalb
leicht zu raschen Handlungen hinreißen. Wäre er Infan=
terist, so würde er das Bayonnetfechten studirt haben, und
diese Kunst, mein lieber Dose, gibt dem Mann etwas Ver=
schlossenes, etwas Umsichtiges; sie wird bei einem braven
Soldaten zur Leidenschaft und geht so zu sagen in Fleisch
und Blut über. Ein echter Bayonnetfechter ist immer ge=
rüstet, er schaut beständig rechts und links." — Der Post=
meister that also. — „Ja, zuweilen hinter sich!" — Er
wandte seinen Kopf mit einer erschrecklichen Geschwindigkeit
um. — „Er ist immer auf seiner Hut, stets fertig zum Aus=
fall nach rechts, nach links, nach vorwärts, nach rückwärts.
— So!" — Und während Herr v. Dachsinger das sprach,
sprang er mit einer merkwürdigen Behendigkeit in die Höhe,
stieß mit der Pfeife nach allen Seiten, so daß Dose einen
Schritt zurücktrat, wandte sich dann plötzlich um, um einen
Feind hinter sich niederzustechen, wobei aber die Tabaksasche
umherflog und der rothseidene Schlafrock malerisch umher=
wallte.

Dose kannte diese Ausbrüche seines Chefs und blieb
vor ihm stehen mit einer unerschütterlichen Ruhe.

„Ich werde," fuhr Herr v. Dachsinger nach einem augen=
blicklichen Stillschweigen, in welchem er Athem schöpfte, fort,
„dem Herrn Tipfel den Rath geben, einigen Unterricht bei
mir zu nehmen. Sie lieber Dose, haben das leider ver=
säumt. Nun, Sie müssen sehen, wie Sie sich ohne Bayon=
netfechten durch dieses Leben zu schlagen im Stande sind.
Ihren Urlaub sollen Sie haben, dazu ein Empfehlungs=
schreiben an den mir unbekannten Chef Ihrer Brigade, sowie

die Erlaubniß, bei Ihrer Reise den Packwagen zu benutzen.
— Gehen Sie mit Gott, und sollten Sie je in den Fall
kommen, irgend einem jungen Manne, der zum Militär eintreten will, einen heilsamen Rath geben zu müssen, so denken
Sie an mich, und haben Sie Selbstüberwindung genug,
diesem jungen Manne zu versichern, daß das Bayonnet die
erste aller Waffen ist. — Leben Sie wohl!"

Dose ergriff gerührt die dargebotene Hand seines Chefs,
hatte Takt genug, den Singvögeln rings umher zum Abschied
einen wehmüthigen Blick zu schenken, dann wandte er sich
echt militärisch um und sah, während er abging, wie Herr
v. Dachsinger es nicht unterlassen konnte, mit der Pfeife
einen so wüthenden Stoß nach seinem Rücken zu führen,
daß ihm im Falle des Ernstes das Bayonnet mindestens
drei Zoll vorn zur Brust heraus gedrungen wäre.

Der Packmeister traf nun seine Anstalten zur Abreise;
er ließ unter der Obhut Tipfels die Reichthümer, so er sich
im Postdienst erworben, als ein paar lange Pfeifen, Filz-
schuhe, wenige Civilkleider und Postuniformen, Schillers Gedichte und den höllischen Proteus. Seine Leibwäsche packte
er in einen kleinen Mantelsack, das Manuscript seiner eigenen Gedichte in eine Putztasche, und Abends um acht Uhr
— der Packwagen ging erst um Neun — zog Dose mit
einem gewissen behaglichen Schauer seine Unteroffiziers-Uni-
form der siebenten Artilleriebrigade, die er wie eine Reliquie
aufbewahrt hatte, an. Dann umarmte er den Bombardier
Tipfel, welcher den Versuch machte, sehr betrübt auszusehen,
stieg zu dem Conducteur in das Cabriolet des Gepäckwagens
und rasselte mit demselben zum Thore hinaus.

Sechstes Kapitel.

Ein kurzes, aber doch wichtiges Kapitel — handelt von einer
Bürgerwehr-Wachtstube.

Der April hat seine Launen — ein wahrer Spruch,
den keiner der geneigten Leser bezweifeln wird. Es gibt
Monate dieses Namens voll Aprilwetter, die sich in der an=
genehmen Abwechselung zwischen Regen und Schnee, Hagel
und Frost gefallen. Es gibt aber auch wieder andere, welche
als Vorboten des Frühlings ein süßes Gesicht machen, welche
Blumen und Gräser verführen, ihre Köpfe neugierig empor=
zustrecken, und welche die Lerchen veranlassen, jubilirend in
die Höhe zu steigen, als sei es Mai und Juni und niemals
Winter gewesen.

So gelaunt war der April, in welchem wir uns erlau=
ben, im Verlauf unserer Abenteuer den Leser in eine herr=
liche Gegend zu führen, wo an den grünen Ufern des Rheines
sich am Fuß dunkler, steiler Felsen ein Städtchen hinschmiegt,
ein Städtchen von wenig neuen Häusern und vielen alten,
mit spitzen Giebeldächern, seltsam geformten Schornsteinen
und weiten Einfahrten, die für das jetzige Leben nicht recht
mehr zu passen scheinen. Rings herum laufen Mauern,
theils gut erhalten, mit Zinnen versehen, theils eingestürzt
und sich alsdann nur wenige Fuß über den Boden erhebend.
Diese Mauern umfangen das Städtchen wie mit einem
steinernen Gürtel, und da sie hinter den Häusern zusammen
laufen und sich zu einem alten Schlosse, das droben auf der
Bergwand liegt, hinaufziehen, so sieht es gerade aus, als
sei es eine Zierde, welche die alte Ruine droben an zwei
gewaltigen steinernen Ketten recht kokett in das Thal herab=
hangen lasse.

Die Schloßruine ist von ziemlichem Umfange, aber Alles

an derselben bunt und malerisch über einander gestürzt.
Thürme von der Gewalt des Pulvers gesprengt und von
Alter geschwärzt, bestehen nur noch aus großen Steinbrocken,
durch uralten Mörtel und Kalk verbunden.   Die Gräben
sind ausgefüllt mit dem Schutt der Mauern, und von den
Schloßgebäuden, die hier existirt haben, steht nur noch ein
einziger hoher Giebel, der vor dem Falle durch eine riesen=
hafte Eiche geschützt ist, die, unter seinem Schutze emporge=
wachsen, nun ihm wieder als Schutz und Stütze dient.   Da=
zwischen wuchert überall Strauchwerk, Unkraut und Epheu,
welch' letzteres in langen Linien über die Steinhaufen zieht
und sich hier und da an einem noch stehen gebliebenen
Mauerwerk emporrankt.

Nach dem Städtchen, dem Rheine zu, fällt die Berg=
wand ziemlich steil ab, und hier ist wenig von ehemaliger
Fortifikation zu sehen; nach dem Lande zu aber, das fast
eben bis zu den Thoren des Schlosses liegt, sind die oben
erwähnten früher tiefen Gräben, sowie Ueberreste von Brücken=
pfeilern, ein Stück Thorbogen und neben demselben ein
ziemlich erhaltenes Gewölbe, das man restaurirt hatte, in=
dem man es mit einem einzigen kleinen Fenster versehen,
sowie mit einer Thür, die man sogar verriegeln konnte.
Wegen des schönen Wetters aber, von dem wir vorhin spra=
chen, steht diese Thür weit offen und zeigt ein ziemlich kah=
les Gemach, dunkle Steinwände, an denen als einzige Ver=
zierung eine schlechte Lithographie prangt, die einen Mann
vorstellt, auf dem Kopfe einen Schlapphut mit großer Feder,
angethan mit einer Blouse, an den Füßen Wasserstiefel mit
dicken Sohlen, einen Säbel an der Seite, Pistolen und Dolch
im Gürtel.   An Möbeln sind hier ein Tisch und einige
Stühle vorhanden.

Obgleich glänzender Sonnenschein auf Berg und Thal
lag und die erwachte Natur tief im Frieden athmete, sah
man doch auf dem freien Platze vor der Ruine und jenem
alten Gewölbe seltsame kriegerische Vorkehrungen.   Da be=
fanden sich Leute in Gruppen von acht bis zehn Mann, die

von anderen Leuten geplagt wurden, jene zierlichen Wendungen zu machen, welche man Links- und Rechtsum nennt.
Da waren Andere, die sich verzweifelte Mühe gaben, sich
gerade zu strecken, die Brust heraus und den Bauch hinein
zu drücken, die Nase sehr hoch zu halten und krampfhaft ein
Gewehr zu fassen, das ihren Bewegungen so gar nicht gehorchen zu wollen schien. Es war dieß eine eigenthümliche
Spielerei, die aber mit großem Ernst und mit seltener Gutmüthigkeit betrieben wurde, mit einer Gutmüthigkeit, welche
das vortreffliche Zeugniß ablegte von dem guten kamerad-
schaftlichen Verhältniß, in dem Kommandirende und Kommandirte zu einander standen. Man sah den guten Willen
an den entsetzlich gestreckten Beinen, an der furchtbar heraus-
gedrückten Brust, an der Höhlung, die hiedurch hinten auf
dem Rücken entstand, sowie namentlich an den Schweißtropfen,
die zahlreich von den Gesichtern der Betheiligten herab
flossen. Aber trotz allen diesen Leiden bemerkte man auch
deutlich eine ungeheure Genugthuung in den Mienen dieser
alten Rekruten, das Bewußtsein, für eine wichtige Sache zu
exerciren, und dazu die freudige Hoffnung, morgen vielleicht
selbst nach freier Wahl als Kommandirender dort zu stehen.
Diese Aussicht ließ auch eine strenge Disciplin nicht zur gehörigen Reife gedeihen. Wohl fuhr hier und da einer der
Exercirmeister mit einem gutgemeinten „Kreuzdonnerwetter"
dazwischen, doch hatte dieser Ausdruck oftmals nur den einzigen Erfolg, daß der also Angeredete im Gliede den Kopf
herumdrehte und leicht erwiederte: „Dös Schimpfen könne
Se sich verspare, Herr Rottemöster!"

Das ging denn so eine Zeit lang fort, dann aber nahm
das Exerciren für heute, wie Alles auf dieser Welt, ein
Ende, worauf die vierzig Mann, die dieses Geschäft betrieben
hatten, eine imposante Macht bildend, als Bataillon in einer
Linie mit zwei Gliedern aufmarschirten. Ungefähr zwölf
Offiziere und Unteroffiziere vertheilten sich zwischen und hinter der Front, und ein junger Mann von etwa sechsund-
dreißig Jahren mit großem, blondem Bart, Schlapphut und

Hahnenfeder, ſtellte ſich als Major vor der Front auf, zu ſeinen beiden Seiten zwei Hauptleute ohne Compagnieen und hinter dieſen zwei Adjutanten, natürlicher Weiſe unberitten, aber mit vielverſprechenden Sporen an den Abſätzen.

„Bataillon — ſtillgeſtanden!"

Das Bataillon rührte ſich nicht, d. h. es ließ trotz dieſes Kommandowortes keine Aenderung in dem harmloſen Natur= zuſtande eintreten, in welchem es ſich vorher ſchon befunden. Dort kratzte ſich Einer am Kopfe, hier Einer anderswo; der nahm das Gewehr auf die rechte Schulter, weil ihn die linke ſchmerzte, Jener hatte es ſogar bei Fuß geſtellt, da er im Augenblicke beſchäftigt war, ſeine Naſe zu putzen.

Der Major vor der Front überſchaute das Bataillon mit Wohlgefallen; er blickte die beiden Hauptleute an, als wollte er ſagen: Seht hin und erſtaunt. Er rückte den Hut noch etwas weiter auf das rechte Ohr, legte die Hände auf dem Rücken zuſammen und ſprach: „Bürger und Wehrmänner! Der lobenswerthe Eifer, mit welchem ihr die Muskete in die Hand nahmet und euch in Reih' und Glied ſtelltet, um einer verwilderten Soldateska zu zeigen, daß der freie Mann in wenig Tagen das erlernt, wozu der Geknechtete Jahre braucht, iſt, wie wir alle ſehen, von beſtem Erfolge gekrönt worden. Ihr ſteht da, obgleich an Zahl gering, doch eine Achtung ge= bietende Macht, eine Hand voll Krieger, mit der ich, euer Major, unter dem Bewußtſein der gerechten Sache, gegen ein ganzes Regiment Söldner mich aufzuſtellen anheiſchig machen würde. Es lebe das Bataillon!"

„Hoch!" ſchrieen die vierzig Mann.

„Es lebe der Herr Major!" ſchrieen die beiden Hauptleute.

„Hoch!" antwortete das Bataillon.

„Es leben die Hauptleute!" ſchrie der Major.

„Hoch!"

„Es leben die Lieutenants und Unteroffiziere!" rief nun der Flügelmann.

„Hoch!" ſchrieen der Major, die Hauptleute und die übrige Mannſchaft, wobei der kleine Tambour auf ſeiner

Trommel wirbelte und lauter als alle Uebrigen schrie, bis er
braun und blau im Gesicht wurde.

„Bürger und Wehrmänner!" fuhr hierauf der Major
fort, „es liegt uns heute noch die Pflicht ob, stellvertretende
dritte und vierte Hauptleute, einen Bataillonsschreiber und
zwei Feldwebel zu erwählen. Hierzu ist heute Abend Ver-
sammlung im grünen Baum."

„Sehr gute und billige Weine," schallte eine tiefe Stimme,
die dem Wirthe zum grünen Baum anzugehören schien, aus
dem Bataillon.

„Wir sind jetzt fertig," nahm wieder der Major das
Wort, „das Bataillon kann in die Quartiere zurücktreten;
nur wünschte ich, daß die zweite Compagnie noch ein wenig
Wachtdienst übte, und einen Unteroffizier und drei Mann
hergäbe zu der so nothwendig befundenen Besetzung des alten
Schlosses."

„Aber, Herr Major," ließ sich eine Stimme aus dem
Bataillon vernehmen, „ich glaube, wir könnten das alte
Schloß ohne Wache lassen. Da trägt uns Niemand einen
Stein weg."

„Die Landes-Vertheidigungscommission," versetzte würdevoll der Kommandant, „hat den Befehl dazu gegeben, und
dieser Befehl ist nicht ohne Grund. Irgend ein Feind könnte
sich des alten Schlosses bemächtigen, sich da festsetzen und so
unsere freie und getreue Stadt dominiren."

„Ach, gehen Sie doch, Herr Major!" ließ sich eine andere
Stimme vernehmen: „das glauben Sie ja selbst nicht. Ich
für meine Person habe auch keine Zeit, heute Wache zu stehen."

„Ich auch nicht! — Ich auch nicht!" schrie ein Dutzend
anderer Stimmen.

Und die Hauptleute und Lieutenants zuckten die Achseln.

„Es wäre am besten," flüsterte einer der Adjutanten
seinem Chef zu, „daß man, wie auch gestern, Freiwillige zur
Wache aufriefe. Es ist viel im Felde und in den Weinbergen zu thun; wenn wir streng sind, so spielen die Leute morgen nicht mehr mit."

„Meinetwegen!" entgegnete der Major. „Also Frei=
willige zur Wache vor! Ein Unteroffizier oder Gefreiter mit
drei Mann!"

„Meister Kaspar! Meister Kaspar!" schrie es durch die
Reihen des Bataillons.

„Wird man von der Bataillonskasse verköstigt?" fragte
eine feine Stimme aus der hintersten Reihe des linken
Flügels.

„Das versteht sich von selbst," antwortete der Major.
„Es wird das gehalten wie immer — aus der Kriegskasse."

„Dann lasse ich mir's gefallen!" erwiederte die feine
Stimme. Und der Träger derselben, ein kleiner, etwas ge=
brechlicher Mann, wand sich durch die Reihen des Bataillons
und trat vor die Front.

Dies war Meister Kaspar, seines Zeichens ein Schneider.
Doch war ihm der Patriotismus in das Geschäft geschlagen,
und seine Kunden, obgleich sehr zufrieden mit seinen hochher=
zigen und edlen Gesinnungen, waren es nicht mit den langen
Stichen seiner Nähte, und wandten in ihrer Engherzigkeit
ihre Kundschaft einem reactionären Collegen zu, während
aber ihr Herz warm und brüderlich für Meister Kaspar zu
schlagen fortfuhr.

Die Folge hievon war, daß Meister Kaspar nach und nach
verlumpte, und dadurch entwickelte sich bei ihm ein immer
größerer Patriotismus, ja, eine wahre Blutgier, weßhalb
er denn auch gern die Wache im alten Schlosse bezog, auf
einen Feind hoffend, der sich ihm zur Vernichtung entgegen
stellen werde.

Die noch fehlenden drei Mann zur Wache wurden aus
dem kleinen Tambour recrutirt, aus dem Kuhhirtensubstituten,
der zu gleicher Zeit sein Vieh und einen zu erwartenden Feind
beaufsichtigen konnte, und endlich aus einem Schreibergehülfen
des Notars, der augenblicklich nichts zu thun hatte und das
Wachtbuch besorgen sollte, wofür er nicht auf Posten zu
ziehen brauchte.

So war dieser Landestheil vor Ueberfall vollkommen ge=

schützt, und der Major schickte sein Bataillon beruhigt nach
dem Städtchen zurück. Das Gewehr wurde geschultert, die
Arme brüderlich verschränkt, und so zogen sie hinab in langer
Linie, eine Fahne voran, und sangen:

> Gebt nur eure rothen Räubermäntel her!
> Das gibt rothe Hosen für ein freies Heer.
> Wir brauchen keine Fürsten und keinen Adel mehr:
> Alles sei verschmolzen zu einem freien Heer.

Je mehr sich der Lärm in's Thal hinab zog, desto
ruhiger wurde es droben auf der Schloßruine. Meister
Kaspar zog sich mit dem jungen Schreiber in das Gewölbe
zurück, der Tambour tremulirte melancholisch auf seiner Trommel, und der junge Kuhhirt hatte auf einem kleinen Vor-
sprunge, wo er weit in das Land hineinsehen konnte, den
Posten bezogen. In der Hand hatte er die Muskete, und
er untersuchte sorgfältig die Schärfe des Bayonnets.

Parole war: Frankfurt am Mein! das Feldgeschrei:
Halt oder stirb!

———————

Siebentes Kapitel.

Der Packmeister Dose zieht ruhig seines Weges, wird aber für
ein ganzes Armeecorps gehalten und veranlaßt einen fürchterlichen
Allarm.

———

Mittlerweile hatte es sich gefügt, daß der Unteroffizier
Dose den Packwagen, in dem er zwei Nächte und einen Tag
gefahren war, verließ und des schönen Wetters halber, auch
weil die Fahrstraße beständig im Zickzack bergauf und bergab

lief, zu Fuß seinen Weg fortsetzte, um, das Land so gerade
wie möglich durchschneidend, desto eher die Ufer des Rheines
zu erreichen. Er wandelte so im Sonnenglanze dahin, voll
schöner Hoffnungen, voll kühner Plane für die Zukunft. Seit
er unterwegs war, hatte er es für nothwendig gefunden, sich
ernstlich mit politischer Literatur zu beschäftigen, und sah nun,
daß im Vaterlande, noch mehr aber in den Nachbarstaaten
desselben sich Manches veränderte.

Nicht ein einziges Mal beschlich ihn der Gedanke, es sei
doch vielleicht von einem so alten Menschen leichtsinnig, eine
gesicherte Existenz verlassen zu haben, um auf's Gerathewohl
zu seiner Batterie zurück zu kehren, ungewiß, ob dort ein
Platz für ihn offen sei oder nicht. — Aber zurückgewiesen
konnte Feodor Dose nicht werden, dessen war er fest überzeugt! Ihm graute nun vor dem Gedanken, daß man ihn vielleicht einer Munitionscolonne oder einer Fußbatterie zutheilen
könnte. — Einer Fußbatterie! Der Gedanke allein machte ihn
nachsinnend und verdüsterte auf einen Augenblick sein Gemüth.
Er sollte den Schleppsäbel ablegen und die Cartouche, er
sollte Leute kommandiren mit weißleinenen Hosen statt dem
glänzenden Lederbesatz, Fuhrleute mit Käsemessern an der
Seite?! — O nein! So hart würde ihn das Schicksal
nicht bestrafen. Er hatte von jeher gegen das Marschiren
eine Antipathie gefühlt, und sein heutiger ziemlich langer
Spaziergang über endlose Haiden und Felder war nicht im
Stande, dieselbe zu vermindern.

Man hatte ihm am Morgen gesagt, bei rüstigem Aus-
schreiten werde er zu guter Zeit Nachmittags den Rhein erreichen, um alsdann auf einem Dampfboote bequem weiter
hinab fahren zu können, und obgleich er sehr große Schritte
gemacht, auch zur Mittagsstunde nur ein wenig gerastet, so
begann sich doch schon die Sonne zu senken, und er sah
noch immer nichts vor sich als eine weite, wellenförmige
Ebene. Wenn es möglich gewesen wäre, daß Dose's Muth
sich hätte vermindern können, so wäre das vielleicht geschehen.
Aber unverdrossen schritt er darauf los — und so mochte

es drei Uhr Nachmittags geworden sein, als er einem Bauer begegnete, der ihm auf sein Befragen einen dunklen Streifen am Horizont zeigte, das Ziel seiner Wünsche — das ersehnte Rheinthal.

Nachdem Dose noch eine halbe Stunde weiter gewandert war, so daß er in der That erkennen konnte, vor ihm erleide das bisher einförmige Terrain eine Unterbrechung durch Felsen, Wald und Schluchten, als er ferner zu seiner unaussprechlichen Freude gerade vor sich die Ruine eines alten Schlosses entdeckte, das Wahrzeichen des romantischen Rheinstromes, da schwoll sein Herz an, von einer unaussprechlichen Freude erfüllt. Vergessen war der langweilige Postdienst mit Paketen, Adressen und Deklarationen, vergessen jenes einsame Gränzstädtchen, verblichen die Bilder all der Pack- und Postwagen, und alte, süße Erinnerungen stiegen in seiner Brust empor; er sah in seinem Geiste die Rheinstädte, die er lustig und wohlgemuth durchzogen, er sah den Wein im grünen Römer blinken, vor seinem Ohre vorbei klirrte und rasselte die alte Batterie, die Pferde schnaubten und schüttelten sich, in den engen Gassen dröhnten die schweren Stücke auf dem Pflaster, neugierige Mädchengesichter blickten aus alten, grauen Häusern vor, er selbst — Dose, der Geschützführer, hatte stolz die rechte Hand auf die Hüfte gestemmt, und zog ein wie ein römischer Triumphator, während die Kanoniere sangen:

Friedrich Wilhelm saß im Wagen,
Zog mit uns in's Feld.
Ueber sieben Jahr wollen wir Frankreich schlagen,
Lustig und fröhlich sein, Juchhe!
Lustig und fröhlich sein.

Diese Erinnerungen überwältigten den langen Feodor; er ließ sich am Rande eines kleinen Grabens nieder, und da er sich dabei zufällig auf etwas Hartes setzte, so erinnerte er sich seiner Gedichte, die er in die Tasche gesteckt hatte, zog sie hervor und las mit Begierde, zum Gott weiß wie vielten

Male, sein vortreffliches, nie genug gewürdigtes Gedicht: Auf
der Wacht.

Während Dose so, halb liegend halb sitzend, in seiner
Vergangenheit wühlte, saß ihm auf einer Entfernung von
einer halben Stunde der Posten der alten Schloßruine gegen=
über und beschäftigte sich sehr mit der Gegenwart. Dießmal
war der kleine Tambour aufgezogen und verzehrte, die Trom=
mel neben sich, ein großes Stück Brod mit Käse. Dabei
hielt er scharfen Lugaus, und so kam es denn, daß er, von
der Sonne begünstigt, endlich die glänzenden Knöpfe von
Dose's Uniform entdeckte. Der Tambour schrak ordentlich
zusammen, dann nahm er seine Trommel auf, schlug einen
kleinen Wirbel, worauf augenblicklich der Wachkommandant
erschien mit dem Schreiber und dem Kuhhirten.

Richtig, es ließ sich nicht läugnen, daß sich dort über
die Ebene heran etwas Verdächtiges bewege. Meister Kaspar,
der früher viel in Uniformen gearbeitet, strengte seine Augen
übermäßig an, dann erbleichte er gelinde, machte mit der
Hand ein Zeichen zum Stillschweigen und sagte: „Artillerie!"
Doch erholte sich der Schneider bald wieder von seiner ersten
Bestürzung und traf seine Anstalten wie ein kluger Feldherr.
Der Lauerposten wurde in das Gemäuer zurückgezogen, der
Schreiber verfaßte einen Bericht an das Generalkommando
drunten im Städtchen, und der Gehülfe des Kuhhirten wurde
beauftragt, diese Depesche in der schnellsten Gangart dem
Kommandirenden zu überbringen.

Der Bericht lautete ungefähr: „Schloß Steineck, am
4. April. Auf Posten bis vor wenigen Augenblicken nichts
Neues, gegenwärtig aber Entdeckung eines verdächtigen Fein=
des, der gegen uns heranzieht. Zahl und Stärke sind unmög=
lich anzugeben, da sich bis jetzt erst die Vorposten entwickelt
haben. Der unterzeichnete Wachkommandant hat sich aber
durch den Augenschein überzeugt, daß sich bei dem heran=
ziehenden Armeecorps auch Artillerie befindet."

Wir müssen gestehen, daß der Kuhhirt diese Depesche
zitternd dem Major überbrachte, daß der Major sie bebend

las, daß die Hauptleute schauderten, und daß sämmtliche
Lieutenants einen wehmüthigen Blick gegen den blauen Abend=
himmel richteten, einen Blick, in dem deutlich zu lesen war:
„Herr, dein Wille geschehe!"

Darauf wirbelte der ältere Tambour dumpf und geheimniß=
voll das Zeichen zum Appell durch die Straßen des Städtchens,
auf welche sich schon die Abendschatten niederließen. Das Ba=
taillon trat nicht vollzählig zusammen; aber durch die Reihen
desselben ging die Schreckenskunde von dem, was droben ge=
schehen. Man gestand sich achselzuckend, daß Meister Kaspar
jetzt schon viele Chancen habe, für das Vaterland gefallen
zu sein. Man steckte die Köpfe zusammen und beschloß, dem
Feinde, der mit so großer Uebermacht daher komme, spähend
entgegen zu gehen, und dieses Geschäft sollte von dem Major
und den Hauptleuten in eigener Person vollführt werden.
Hiermit war die übrige Mannschaft vollkommen zufrieden, be=
schloß aber, auf alle Fälle beisammen zu bleiben, erwählte
den grünen Baum zum Hauptquartier und verschanzte sich
dort — — hinter Flaschen und Gläser.

Der Major und die beiden Hauptleute stiegen den
Schloßberg hinan, und es war, als seien sie von einem glei=
chen Gefühle beseelt, denn sie nahmen stillschweigend die rothen
Federn von ihren Hüten, steckten die gleichfarbigen Schärpen
sorgfältig in die Tasche, und nahmen den bis daher so mar=
tialisch umgeschnallten Degen leicht in die Hand, wie eine
Sache, deren man sich bei vorkommender Gelegenheit zu ent=
ledigen veranlaßt sehen könnte.

Der Wachtkommandant droben hatte seine beiden Unter=
gebenen zu sich in die Wachtstube genommen und sich darin
verschanzt so gut wie möglich, den Tisch vor die Thüre ge=
rückt, Bänke und Stühle darauf gestellt, vor allen Dingen
aber die Lithographie von der Wand entfernt, welche jenen
wildaussehenden Mann mit dem großen Bart und Hut vor=
stellte. Es war von Meister Kaspar nicht vorsichtig, sich so
der Gefahr bloß zu stellen, im eigenen Hause gefangen zu
werden. Doch war der Moment zu überwältigend für ihn;

er verlor seine gewöhnliche Umsicht, er verläugnete in diesem
Augenblicke ganz und gar sein Feldherrntalent. Der Schreiber=
gehülfe ward in eine schießschartenähnliche Oeffnung gestellt,
die sich neben dem Eingange befand, der Tambour an das
einzige Fenster des Gewölbes, durch welches man hinab auf
den Rhein und das Städtchen sehen konnte. Der Erste
sollte den anrückenden Feind beobachten, der Zweite nach
der sehnlichst erwarteten Hülfe ausspähen. Beide sahen aber
längere Zeit gar nichts; nur hörte der Tambour mit seinem
geübten Ohr drunten einen leichten Trommelwirbel, dann
aber war und blieb Alles still. Kein Waffengeklirr erfreute
das Herz der Belagerten, keine muthigen Stimmen den Berg
Heransteigender, Stimmen ihrer Freunde, ihnen Trost und
Hülfe bringend.

Der Schreiber hatte sein Auge fest an die Schießscharte
gelegt und hielt seine Hände auf dem Rücken. Auf einmal
fing er an, mit den Armen wie ein Telegraph zu arbeiten;
auch spreizte er die Finger weit von einander und schloß sie
krampfhaft wieder zusammen.

„He!" sagte der Wachtkommandant.

„Er kommt," flüsterte der Lauerposten.

„Und keine Hülfe!" rief der unglückliche Schneider. —
„Was sehen Sie?"

„Keine hundert Schritte von hier sind ihre Tirailleurs;
gerade vor mir ist einer, der ohne viel Besinnens direkt auf
uns zuschreitet; wenn ich nicht irre, trägt er das Gewehr in
der Hand, wie einen Spazierstock."

„Vielleicht entdeckte er unsern Aufenthaltsort nicht,"
meinte der Wachtkommandant. „Und gewiß, so wird es sein.
Der Feind wird keine Besatzung in dem alten Schlosse ver=
muthen und ruhig den Weg nach der Stadt verfolgen. Wer
weiß," setzte er mit gläubigem Herzen hinzu, „vielleicht ist
es gerade unser Glück, daß wir uns hier oben so bloßgestellt
befinden: wir werden übersehen und nicht mitgefangen und
mitgehangen."

Aber das Schicksal wollte es anders. Die Gestalt draußen,

die der Lauerposten für ein Stück feindlicher Tirailleurkette hielt, war Dose, der mit dem beruhigtsten Gemüth auf die Ruine zuschritt, einzig in der Absicht, bei derselben vielleicht einen Weg zu finden, der ihn zur Stadt hinabführe. Obgleich er sich dicht vor der Wachtstubenthüre befand, so war es doch bereits zu dunkel, um etwas dergleichen erkennen zu können. Da stieg der unglückselige Tambour von seinem Fenster herab, um ebenfalls nach dem Feinde zu spähen, und vergaß seine Trommel, die er hinter sich auf den Boden gelegt. Er stolperte so heftig darüber hin, daß er mit dem Bauch auf die Rundung fiel, vorn das Uebergewicht erhielt, und nun durch sein eigenes Instrument wie durch eine Walze so unaufhaltsam vorwärts gerollt wurde, daß er, mit unwiderstehlicher Gewalt zwischen die Beine des Wachtkommandanten getrieben, auch den Meister Kaspar zu Fall brachte, was alles zusammen einen seltsamen und unerhörten Spektakel verursachte.

Dose blieb augenblicklich stehen und horchte. So gesund seine Phantasie war und so muthig sein Herz, so stutzte er doch über diese seltsamen Töne, trat aber dennoch ein paar Schritte näher und kam nun so dicht an das Gewölbe heran, daß er die Thüre an demselben entdeckte.

Das Alles sah der Schreiber drinnen an seiner Schießscharte. Er bemerkte, wie der Feind einen Augenblick im Begriffe war, wieder umzukehren. Aber auch nur einen Augenblick. Im nächsten sprang der Lauerposten bis an die entgegengesetzte Wand des Gemaches; dann ertönten langsam und feierlich drei heftige Schläge an die Thüre.

„Es ist Alles vorbei!" sagte Meister Kaspar, indem er rathlos um sich schaute. „Wir haben uns lange genug gehalten. Was hilft alle fernere Gegenwehr? Ich muß das Schloß übergeben. Tambour schieb den Riegel zurück!"

Dies geschah, und dann wurde die Thüre von außen langsam aufgedrückt, worauf die Wachthabenden einen sehr langen Mann vor derselben bemerkten, der sich aber hütete, in das dunkle Gemach einzutreten.

„Wer ist da?" rief Der draußen.

„Eine schwache Besatzung," antwortete Meister Kaspar. „Nur drei armselige Mann, die sich aber ein wahres Vergnügen daraus machen, vor einem so tapferen Feinde das Gewehr zu strecken."

„Was Besatzung? Was Gewehr strecken?" sagte der Andere. „Ich glaube, meine Herren da drinnen, es wäre am allerbesten, wenn Sie ein wenig Licht machten, daß wir im Stande wären, uns gegenseitig anzuschauen."

„Der Besiegte muß dem Sieger gehorchen," dachte Meister Kaspar und nahm aus seiner Westentasche ein Streichhölzchen, rieb es auf seinem fadenscheinigen Beinkleid, zündete dann eine Talgkerze an und beleuchtete so das Gemach.

„Ei, der Tausend!" versetzte Dose sonderbar lächelnd, als er die drei Gestalten bemerkte. „Ist das hier vielleicht eine Räuberhöhle?" — Er hätte sich wahrhaftig glücklich geschätzt, wenn es so gewesen wäre. Denn mit welchen Gedichten würde er in einem solchen Falle sein Manuscript bereichert haben! Aber schon im nächsten Augenblicke klärte sich auf, wen er vor sich habe, und der ehemalige Unteroffizier trat lachend und wohlgemuth in die Wachtstube.

Die Barrikade, aus Tischen und Stühlen bestehend, die beim Oeffnen der Thüre leicht bei Seite geschoben worden war, wurde jetzt hinweggeräumt. Dose ließ sich auf einen der Stühle nieder, wobei er aber ein gewaltiges Stück Holz, das ihm zum Spazierstock diente, zwischen die Beine nahm.

Hatte sich der Schneider schon vorhin gewundert, daß sich der Sieger so ruhig niederließ, so stieg sein Erstaunen auf's Höchste, als ihn Dose nun fragte, wie weit es zur Stadt hinab sei und ob sich dort ein gutes Gasthaus befinde. Ja, sein Erstaunen verwandelte sich langsam in Verwunderung, als ihm der Schreibergehülfe meldete, man sehe vom Feinde nichts mehr, und diese Verwunderung wurde zu einem leichten Anfluge von Muth, als ihm der Tambour in's Ohr flüsterte, er höre Leute den Berg heraufsteigen.

„Bah! eine Räuberhöhle!" sagte Meister Kaspar, indem
er sich langsam nach dem Eingange zurückzog, „sehen wir
vielleicht wie Räuber aus? Es ist in der That weit verdäch=
tiger" — dabei hatte er die Thüre erreicht, — „wenn man
so allein im Lande herumstreicht, freilich ohne Waffen, aber
mit verdächtigen Knotenstöcken in der Hand."

Dose, in der Arglosigkeit seines Herzens, versicherte, ihn
nicht zu verstehen, und wandte sich nun an den kleinen Tam=
bour, um die gewünschte Auskunft zu erhalten. Doch ent=
schlüpfte ihm dieser ebenso, wie der Wachtkommandant, nicht
ohne seine Trommel mitzunehmen. Ihnen folgte behende
der junge Schreiber, und alle drei zogen sich etwas von dem
Gewölbe zurück den Schritten entgegen, die man jetzt deut=
lich ankommen hörte.

Es waren der Major, die Hauptleute und Lieutenants.
Meister Kaspar, der immer noch etwas schwer athmete, mel=
dete mit großer Geläufigkeit, wie er einen Hinterhalt gelegt
habe, und wie er vermittelst desselben einen wahrscheinlich zu
weit vorgeschobenen Posten glücklich eingefangen.

„Wie stark ist dieser Posten?" fragte ängstlich der Major.

„Freilich nur ein einziger Mann," entgegnete der tapfere
Schneider, „der aber bei seiner Körperlänge für drei gelten
könnte."

„Ein einziger?" sagte der Major mit viel lauterer Stimme,
worauf die Hauptleute „Hm! hm!" machten und die Lieute=
nants sich ziemlich laut räusperten. Ueberdieß war es merk=
würdig, ja rührend anzusehen, wie diese Tapferen in seltener
Uebereinstimmung handelten. Denn kaum hatte der Wacht=
habende seinen Bericht geendigt, so wurden, wie auf Kom=
mando, die Säbel wieder fester geschnallt, die Schärpen
umgelegt, und stolz flatterten abermals die rothgefärbten
Hahnenfedern von den grauen Schlapphüten.

Achtes Kapitel.

Enthält sehr viel Lehrreiches über das Fraternisiren, sowie das politische Glaubensbekenntniß des ehemaligen Unteroffiziers Dose, artig in ein Gleichniß gekleidet.

———

Wie wir dem geneigten Leser schon im vorigen Kapitel berichteten, hatte sich Dose, seit er den Postdienst verlassen, so viel als möglich mit Politik beschäftigt, und da er nachgeholt, was er bis jetzt versäumt, so wußte er nun ganz genau, welches Gewand in Frankreich Mode geworden und wie sehr man sich in Deutschland bemühte, die alten ehrwürdigen Kleider nach jenem Schnitte umändern zu lassen. Ferner hatte er einen schwachen Begriff von den Wünschen des Volkes und eine dunkle, aber sehr traurige Idee von der Bürgerwehr.

So saß er da in der Wachtstube des alten Schlosses, allein gelassen von den Bewohnern, und war als feinfühlender Mann schon im Begriffe, aufzustehen und sich zu entfernen, als er mit einem Mal Waffengeklirr vernahm und vor seinen Augen eine Gesellschaft auftauchen sah in für ihn unerklärlichen und nicht zu begreifenden Anzügen.

Der Major hatte seine ganze Fassung wieder gewonnen, warf sich in die Brust, sah den Unteroffizier scharf, ja, drohend an und sagte: „Mein Freund, woher des Weges?"

Dose schaute verwundert um sich, grüßte aber dessen ungeachtet militärisch und entgegnete: „Ich habe geglaubt, nicht sehr weit von C. entfernt zu sein. Sollte ich aber zufällig in ein fremdes Land gerathen sein? Ich muß dieß voraussetzen, da ich die Herren vor mir in Uniformen sehe, die mir durchaus nicht bekannt sind."

„Aber wir kennen die Ihrige," gab der Major würdevoll zur Antwort und hob die Nase in die Höhe.

„Das will ich meinen und hoffe es!" versetzte Dose mit leuchtendem Blick. „Ist sie doch genug bekannt, meine Uniform, königliche Artillerie, siebente Brigade, der Rock meines Herrn und Königs — Gott soll ihn erhalten! Aber," setzte er treuherzig lächelnd hinzu, „nehmen Sie mir nicht übel, das Geschmuck, das Sie tragen, ist mir, wie gesagt, völlig unbekannt. Habe ich vielleicht die Ehre, eine Schützencompagnie vor mir zu sehen?"

„Bürgerwehr!" sprach stolz der Major. Und die Lieutenants hinter ihm hoben sich in die Höhe, um den vorwitzigen Frager anschauen zu können. „Bürgerwehr!" wiederholte der Kommandant, „und ich, der Major, frage deßhalb, wer Sie sind und woher Sie kommen. — Vielleicht Deserteur?" setzte er mit lauerndem Blick hinzu.

„Deserteur!" wiederholte Feodor Dose und erhob sich halb vom Stuhl, während er mit seiner Hand den starken Knotenstock fest umschloß. „Bürgerwehrmann, nehmen Sie sich in Acht! Ich muß gestehen, daß ich große Lust in mir verspüre, Sie für diese Beleidigung auf die schöne rothe Feder zu schlagen, mit Absicht nur auf die Feder; wenn ich zufälliger Weise etwas tiefer treffe, kann ich nicht dafür. — Deserteur?"

„Sie brauchen sich deßhalb nicht zu ereifern," versetzte der Major, indem er einen Schritt zurücktrat, „es sollte das keine Beleidigung für Sie sein."

„Mich Deserteur nennen und keine Beleidigung?"

„Es gibt Umstände," antwortete der Kommandant der Bürgerwehr, „wo man berechtigt ist, seine Ueberzeugung zu ändern, wo man einen Weg verläßt, den man bisher gewandelt, da man einsieht, daß er zur Unterdrückung seiner Mitmenschen, zum eigenen Verderben führt."

„Das verstehe ich nicht," sagte Dose. Und er sprach nicht Unwahrheit.

Der Major war ein tapferer Mann, obgleich kein Diplomat. Er war das Schwert und der Arm; aber der Mann, welcher der Waffe die gehörige Richtung gab, sein erster Ad-

jutant, drängte sich jetzt zum guten Glücke vor, um die gefähr=
lich werdende Unterhaltung aus den Händen des kühnen, aber
etwas unüberlegten Chefs zu nehmen.

„Mein lieber Herr Unteroffizier," sagte er mit lächelnder
Miene, „wir sehen Ihre Uniform, wir kennen sie, wir achten
diese Uniform; wir sehen Ihr Gesicht, ein offenes, ehrliches
Gesicht — Zutrauen einflößend, wir kennen Ihr Inneres
durch dieses Gesicht, wir heißen Sie an den Ufern des Rheines
freudig willkommen."

Dose nickte mit dem Kopfe und dachte: „Der Mann drückt
sich etwas poetisch und blumenreich aus, aber durchaus nicht
unfreundlich. Hören wir ihn ruhig zu Ende."

„Mein lieber Herr Unteroffizier," fuhr der Sprecher fort,
„Sie sind querfeldein daher gekommen, Sie reisen in Urlaub,
in Geschäften, was weiß ich! Sie haben uns überrascht —
angenehm überrascht. Wir freuen uns, Sie zu sehen, Sie,
ein Soldat gerade wie wir, wenn wir auch von dem gewal=
tigen Kriegsheer Sr. Majestät vielleicht nur eine schwache
Copie sind — nur Bürgerwehr. Dort steht unser Chef;
Sie werden mich vollkommen verstehen. Wir haben unruhige
Zeiten, keine Besatzung, deßhalb bewaffnet sich der Bürger,
um Deutschland zu schützen, seinen heimatlichen Herd, Weib
und Kind. Natürlich liegt es in diesem Falle auch in unse=
rem Interesse, die Polizei zu handhaben; daher die Fragen
unseres Chefs an Sie. — Aber wie gesagt, Sie sind uns
auf alle Fälle willkommen, es steht Ihnen jedes unserer Häuser
zu Gebot, Jeder von uns wird sich eine Ehre daraus machen,
Sie bei sich zu beherbergen."

Die Lieutenants nickten sich bedeutsam zu, Meister Kas=
par schaute mit einer wahren Verehrung auf den Abjutan=
ten, und der Major, nachdem er einige Male verlegen ge=
hustet, sagte: „In der That, es ist so, mein lieber Herr
Unteroffizier. Wir treiben das Kriegshandwerk, es macht,
wie Sie wissen, den sanftesten Menschen rauh und unbeug=
sam. Aber, mein lieber Herr Unteroffizier, Sie sind uns
willkommen, wahrhaftig, sehr willkommen. Verlassen wir

diese Wachtstube, folgen Sie uns hinab in den Grünen
Baum, das ganze Bataillon wird sich freuen, einen tapferen
Kameraden kennen zu lernen."

Dose war zu gut für diese Mittheilung, hatte auch zu
lange als harmloser Packmeister in jenem Grenzstädtchen
gelebt, um nicht Alles zu glauben, was man ihm mit offener,
ehrlicher Miene sagte. Er nahm die dargebotene Hand des
Majors, er nickte dem Abjutanten und den Offizieren freund=
lich zu, und seine Begriffe über die Bürgerwehr begannen
sich bedeutend zu verbessern. Der Mann vor ihm hieß
nun einmal Major, wenn auch nur Major der Bürger=
wehr. Er trug einen Offizierssäbel, er mußte also doch
wohl irgend ein Recht auf diese Charge haben. Dose dachte
an die Freicorps während der vergangenen Feldzüge, an
den tapferen Schill, der auch Major war; er fühlte in
seinem Herzen, wie es doch rührend und schön sei, daß diese
Männer Haus und Hof verließen, um an der Seite des
wirklichen Militärs freudig gegen den gemeinschaftlichen Feind
zu ziehen. Er vergaß die barsche Anrede von vorhin, er
vergaß sogar den Deserteur und sagte, indem er sich in
seiner ganzen Länge aufrichtete, indem er militärisch grüßend
dastand und den Knotenstock wie einen Säbel an die linke
Seite hielt: „Herr Oberstwachtmeister, Feodor Dose, früher
Unteroffizier in der reitenden Batterie Nr. 4, und jetzt
Packmeister in L., kommt in Urlaub von dort, um bei be=
vorstehender Mobilmachung in irgend eine Batterie wieder
einzutreten."

Der Major stand sinnend da. Noch nie war er, ein
Demokrat vom reinsten Wasser, so schön militärisch gegrüßt
worden. „Her Oberstwachtmeister" hatte man zu ihm ge=
sagt. Es zuckte seltsam in seinem Herzen, und wenn er
dachte, daß in vier Wochen eine neue Wahl sei, wo er viel=
leicht wieder zum Hauptmanne, zum Lieutenant oder gar
zum Musketier herabzusteigen habe, da sprach es in ihm,
das einmal fest Bestehende sei doch schön, und wenn er
plötzlich wirklicher Major geworden, soll ihn der Teufel

holen, wenn nicht ein heiliges Kreuzdonnerwetter allen den
Kerlen auf die Köpfe fahren werde, die mit dem Vorhandenen
nicht zufrieden seien.

Glücklicher Weise sind alle Gedanken unsichtbar. Deßhalb ahmten die Hauptleute und Lieutenants ihren Chef
nach, indem sie dem Unteroffizier Dose die Hand reichten,
und es war ein Händebrücken und Fraternisiren, so süß und
lieblich anzusehen, daß sogar der wachthabende Schneider
es nicht unterlassen konnte, herbei zu kommen, Dose's Faust
zu schütteln, dabei sprechend: „Und wir konnten uns einen
Augenblick feindlich gegenüber stehen?"

Der Major mahnte endlich zum Aufbruch nach dem
Städtchen, um einen heiteren Abend im Kreise seines Bataillons und in dem Schatten des grünen Baumes zuzubringen.
Doch Dose bat ehrerbietigst, aber dringend, hier oben in der
heimlichen Wachtstube zu bleiben. „So gut wie heute,"
sagte er feierlich, „ist es mir schon lange nicht geworden.
Gott, welche Poesie! Eine Wachtstube in den Räumen eines
alten Schlosses! Es sitzt sich so behaglich hier in diesem
stillen Gemäuer, und wenn man zum Fenster hinausschaut,
so sieht man, wie so wunderbar lieblich der Rhein funkelt
im silbernen Mondesglanze."

Der Major aber war für den Grünen Baum. Nicht
so der diplomatische Adjutant, der auch jetzt wieder in's
Mittel trat und seinem Vorgesetzten einige Worte zuflüsterte.
„Richtig! richtig!" versetzte hierauf der Komandirende; „es
geschehe also nach Ihrem Wunsche, Herr Kamerad." Worauf
er zwei Lieutenants vorläufig zur Ehrengesellschaft bei Dose
kommandirte und sich alsdann in Begleitung seines übrigen
Stabes den Berg hinab begab.

Der Adjutant hatte auch dieses Mal vollkommen Recht.
Seine Absicht war, den vortrefflich aussehenden Unteroffizier
für die gute Sache zu gewinnen, ihn wenigstens zu vermögen, daß er eine Zeit lang dableibe, um das Bataillon
in militärische Zucht zu nehmen. Welcher Triumph, wenn das
gelang! Selbst die Kreisstadt hatte einen solchen Exercier-

meister nicht aufzuweisen. Die behalfen sich mit einem halb-
blinden und sehr lahmen Feldwebel von der Landwehr=
infanterie. Hier aber hatte man einen Artilleristen; auf dem
Rathhause befanden sich zwei alte eiserne Kanonen, und es
war schon lange der glühende Wunsch des Adjutanten gewesen, das alte Schloß droben zu befestigen. Weßhalb aber
dieser umsichtige Kriegsmann darauf antrug, den ehemaligen
Unteroffizier vor der Hand droben auf dem alten Schlosse
zu lassen, war leicht begreiflich. Im Bataillon drunten gab
es wilde, unvorsichtige Gemüther, die beim Anblicke der Uniform in ihren Reden wahrscheinlich keine Mäßigung gekannt
und den guten Vorsatz des Fraternisirens durch ihre bösen
Worte so leicht zu nichte gemacht hätten. Die mußten instruirt und ihnen vorgestellt werden, wie wichtig es sei, den
Unteroffizier da zu behalten.

Die Abwesenheit des Majors dauerte übrigens nicht
lange, und bald erschien er wieder droben in der Ruine, nur
gefolgt von seinen Hauptleuten. Zugleich aber erschien mit
ihm ein Kellner und Hausknecht des Grünen Baumes, zahlreiche Flaschen tragend und Schüsseln mit vielem kaltem
Fleische, sowie auch Brod.

Wir müssen gestehen, daß Dose einen tüchtigen Zug
that und sich überglücklich fühlte. Er schaute vergnügt an
den Wänden des Gewölbes empor. „Die Wachtstube eine
Ritterburg!" murmelte er in sich hinein, und vor seinem
Geiste stiegen alte, vergangene Zeiten auf, und er dachte,
wie hier die Schloßknechte gesessen in Wehr und Waffen,
wie sie vielleicht Landsknecht gespielt oder geknöchelt, und
wie dazu die rothe Gluth einer Pechfackel geleuchtet. Dann
war es ihm ordentlich, als höre er draußen einen lang ge-
zogenen Hornton, als vernehme er, wie man die Zugbrücke
niederlasse, wie eine klirrende Reiterschaar donnernd darüber
hinsprenge, und wie im Scheine bleicher Wachsfackeln die
zarte Herrin des Schlosses, gefolgt von Pagen, langsam die
Treppen herabschreite, dem Gemahl entgegen, der vergnügt
heimkehrte von Schlacht und Sieg.

Wie war er bei solchen Gedanken so glücklich, den Post-kittel ausgezogen zu haben, und wieder jenem lustigen, glän-zenden Stande anzugehören, der noch allein mit der alten vergangenen Ritterzeit einige Aehnlichkeit hatte.

Dazu nöthigte der Adjutant fleißig zum Trinken. Alles griff herzhaft zu, und man befand sich bald in einem ge-müthlichen, etwas erheiterten Zustande. Der Major konnte es nicht unterlassen, das Gespräch auf die großen Fragen des Tages zu bringen, um dem politischen Glauben des Unteroffiziers auf den Zahn zu fühlen. Doch fuhr er erschrocken zurück, denn er fand in Dose einen so großen Reaktionär, einen so furchtbaren Vertheidiger alles Bestehenden, daß ihm die Haut schauderte. Feodor war auf's kleinlichste gegen alle Aenderungen; ja, er ging so weit, zu behaupten, es sei traurig, daß man bei den Geschützen die Percussion eingeführt. Der alte Luntenstock in seiner Einfachheit sei viel sicherer gewesen und habe auch neben dem Abfeuern des Geschützes noch sonst auf verschiedene praktische Art dienen können. Aber, schloß er, ich nehme sogar die Percussion dankbar und gläubig hin, denn sie kommt von oben, und was Se. Majestät der König thut, das ziemt einem braven Soldaten nicht, zu bekritteln. Se. Majestät der König, da wir gerade von ihm sprechen, er lebe hoch! noch einmal und abermals hoch!

Dose schrie für seine Person dieses Hoch so kräftig hinaus, daß er unmöglich bemerken konnte, wie die ihm gegenüber Sitzenden ziemlich stumm blieben. Da sie aber ihre Mäuler vor Erstaunen weit aufrissen, so vermuthete er, sie hätten das Ihrige bei dem Toaste ebenfalls gethan, und setzte sein Glas ruhig vor sich nieder.

Der Adjutant bemühte sich, der Unterhaltung eine andere Wendung zu geben, und sprach von dem Nachbarstaate im Westen und von den großen Veränderungen, die sich dort begeben. „Was meinen Sie, Herr Kamerad," sagte er, „wie wird das dort werden, und welchen Einfluß können diese Umwälzungen auf uns haben?"

Dose schaute schwärmerisch an die Decke, that einen

langen Zug aus seinem Glase und lächelte fein. „Das wird
enden," entgegnete er, „wie alle dergleichen Geschichten endi=
gen, zum großen Schaden derer, die es angefangen. Es ist
übrigens schwer, sich mit kurzen und klaren Worten darüber
auszusprechen; nur ist mir auf meinem heutigen Marsche,
als ich so allein über die Felder zog, ein poetisches Gleich=
niß eingefallen, das mir hierher nicht schlecht zu passen
scheint."

„Lassen Sie hören," sagte der Adjutant.

„Ich muß vorausschicken," erwiederte Dose, und er strich
seinen langen Schnurrbart horizontal aus einander, „daß ich
in Gleichnissen nicht gerade stark bin, und wenn das meinige
Ihnen unpassend erscheint, so kann ich nichts dafür. Aber
Sie sollen es genießen."

„Sehen Sie, da war eine Wittwe, die kommandirte ihr
Hauswesen und zu gleicher Zeit zwei Töchter; welche unter
andern sehr guten Eigenschaften die außerordentlich schlechte
hatten, nie frühzeitig aufstehen zu wollen. Sie mochten gern
lange schlafen, was ein großer Fehler ist, meine Herren. Denn
man sagt nicht umsonst, um etwas zu erlangen oder Jemanden
zu überlisten, müsse man früh aufstehen.

„Die Mutter aber war streng und hatte einen Hahn.
— Vergessen Sie das nicht, meine Herren, einen Hahn, wie
Die da drüben auch einen gehabt haben. — Dieser Hahn
nun war die lebendige Uhr der Wittwe und so der lebendige
Plagegeist der Töchter. Denn sobald dieses Thier bei des
Morgens frühester Frühe sein majestätisches Krähen anhub,
vielleicht um vier, fünf Uhr, so jagte die Wittwe ihre Töchter
vom Bette empor. Ich weiß nicht, welches Mittel sie an=
wandte, ob sie ihnen die Bettdecke wegzog, oder die Wasser=
flasche gebrauchte. Genug, sie mußten heraus und gingen,
den Hahn verwünschend, an die Arbeit. Der Hahn war
ihnen nun ein Dorn im Auge, und sie fingen an, zuerst
über ihn zu murren, über ihn, den ewigen Ruhestörer zu
klagen, und endlich verschworen sie sich gegen sein Leben.
Wenn der Hahn nicht mehr da ist, sprachen sie, so werden

wir es gut haben; wir werden schlafen können, so lange wir
wollen, wir werden ein gemächliches Leben führen; darum
nieder mit dem Hahn! à bas le Hahn! — er ist an allem
Unheil schuld. — Und darauf wurde er umgebracht, und die
Mädchen frohlockten ein paar Nächte, denn die Mutter ver=
schlief sich und auch sie konnten ruhen bis an den hel=
len Tag."

„Sehen Sie," sprach lächelnd der Major, „wie hatten
sie so recht, den Hahn abzuschaffen!"

„Nur Geduld!" gab feierlich der Unteroffizier zur Ant=
wort. „Das Glück währte nur eine kurze Zeit. Die Wittwe,
die bis jetzt bei Tagesanbruch von dem Hahne geweckt wurde,
fing nun an, oft schon um Mitternacht oder um ein, zwei
Uhr aus dem Schlafe zu erwachen, und dann behauptete sie,
der Tag breche an. Bettdecke oder Wasserflasche spielte, die
armen Mädchen mußten heraus, mußten schon mitten in
der Nacht an die Arbeit gehen und waren nun erst recht ge=
schunden und geplagt. Vergebens baten sie die Alte, doch
einen neuen Hahn anzuschaffen, sie wollten ja gern dem ersten
Rufe desselben folgen — die Mutter war nicht zu bewegen.
Sie regierte fortan ohne Hahn, aber zum Kummer, zur Ver=
zweiflung des ganzen Hauswesens."

„Das Gleichniß wäre nicht schlecht," sagte ernst der
Major, „aber es paßt nicht, mein lieber Unteroffizier. Der
alte Hahn ist verschwunden und auch die Mutter wird ihr
despotisches Regiment nicht fortsetzen können; die Töchter,
Knechte und Mägde, das Volk wird seinen Willen kundthun,
und, um mit Ihren Worten zu sprechen, Bettdecke und Wasser=
flasche werden nimmer spielen."

„Zugestanden!" erwiederte Feodor Dose groß und würdig.
„Sie haben Recht, die alte Mutter ist zu schwach, um das
Hauswesen, das, wie der Herr Oberstwachtmeister eben sagte,
sich empörte, fortan im Zaume zu halten. Sie wird über=
wältigt, man wirft sie aus ihrem Schlafzimmer, es herrscht
eine neue Zeit des Glücks und des Vergnügens. Jeder thut,
was er mag und will. Die Vorräthe des Hauses werden

verzehrt in Saus und Braus, die Knechte und Mägde trinken
den besten Wein und kümmern sich den Teufel um die Befehle der beiden Töchter. Die Gänsemagd setzt sich einen
großen Hut mit Federn auf und liegt den ganzen Tag auf
einem Kissen am Fenster, um dem Kuhjungen zuzuschauen,
der das beste Pferd des Stalles spazieren reitet. Die Mutter
ist gestorben in Kummer und Jammer, das ganze Haus droht
zu Grunde zu gehen. Da erscheint irgend ein weitläufiger
Anverwandter der Familie, der von dem Spektakel gehört
hat, und kommt in's Haus, um sich die Geschichte in der
Nähe anzusehen. Er trägt beständig die Hände auf dem
Rücken und hat hinter seinem Rock etwas verborgen, was er
erst enthüllen will, wenn es Zeit ist. Er geht durch die
Ställe, durch die Küche, besieht sich Keller und Speisekammer,
ist leutselig und freundlich, und sagt, als Vetter habe er das
Recht, im Hause ein Bischen mitspielen zu dürfen, und wenn
ihnen das genehm wäre, so wäre es ihm auch recht. Sie sind
damit zufrieden, sie lassen ihn mitspielen, und so steigt er,
immer die Hände auf dem Rücken, aus dem Keller in die
Küche, aus der Küche in den ersten Stock und setzt sich dort
ruhig auf ein Sopha nieder. Da zieht er zum ersten Mal
die Hände hinter dem Rücken hervor, und zugleich das, was
er unter dem Rock verborgen hat. Und was ist das? — Ein
tüchtiger, solider Farrenschwanz. Und den nimmt er leicht
in die rechte Hand und versucht ihn an der Gänsemagd, die
immer noch im Fenster liegt, und spricht: Canaille, du ge-
hörst in den Stall! Und eilt erschrocken hinab zu ihren Gänsen
und klagt ihnen ihr Leid, sowie auch dem Kuhhirten, der
entrüstet hinaufsteigt und über verletzte Volkssouverainе-
tät klagt.

„Aber der Farrenschwanz ist fest und wird mit schöner
Kraft geführt. Hageldicht fallen die Streiche, und wo sich
nur ein Kopf ungebührlich in die Höhe hebt, da saust der
Farrenschwanz nieder und gebietet solchergestalt Ordnung und
Ruhe in dem empörten Hause. Darüber freuen sich die Nach-
barn, klatschen in die Hände und sagen: Der Vetter versteht

es, das Haus seiner Verwandten in Ruhe zu bringen, und
da er es versteht, und den Farrenschwanz so majestätisch führt,
bleibe er wohl da, uns für die Zukunft eine gute Lehre, allen
unseren Töchtern aber, die nicht früh aufstehen wollen, zum
abschreckenden Exempel. — In dem Hause selbst aber wird
es sehr ruhig, und nur, wenn die also zur Ruhe Gebrachten
allein sind und den Farrenschwanz nicht sehen, seufzen sie
vielleicht: Oh, wenn der alte Hahn noch lebte, oh, wenn
noch die sanften Strafen der Bettdecke und der Wasserflasche
regierten!"

　　„Das ist meine Ansicht!" sagte stolz der Unteroffizier
und schlug mit der Faust auf den Tisch; „so wird es kommen,
so wahr ich Feodor Dose heiße! Dieses Gleichniß habe ich
theilweise erfunden, und ich bin stolz darauf. Wir hatten einst
einen würdigen Chef — Gott hab' ihn selig! — der sagte:
Meine Brigade halten drei Dinge in Ordnung; das ist erstens
Ordnung, zweitens Ordnung und drittens Ordnung. Und
Ordnung muß sein; denn wenn es auch anders eine Weile
gut thut, so kommt doch am Ende der Vetter mit dem Farrenschwanz; das ist nun einmal der Lauf der Welt."

Neuntes Kapitel.

Fortsetzung des Fraternisirens und in Folge davon eine Mittheilung
aus den Poesieen des Packmeisters, sowie eine Geistergeschichte, welche
letztere den wachthabenden Schneider auf's Tiefste erschüttert.

　　Die Zuhörer schwiegen sämmtlich still und hatten über
diese Erzählung des Unteroffiziers ihre eigenen Gedanken.
Der kluge Adjutant, welcher einsah, daß bei so verschiedenen

Meinungen und Ansichten aus einem fortgesetzten Gespräche
über das gleiche Thema nicht viel Ersprießliches herauskommen könne, änderte die Unterhaltung und harranguirte zu
gleicher Zeit den Unteroffizier, indem er ihn bat, aus seinem
vergangenen Militärleben Einiges zum Besten zu geben, —
ein Vorschlag, den die Anderen sehr unterstützten, besonders
aber Meister Kaspar, der Wachthabende, auf den die Geschichte
von dem Farrenschwanz offenbar einen großen, aber keines-
wegs angenehmen Eindruck hervorgebracht.

Feodor Dose erklärte sich gern bereit, in seine Vergangenheit zurück zu greifen und daraus irgend etwas zum Besten
zu geben. Er schliff nachdenkend mit dem Finger auf dem
Rande des grünen Weinrömers, daß es einen klagenden Ton
gab, wie der Seufzer eines gequälten Koboldes. — „Wie
gern möchte ich vor Ihren Augen ein lustiges, lebendiges
Manöverbild aufrollen!" sagte er nach einer Pause. „Aber
das Gemüth des Menschen, namentlich ein poetisches wie das
meinige, ist abhängig von äußeren Eindrücken. Ich muß
Ihnen gestehen, mein einsamer Spaziergang von heute, die
romantische Lage des alten Schlosses, das geisterhafte Licht
des Mondes, wie es in's Rheinthal hinabwogt und überall
die Trümmer erleuchtet, hat mich feierlich gestimmt, und ich
bin nur im Stande, Ihnen mit einer ernsten, ja, einigermaßen
unheimlichen Geschichte zu dienen."

Dose sah bei diesen Worten fragend um sich her. Der
Major nickte huldvoll mit dem Kopfe, die Offiziere murmelten
ihren Beifall, und Meister Kaspar, den ein gelinder Schauder
überschlich, rückte näher zu dem jungen Tambour, der sich
auf seine Trommel gesetzt hatte.

Zuerst wurden die Gläser voll geschenkt, worauf Dose
das seinige leer trank und dann einen Augenblick in tiefen
Gedanken vor sich hinstierte, mit einem Blicke, der durch die
Mauern und über das Rheinthal weit weg in fremde Ge-
genden zu bringen schien.

„Vor langen Jahren, begann er alsdann — ich war
noch ein junger Mensch und kürzlich Bombardier bei einer

reitenden Batterie geworden, — da hatten wir die alljährlichen
Manöver bei W. Dort ist eine große Haide, viele Stunden
lang, viele Stunden breit; der Boden besteht aus Sand, ist
nur hie und da mit magerem Gras und Gestrüpp bedeckt,
und die ganze Fläche eingefaßt mit verkrüppelten Tannen
und Eichen; denn es wächst hier nichts Gescheidtes. Auf
dieser Haide nun wurden — wie bemerkt — alljährlich die
großen Schießübungen abgehalten; da waren Kugelfänge,
Scheiben, kleine Schanzen, und da wurde geschossen mit vollen
glühenden Kugeln, sowie geworfen mit Granaten und Bom-
ben, daß einem das Herz im Leibe lachte. Die ganze Geschichte schloß nach circa sechs Wochen mit großen Manövern
und Paraden, welche letztere meistens von dem Generalinspektor
der Artillerie, dem Prinzen A., abgehalten wurden. Ich sehe
noch, wie heute Se. Königliche Hoheit durch die Glieder
reiten: er war ein großer Mann und der Einzige, der eine
Generalsuniform der Artillerie trug; er galoppirte auf einem
prächtigen Pferde daher, so daß sein weißer Federbusch im
Winde flatterte. Auf der Brust hatte er unter Anderem
einen viereckigen Stern, der wegen seiner seltsamen Gestalt
meine Phantasie sehr beschäftigte. Der Generalinspektor hatte
immer eine große Suite hinter sich, Adjutanten, Stabsoffi-
ziere, Ordonnanzen von allen Graden bis zu Unteroffizieren
und Bombardieren der reitenden Artillerie herab, und zu den
Letzteren hatte ich einstmals das Glück kommandirt zu werden.
Es war dies ein sehr angenehmer Dienst, und wurden dazu
nur intelligente junge Leute genommen; namentlich mußte
man fertig mit der Feder umzugehen wissen; denn oftmals
wurde man nach der Parkhütte geschickt, — Gott! ich sehe
sie noch vor mir, wie gestern, mit ihrem spitzen Dache und
der Wetterfahne, die eine Kanone vorstellte — wie gesagt,
dahin ging es oft, um Befehle mehrere Male abzuschreiben,
die dann an die Abtheilungen und Batterien gegeben wurden.
Wenn die Paraden beendigt waren, so ritten wir ebenfalls
mit nach W., wo Se. Königliche Hoheit der Generalinspektor
sein Hauptquartier hatte."

„Nennt man den Generalinspektor nicht Excellenz?" fragte der Major der Bürgerwehr, „wie alle anderen kommandirenden Generale?"

„Gott bewahre!" entgegnete wichtig der Unteroffizier; „der andere Titel geht vor. Es soll in dem Falle einmal eine gute Geschichte mit Sr. Majestät dem höchstseligen Könige passirt sein, welchen nämlich ein einigermaßen ängstlicher Offizier, der eine Meldung zu machen hatte, mit „Excellenz" statt mit „Majestät" anredete, worauf der König entgegnete: Lassen wir das, Herr Major — habe nicht die Excellenz, bin vom Generalmajor zum König avancirt. — Aber weiter! Die Ordonnanzen mußten also mit in's Hauptquartier, um vom Generalkommando allenfallsige Befehle, sowie auch bedeutende Nasen an die verschiedenen Batterieen zu überbringen. Namentlich an letzteren hatte man oft stark zu tragen. So traf es auch mich eines Tages, daß ich hinter der Suite drein trabte, mußte aber stark zurückbleiben, denn die Pferde der Offiziere gingen mir zu schneidig, obgleich mein Roß — es war damals der Pluto — nicht zu verachten war. Der Generalinspektor wohnte in dem ersten Gasthofe — den Namen habe ich vergessen, — und da trieben wir uns denn in der Nähe umher, bis wir abgefertigt wurden und unsere Befehle erhielten. Ich war für die zweite Abtheilung kommandirt, und unser Major, der ebenfalls da war, sagte zu mir: Bombardier Dose, Sie sind ein gescheidter junger Mann und zuverlässig. Wenn Sie auch den Abtheilungsbefehl haben, so reiten Sie doch nicht ab, ich bleibe heute in der Stadt und habe Ihnen privatim noch etwas für das Abtheilungskommando mitzugeben, eine Sache, über die ich erst mit Sr. Königlichen Hoheit sprechen muß. Und wann das geschehen wird, weiß ich nicht recht zu bestimmen. Also kommen Sie nach zehn Uhr wieder daher, aber ohne Pferd. Verstanden? — Zu Befehl, Herr Oberstwachtmeister!

„In der alten Stadt W. war es an diesem Abend recht lustig, weßhalb ich über den erhaltenen Befehl durchaus nicht mißvergnügt war. Vor dem Hotel stand eine Musikbande,

auf den Straßen wogten zahlreiche Menſchen, die Artillerie=
kaſerne war illuminirt, ſowie auch die Artilleriſten, vom Ka=
nonier, bis zum Feldwebel aufwärts. Nach zehn Uhr ging
ich wieder zum Gaſthofe hin, ſtellte mich an die Hausthüre
und wartete. Es verging eine Viertelſtunde und noch eine;
endlich gegen eilf Uhr kam der Major heraus, und wenn er
ſchon im gewöhnlichen Zuſtande wegen ſeines heftigen Ath=
mens und von dem beſtändigen Vonſichblaſen den Namen
„Dampfſchiff“ erhalten hatte, ſo konnte er denſelben heute
Abends mit doppeltem Rechte führen. Er war etwas echauf=
firt, lachte mich freundlich an und puſtete beſtändig vor inner=
licher Gluth. Jetzt reiten Sie nach Hauſe, ſagte er, puh!
nehmen dieſen Brief an Hauptmann S., machen ihm mein
Compliment, puh! und ſagen ihm, es ſei Alles in Ordnung.
— Zu Befehl, Herr Oberſtwachtmeiſter! entgegnete ich. Nur
möchte ich ganz gehorſamſt gebeten haben, auf dem Briefe
ſelbſt zu bemerken, daß ich erſt um eilf Uhr von hier abge=
ritten; es könnte mir ſonſt wegen des Abtheilungsbefehls
Unannehmlichkeiten machen. — Da haben Sie Recht, ent=
gegnete er. Ich reichte ihm meinen Bleiſtift, und er ſchrieb
auf die Adreſſe: Der Ueberbringer iſt um eilf Uhr von W.
abgeritten.

„Nun war Alles in beſter Ordnung; ich holte den Pluto
aus der Kaſerne, nahm einen leichten Abſchiedstrunk und ritt
im Schritt durch die noch belebten Straßen. Hinter dem dunk=
len Feſtungsthor aber, das ſich knarrend auf= und zubewegte,
war es einſam und ſtill. Die ſternenhelle Sommernacht mit
untergehendem Mond warf ein ungewiſſes Licht über alle
Gegenſtände rings umher. Es gehörte ein geübtes Auge
dazu, um die aus= und einſpringenden Winkel der dreifachen
Feſtungswerke zu erkennen, durch welche ich reiten mußte.
Bald hatte ich die letzte Brücke hinter mir; ein Infanterie=
poſten, der auf dem Glacis bei den Palliſaden ſtand, ſagte
mir gute Nacht, und ich trabte durch die lange Allee dem
Flüßchen L. zu, das eine halbe Stunde vor der Feſtung
vorbeifließt. Links auf der Wieſe ſtanden die eilf Bäume,

wo die eilf Offiziere des Schill'schen Corps erschossen wurden,
und als ich sie so im ungewissen Dämmerschein erblickte,
konnte ich ein gewisses, wehmüthiges, aber doch sehr poeti=
sches Gefühl nicht unterdrücken. Hinter dem Flusse stieg der
Weg ziemlich stark aufwärts, bestand auch aus tiefem Sande,
weßhalb ich langsam reiten mußte. Die Nacht war lauwarm
und wunderbar schön.

„Ein feiner Duft lag über der ganzen Landschaft wenig=
stens dort drunten in der Niederung, und zeigte alle Gegen=
stände wie durch durchsichtige graue Schleier. Je höher ich
aber aufwärts stieg, desto klarer wurde es, und als ich die
Höhe erreicht hatte und durch einen dichten Tannenwald ritt,
konnte ich ziemlich deutlich und weit vor mich hinsehen. Mein
Pferd ging im Schritt; ich hatte ihm die Zügel auf den
Hals gelegt, und mein Geist beschäftigte sich mit einem Ge=
dichte, eigentlich mit einer neuen Gattung von Poesie, welche
ich erfunden und die mir einen großen Ruhm verschaffen
sollte. Es war nämlich der Versuch, den Reim, statt ihn hinten
anzubringen, vorn zu setzen.“

„Sie sind also Dichter?“ fragte lächelnd der Adjutant.

Der Unteroffizier griff an seine Rockschöße, wo er die
beiden Manuscripte verwahrt, und erwiederte: „Schwache Ver=
suche, Herr Lieutenant, poetische Gedanken, die ich mir von
Zeit zu Zeit aufschrieb.“

„Schon gedruckt?“

Dose's Augen funkelten bei dieser Frage. „Bis jetzt noch
nicht,“ gab er zur Antwort. „Die Zeiten sind schlecht; die
Buchhändler unterstützen keine Talente mehr.“

„Dafür ließe sich vielleicht Rath schaffen,“ meinte nach=
denkend der Adjutant, der sichtlich erfreut war, endlich die
schwächste Seite seines Gegenübers entdeckt zu haben.

Dose's Hand fuhr zitternd in seine Rocktasche, ergriff
Band eins und zerrte ihn hervor.

„Und den schönen Gedanken der vorn gereimten Verse
ließen Sie wieder fallen, bester Herr Unteroffizier?“ sagte
schmeichelnd der Adjutant. Finden wir von dieser neuen und

wirklich intereſſanten Gattung nichts in Ihren geſammelten Gedichten?"

„Nur ein einziges," entgegnete Feodor, indem er die Augenbrauen in die Höhe zog. „Nur ein einziges, S. 44, alſo heißend:

Sehnſucht an Daphne.

Komm, ſchwingende Turteltaube, in den
Dom, wo die Säulen ſtehen, wo auch
Fromm die chriſtlichen Seufzer flöten,
Rom=mantiſch der Weihrauch verfächelt!
Vom Roſenſtrauch nicht lächelt der Ahorn —
Drom ſchließ' mein Lied, gereimt hinten und vorn!

Als er dies geleſen, ließ der Unteroffizier das Buch ſinken und ſah forſchend im Kreiſe umher.

Der Adjutant applaudirte laut und geräuſchvoll und nahm das Manuſcript mit einer gewiſſen Ehrfurcht aus den Händen des Unteroffiziers. „Laſſen Sie es mir einen halben Tag," ſagte er, „alsdann ſollen Sie eine und, wie ich glaube, befriedigende Antwort haben."

Feodor war überglücklich. Ihm ſchwindelte vor der Höhe, zu welcher er erhoben werden ſollte. Nicht mehr geheimer Dilettant, ſondern wirklich gedruckt werdender Dichter! Er ſchien in dieſem wichtigen Augenblicke für ſonſt nichts mehr Sinn zu haben, und wollte ſich gerade über ſeine Werke in ein Langes und Breites auslaſſen, als ihm Meiſter Kaſpar ſagte: „Verzeihen Sie, Herr Kamerad, — aber die Geſchichte! Sie ritten gerade durch den dunkeln Wald — Gott! ich glaube, es kommen Räuber vor."

„Ja, ja, die Geſchichte!" riefen auch die andern Anweſen=den. Und Doſe ſah ſich gezwungen, fortzufahren.

„Der Wald," begann er alſo wieder, „mündete auf jene weite Haide, von der ich ſchon geſprochen. Ich mußte ſie bei meinem nächtlichen Ritte entfernt vom Artillerieparke quer durchreiten, um zu unſeren Quartieren zu gelangen. Dieſen Weg hatte ich ſchon oft gemacht und kannte alſo die Rich=

tung, welche ich zu nehmen hatte, genau. Es war dies ein
besonders ödes Stück der Haide, entfernt von jeder mensch-
lichen Wohnung. Hier zog sich der Tannenwald am weitesten
zurück. Wenn ich so Morgens zu den Schießübungen ritt,
so hatte ich oftmals ein kleines Kreuz bemerkt; in den weichen
Boden eingesunken, ragte es kaum noch zwei Fuß über denselben empor. Dichtes Moos war um den grauen Stein
gewachsen, und wenn man es abkratzte, wie wir einstmals
gethan, so las man einen Namen, eine Jahreszahl, und der
Name gehörte einem vormals berüchtigten Wilddiebe, und das
Datum zeigte den Tag an, wo man ihn auf dieser Stelle
erschossen gefunden.

„Ich verließ also den Weg durch den Wald, und als
ich auf die Haide kam, trabte ich leicht weg. Ich weiß nicht,
ob von Euch Herren schon Jemand nächtlicher Weile über eine
Haide geritten ist. Es beschleicht einen dabei ein unheimliches
Gefühl. Der Hufschlag des Pferdes klingt hohl, als ritte
man über einen Keller, und dann ist der geringste Hauch
des Nachtwindes so auffallend bemerkbar, streicht gespenster-
haft über die Fläche daher, lüpft leicht die Mähne des Pferdes, fährt einem sanft durch's Gesicht, als thue das eine
unsichtbare Hand, und neckt am Boden die dürren Sträucher
und Gräser, mit denen er so geheimnißvoll und doch hörbar
flüstert.“

„Brrr!“ machte der wachthabende Schneider.

„Der Mond, obgleich am Untergehen, warf einen hellen
Schein über die Haide vor mir. Rechts neben mir konnte
ich die einzelnen Tannen erkennen, gerade aus dem Horizont
sogar den dunklen Streifen, wo sich hinter Gebüschen und
Bäumen unser Quartier befand, das doch noch eine gute
Stunde entfernt war. Hierbei muß ich bemerken, daß ich
an dem Abend durchaus nicht unheimlich aufgeregt war; ich
dachte nur an meine Poesie. Der einzige Gedanke, der meine
Phantasie unterbrach, war der: jetzt wirst du bald halben
Wegs geritten sein, sogleich mußt du das Kreuz sehen — — —
da, mit einem Male sah ich nun das Kreuz, nicht viel über

hundert Schritte vor mir. Aber dieses Kreuz, heute Mor=
gens kaum zwei Fuß aus dem Boden emporragend, war
gewachsen und stand jetzt wenigstens sechs Fuß über der
Erde empor."

„Der Teufel!" sagte der Major der Bürgerwehr.

Meister Kaspar aber und der Tambour schlossen ihre
Glieder mit einer Genauigkeit, wie sie es auf dem Exercier=
platze niemals gethan.

„Das Kreuz war gewachsen," fuhr Dose fort, „und
nun müßt Ihr mir zugeben, daß es in jedes Menschen Brust
ein unheimliches Gefühl hervorzurufen im Stande ist, wenn
steinerne Kreuze, die lange Jahre auf einsamer Haide ruhig
gestanden, nun in der Mitternachtsstunde plötzlich empor
schießen, wie Spargeln im Frühjahr. Ruhig nahm ich den
Zügel meines Pferdes in die linke Hand, während ich mit
der rechten meinen Säbel etwas lockerte und mich dann ver=
sicherte, daß meine Pistole in dem Halfter stak. War es nun
dieser plötzliche Zügeldruck, den der Pluto spürte, oder was
Anderes, genug, er hob die Nase in die Luft, schüttelte den
Kopf zweifelnd wie ein Mensch hin und her, und fiel vom
Trab in einen langsamen Schritt.

„Da ich um mich her freie Ebene hatte, so konnte ich
mit der größten Bequemlichkeit das gespenstige Kreuz auf eine
halbe Meile umreiten. Aber ein Unteroffizier von der Artil=
lerie geht dem Teufel nicht aus dem Wege. Deßhalb drückte
ich dem Pluto die Schenkel fest an und ritt gerade aus. —
Ihr werdet heute gerade so gut überzeugt sein, wie ich es
damals war, daß ein Kreuz unmöglich wachsen kann; so fand
ich es denn auch, als ich näher ritt, obgleich das, was ich
fand, nicht weniger seltsam, ja unheimlich war. Der Stein
war begreiflicherweise nicht höher geworden, aber auf ihm
hockte eine menschliche Gestalt, die auf Augenblicke ruhig saß,
um gleich darauf die sonderbarsten Stellungen anzunehmen.
Bewegungen zu machen, wie ein wahnsinnig gewordener Tele=
graph. Bald sah ich, daß das Ding vor mir einen Kopf
hatte, bald schien dieser von den Schultern verschwunden zu

sein. Jetzt streckte es den rechten Arm aus, jetzt den linken, darauf das Bein der gleichen Seite, dann wieder das andere. — Pluto fing an, ängstlich zu werden. Er öffnete seine Nüstern, zog heftig die Luft an sich und drehte sich nach allen Seiten, ohne von der Stelle zu gehen. Das machte mich ärgerlich. Ich nahm mich scharf zusammen, gab ihm ein paar kalte Eisen hinter den Bauchgurt, und nun machte er ein paar Sätze vorwärts, um darauf wie festgenagelt mit weit vorgestrecktem Halse stehen zu bleiben. Unterdessen war ich aber so nahe gekommen, daß ich deutlich sehen konnte, vor mir auf dem Kreuze sitze ein Wesen von menschlicher Gestalt. Ich zog meine Pistole hervor, richtete mich in den Bügeln empor und rief ein lautes und kräftiges Wer da? — — —

„Da drehte die Gestalt auf dem Kreuze ihren Kopf herum, zeigte mir ein eingefallenes, blasses und hageres Gesicht, wahrhaftig gespenstig leuchtend in den letzten Strahlen des Mondes, und schlug eine laute Lache auf, ein schrillendes Gelächter — hi! hi! hi! hi! hi! — Das war zu viel für Pluto: er, eines der gehorsamsten und ruhigsten Pferde der ganzen Artillerie, warf sich plötzlich herum, that einen gewaltigen Riß, und flog mit mir in wilden Sätzen über die Ebene dahin. Eine gute Viertelstunde brauchte ich, ehe ich seiner wieder vollkommen Herr geworden. Und als ich ihn darauf umwandte, um das Kreuz wieder aufzusuchen, ging gerade der Mond am Horizont unter, und es wurde so dunkel, daß ich nur wenige Schritte vor mich hinsehen konnte. Ich mußte das Abenteuer auf sich beruhen lassen und froh sein, als es mir nach einer Stunde Umherschweifens gelang, endlich glücklicher Weise den Weg aufzufinden, der mich nach meinem Bestimmungsort führte.“

Damit schwieg der Erzähler und blickte stolz im Kreise umher. Jedes Auge war fest auf ihn gespannt, aber Niemand wagte es, die Stille zu unterbrechen, als der Schneider, der ängstlich fragte: Und das seltsame Wesen auf dem Kreuze war wirklich ein Gespenst? — Sie haben nichts mehr darüber gehört?“

Dose lächelte sanft vor sich hin und sagte: „Es sei ferne von mir, daß ich Sie in einer unangenehmen Gewißheit lasse, da ich Ihnen zu beweisen im Stande bin, daß jenes allerdings unheimliche Wesen nichts Uebernatürliches an sich hatte."

„Ah!" machten die Zuhörer. Und Meister Kaspar setzte leise hinzu: „Gott sei gedankt, daß es so geendigt! Das hätte mir eine böse Nacht verursacht."

„Den andern Morgen," fuhr Feodor Dose fort, „erzählte ich das gehabte Abenteuer meinem Hauswirthe und erfuhr, daß sich jene Gestalt öfters sehen lasse, daß sie aber kein Geist sei, sondern der wahnsinnige Sohn eines benachbarten Schullehrers, der sich zuweilen in Mondscheinnächten auf jenes Kreuz setze, um so lange jene beschriebenen sonderbaren Bewegungen zu machen, bis der Mond untergegangen. — Die Liebe, ach! die Liebe," setzte der Unteroffizier träumerisch hinzu, „hat ihn so weit gebracht. — —"

Indessen war es spät geworden, die Weinkrüge geleert, und der Major der Bürgerwehr machte den Vorschlag, jetzt nach dem Städtchen zurückzukehren, welcher bereitwilligst angenommen wurde. Die Gesellschaft stolperte den Berg hinab. Dose wurde durch den freundlichen Adjutanten in ein gutes Quartier gebracht, und auf der alten Schloßruine blieb Niemand zurück, als die Wache.

Meister Kaspar aber horchte, bis die letzten Schritte unten im Städtchen verklungen, bis der Nachtwächter die elfte Stunde geblasen; dann zog er den Posten vor dem Gewehr ein, verrammelte die Thür mit den vorräthigen Mobilien und legte sich zum Schlafen nieder. Doch wollte der Schlummer lange nicht kommen, und als er endlich die müden Augen des Schneiders schloß, träumte diesem von schrecklichen Gespenstergeschichten, von seltsamen Gestalten ohne Köpfe, aber mit sechs Paar Beinen und Armen. Er verbrachte eine sehr unangenehme Nacht und schwur hoch und theuer, sobald nicht wieder auf Wache zu ziehen.

———

Zehntes Kapitel.

Enthält die Beschreibung eines Bürgerwehrballes mit volksthüm-
licher Quadrille, auch sonst noch viel Lehrreiches. — Später wird
getrommelt.

Der Adjutant der Bürgerwehr wußte nicht nur das Bataillon zu lenken, sondern auch die ganze Stadt handelte nach
seiner Angabe. Es war ihm vor allen Dingen darum zu thun,
den tüchtigen Unteroffizier, der sich so zufällig hier eingefunden, so lange als möglich da zu behalten, ihn zuerst als
Exerziermeister zu gebrauchen und ihn vielleicht nach und nach
für seine Sache zu gewinnen, d. h. nach links herüber zu
ziehen. Da aber Dose, wie wir wissen, in seinen Ansichten
völlig rechts überhing, so mußte sich die ganze Stadt auf's
Beste zusammen nehmen, um ihre wirklichen Gesinnungen
nicht zu verrathen. Dem Unteroffizier wurde erklärt, es
handle sich nur darum, um bei einem wahrscheinlich aus-
brechenden Kriege eine kleine Macht zu bilden, die im Stande
sei, Gesetz und Ordnung aufrecht zu erhalten, und er thue
ein gutes Werk, wenn er sich im Hinblick auf diese lobenswerthe Absicht der Organisation der Bürgerwehr eine kurze
Weile annehme.

Der Adjutant des Bataillons handelte nach den Befehlen
und im Einverständniß mit einer unsichtbaren höheren Behörde,
der Alles daran gelegen war, sich bei der Artillerie einige ge-
heime Freunde zu erwerben.

Dose aber, den es drängte, sobald als möglich nach C.
zu kommen, war nicht leicht zum Dableiben zu vermögen,
und der Unteroffizier würde den besten Worten, dem vor-
trefflichsten Quartier nicht nachgegeben haben, hätte man dem
Dichter nicht auf's Beste geschmeichelt, indem man ihm das
hier erscheinende Lokalblatt zur Verfügung stellte und am

anderen Tage schon „Die vernagelte Kanone" darin abdruckte. Das war zu viel für Feodor's empfängliches Gemüth. Er sah sich zum ersten Male gedruckt. Da war sein Lieblings= gedicht, überschrieben: „Die vernagelte Kanone", unterschrie= ben: „Feodor Dose". Ja, er war so vom Glücke berauscht, daß der Adjutant es noch am selben Abend wagen konnte, ihm mit süßen Worten Einiges von einem gesammten freien Deutschland einzugeben, was Dose wie eine unbekannte Me= dicin hinnahm, die allerdings unangenehm schmecke, aber viel= leicht von besserer Wirkung sein könne. Zu gleicher Zeit legte ihm der Adjutant ein Schreiben aus E. vor, worin es hieß, der Befehl zur Mobilmachung sei noch nicht eingetroffen, mithin habe der Unteroffizier vollkommen Muße, noch eine Zeit lang in der Stadt zu bleiben. Da das Intelligenz= blatt am anderen Tage Dose's „Sehnsucht an Daphne" brachte, und der Dichter nicht umhin konnte, sich glücklich zu preisen, daß der glühendste Wunsch seines Lebens jetzt end= lich in Erfüllung gegangen, daß sich jetzt endlich die Presse für ihn geöffnet, so nahm der Adjutant hierbei Veran= lassung, von einem geheimen Befehle zu sprechen, der es Militärpersonen überhaupt verböte, etwas drucken zu lassen, und ging dann sehr geschickt auf Preßverhältnisse im All= gemeinen über, nannte das Bestehende eine Knechtschaft, und wußte die Ideen des armen Unteroffiziers für eine freie Presse zu erwärmen.

Wenn nun Dose als Mensch aus zwei Elementen, einem militärischen und einem poetischen bestehend, sich unter dem Einflusse des letzteren einer gewissen Weichheit hingab, so war er als Unteroffizier, um uns bildlich auszudrücken, wie von englischem Gußstahl, und ließ diese Schärfe und Härte das ganze Bataillon empfinden, wenn er es droben vor dem alten Schlosse in den Anfangsgründen der edlen Kriegskunst unterwies. Die Ritterburg hatte gewiß zu den Zeiten des wildesten Faustrechtes nicht so viele schlimme Worte gehört, als in diesen Tagen. Dose schien seine Kreuzdonnerwetter, seine Millionen- und andere Hunde während der Postdienstzeit

bei sich selbst niedergelegt zu haben, um sie jetzt mit den
reichlichsten Zinsen wieder auszugeben. Die gute Bürgerwehr
hatte bis jetzt keine Ahnung davon gehabt, welche Feinheiten
im einfachen Rechts= und Linksum versteckt lägen, — zier=
liche Nüancen, die Dose sich bemühte, zu Tage zu fördern.
Seine Leidenschaft war, die Wendungen nach Zählen machen
zu lassen, und damit „zwiebelte" er die Bürgerwehr, daß ihr
Hören und Sehen verging.

Bald ließen sich auch deutliche Beweise großer Unzu=
friedenheit wahrnehmen, und wenn nicht Dose mit einem
fürchterlichen Eide geschworen hätte, dem, der das Maul auf=
thue, sobald er stillgestanden! kommandirt, den Schädel ein=
zuschlagen, so würde er eines Tages einen offenen Ausbruch
der Meuterei erlebt haben. So aber begnügten sich die
Bürgerwehrmänner mit häufigem Kranksein, und Dose hatte
noch nicht vier Tage lang seine Zuchtruthe geschwungen, so
bestand das Bataillon auf dem Exercierplatze nur noch aus
dem Major, den Hauptleuten, den Lieutenants und einem
halben Dutzend unverwüstlicher Musketiere.

Der Adjutant war in Verzweiflung; er hatte mit Ver=
gnügen die Fortschritte bemerkt, welche die Mannschaft gemacht,
und mußte jetzt sehen, wie die Lust an der ganzen Bürger=
wehr so auffallend und unaufhaltsam abnahm. Sogar die
abendliche Besprechung im Grünen Baum war nicht im
Stande, die tapferen Kämpfer freundschaftlich zu verbinden;
es bildeten sich Gruppen an verschiedenen Tischen, man sah
auch hier eine Rechte und eine Linke, man sprach von Ty=
rannei, flüsterte von erneuter Knechtschaft, und ein paar ver=
wegene Intriguanten bearbeiteten das Bataillon und schlugen
Neuwahlen vor, um andere Männer an's Ruder zu bringen,
denen es Ernst sei mit dem wirklichen Fortschritt, mit der
Freiheit, mit der — Ordnung.

Der Adjutant sah ein, daß er falsch manövrirt, daß Bür=
gerwehr nimmer zu wirklichem Militär heranzubilden sei, und
daß ihm das Schreckliche bevorstehe, seine Popularität zu
verlieren. Er hatte einen feierlichen Appell ansagen lassen;

derselbe wurde schwach besucht. Er hatte Bürgerwehrlieder
gratis vertheilt und nichts Besonderes damit bezweckt. Er
hatte die Anfertigung der neuen Fahne beschleunigt; das Bataillon war sehr unvollzählig erschienen, um sie zu überneh-
men. Er hatte so große Hoffnungen gehegt, so Schönes zu
erringen geglaubt durch die Anwesenheit des Artillerie-Unter-
offiziers — Alles umsonst! Er hatte für die erhabene Sache
nichts gewonnen, für sich selbst viel verloren; er mußte zu
einem energischen Mittel schreiten, um seine Stellung wieder
zu gewinnen; er wollte die Frauen und Mädchen des Ortes
in's Interesse ziehen, um auf die Männer zu wirken, er wollte
einen Bürgerwehrball veranstalten; und er hatte das richtige
Mittel gefunden — diese Idee fand allgemein Anklang.

Das Lokal des Grünen Baumes, ein ziemlich großer
Saal mit ein paar Nebenzimmern, wurde festlich dekorirt mit
rothen Fahnen, mit grünen Guirlanden und den Waffen des
Bataillons, mittels welcher man an der kleinen Seite des
Saales eine große Trophäe errichtete, die sich im Glanze von
ein paar Dutzend Talgkerzen recht stattlich ausnahm. Die
Musik des Städtchens, bestehend aus einem Contrebaß, zwei
Violinen und einer Clarinette, wurde durch die beiden Tam-
bours verstärkt und befand sich auf einer Tribüne, die gebildet
worden, indem man Bretter über einige Fässer gelegt.

Wir müssen gestehen, daß die Idee des Adjutanten im
Städtchen allgemeinen Anklang gefunden hatte. Die weißen
Kleider wurden hervorgesucht, mit rothen Schleifen verziert,
zwei Damen erschienen sogar in blutrothen Taffet gekleidet;
und wir können es leider nicht verschweigen, daß sich während
des Nachmittags die Musik abquälte, die Marseillaise zu
spielen — freilich in sehr langsamem Tempo — denn mit
dieser Melodie sollte der Bürgerwehrball durch eine Polonaise
eröffnet werden.

Dose war abgenutzt, Dose war eine gefallene Größe.
Man duldete seine Uniform nur noch, weil er feierlich erklärt
hatte, er reise morgen ab, indem er mit einer solchen „Schwefelbande", die keinen Drang zur Subordination in sich fühle,

nichts mehr zu schaffen haben wolle. So schnell ändern sich
Zeiten und Menschen. Wir können dabei nicht verschweigen,
daß neben dem Unteroffizier Dose auch der Poet Feodor auf's
Tiefste gekränkt worden war. Der Erstere hatte es nämlich
für nöthig befunden, den Drucker des Intelligenzblattes, der
mit sehr rostigem Gewehr angetreten war, einen unsauberen
Schmierfinken zu nennen, woraus das Schreckliche entsprang,
daß am folgenden Tage eine Recension erschien, welche das
berühmte Gedicht: „Die vernagelte Kanone", für den miserabelsten Schund erklärte.

Trotz allem dem hielt es der umsichtige Adjutant doch
für klug, nicht gerade in offener Feindschaft von dem Unteroffizier zu scheiden. Es konnten Zeiten kommen, wo — —
und darum beschloß er, wenigstens für seine Person, Dose
bis zum letzten Augenblick auf's Freundschaftlichste zu behandeln. Er ertheilte dem Drucker von Bataillons wegen eine
tüchtige Nase, er lud den geschmähten Dichter dringend zum
Bürgerwehrballe ein, und Dose versprach zu kommen.

Aber nicht blos innerhalb der Stadtmauern beschäftigte
man sich eifrig mit den Vorkehrungen zu diesem Feste —
nein, auch von auswärts kamen Theilnehmer und Theilneh-
merinnen, letztere meistens in harmlose Landfuhrwerke gepackt,
mit aufgewickelten Haaren, auf dem Schooße ein großes
Paket, worin sich das weiße Ballkleid befand, sowie Strümpfe
und Schuhe. Das auswärtige männliche Geschlecht bestand
meistens aus sehr gesinnungstüchtigen Mitgliedern eines Se-
minars auf der anderen Rheinseite, blutdürstigen jungen
Leuten mit großen drohenden Bärten und keck aufgestülpten
Schlapphüten. Diese fuhren in einem Boote über den Rhein,
sie hatten zwischen sich eine große rothe Fahne aufgesteckt und
sangen:

> Wenn die Fürsten fragen: was macht Hecker doch?
> Könnt ihr ihnen sagen: dieser hänget hoch —
> Aber nicht am Galgen, nicht an einem Strick,
> Sondern an der Spitze — freier Republik!

In dem Tanzsaale selbst hatte man eine gleiche Litho-

graphie, wie eine droben in der Wachtſtube prangte, aufge=
hängt, hier aber umgeben von einem Kranze von Eichen=
laub, deutſcher Männer Kraftſymbol und Lieblingsbaum,
bis zu ſeinen Früchten, den Eicheln, die man im Naturzu=
ſtande roh, ſonſt aber auch gebrannt und gemahlen als Kaffee
verzehrt.

Obgleich der Zutritt in den Tanzſaal Nachmittags Nie=
manden mehr geſtattet war, ſo hatte doch Doſe, der im Grü=
nen Baum wohnte, hiervon eine Ausnahme gemacht, um ſich
die Dekorationen, an welchen man den ganzen Tag über ge=
hämmert, mit Muße anzuſehen. Manches kam ihm hier ſon=
derbar vor, und er ſchüttelte bedenklich ſein langes Haupt.
Unter Anderem vermißte er die Landesfarben, ſowie das Por=
trait ſeines Königs und Herrn, und ſah dafür eine miſerable
Lithographie, die einen Mann darſtellte, der einem Räuber=
hauptmann wie ein Ei dem anderen ähnlich ſah. Doſe beſchloß
trotz alle dem, den Ball zu beſuchen.

An der Haupteingangsthür befanden ſich zwei Schild=
wachen mit Säbel und Muskete aus der Bürgerwehr, neben
ihnen der Kaſſier des Bataillons hinter einem Tiſchchen, auf
welchem ein tiefer Suppenteller ſtand, beſtimmt, das Ein=
trittsgeld und patriotiſche Gaben in Empfang zu nehmen,
die geſpendet würden zum Beſten der guten Sache, ſowie
auch, um das rothe Baumwollenzeug für die Fahnen zu be=
zahlen. Wir müſſen geſtehen, daß ſich der Teller mit Silber=
geld füllte. Der Kaſſier ſaß ſtolz auf ſeinem Stuhle, mit
einer weißen Halsbinde; er trommelte ſelbſtgefällig mit den
Fingern auf den Tiſch, und machte hie und da den beiden
Schildwachen ein geheimes Zeichen, ſich gerade zu ſtellen und
das Gewehr anzuziehen, wenn nämlich Jemand kam, von
dem anzunehmen war, daß er wenigſtens einen halben Thaler
opfern würde.

Der Ball begann um ſieben Uhr mit dem Aufſpielen
des marſeiller Liedes, bei deſſen Klängen ſich die ganze
Geſellſchaft feierlich durch den Saal und die beiden Neben=
zimmer bewegte. Es wurde dieß natürlicher Weiſe als

Polonaise betrachtet, und diese ward angeführt von einem
dicken, bleichen, schlagflüssigen Seminaristen, der rothes Haar
und Halsbinde, sowie Uhrband von derselben Farbe trug.
Er blickte stolz um sich her, hatte seine Arme beständig
halb gebogen, und hob sie bei jedem Schritte ein paar
Zoll empor, ungefähr so, wie es ein junger, fetter Pelikan
mit seinen Flügeln zu machen pflegt, ehe er sich vom Bo=
den erhebt.

Der Seminarist war Mitglied mehrerer geheimen Ge=
sellschaften; er warb für die Freiheit bei allen Veranlassungen,
und da er durch aufopfernden Lebenswandel sehr verschuldet
war, so schwärmte er unmäßig für das Gleichheitsprincip.
Er gehörte zu den Festordnern, ebenso wie der Major, die
Hauptleute, die Lieutenants, der Wachtmeister, Bataillons=
schreiber und Kassier, sowie noch eine andere, sehr dürre Per=
sönlichkeit, der Tanzmeister des Ortes, ein heruntergekom=
mener Barbiergeselle und wüthender Demokrat. Alle diese
Festordner trugen rothe Binden am Arm, tranken ihren Wein
auf Kosten der Bataillonskasse und gaben sich ein unerhörtes
Ansehen.

Nach der Polonaise rief der festordnende Tanzmeister
eine Quadrille aus, — ein fremdes Wort, wofür ihn der
schlagflüssige Seminarist mit einem furchtbaren Blick bestrafte.
Dann brüllte der Letztere: „Ein Vierertanz, ihr Bürger!"
und stellte sich als erstes Paar auf. Sein Gegenüber war
der Major, neben diesem der Adjutant, rechts zwei Haupt=
leute, links zwei Lieutenants; neben dem Seminaristen be=
fand sich der Drucker des Intelligenzblattes. Und so stand
hier eine vornehme, eine Honoratioren=Quadrille. Der Se=
minarist warf sich in die Brust, blickte stolz auf den Tanz=
meister und bedeutete ihm, zu schweigen, er selbst wolle die
Touren anrufen.

Die Musik begann, die üblichen Verbeugungen gegen
die Damen wurden gemacht, wobei der Major zierlich mit
dem Fuße hintenaus kratzte, der Adjutant die Hand auf's
Herz legte, der Schlagflüssige gleichgültig den Kopf neigte

und die Backen aufblies, und jeder der Hauptleute und
Lieutenants schon jetzt den Daumen und Zeigefinger der
rechten Hand in die Westentasche vergrub, wo sie bis zur
Beendigung des ganzen Tanzes verblieben. Der Drucker
allein hatte kein Compliment zu Stande gebracht; denn in
dem Augenblicke, wo er dazu seinen Mund lächelnd spitzte,
wie ein Karpfen, entdeckte er Feodor Tose's Gesicht gerade
sich gegenüber, weßhalb er statt jedes Complimentes ingrim-
mig auf die Seite spuckte.

„Die Sklavenkette!" brüllte nun der Seminarist, was
so viel heißen sollte, als: Chaine anglaise. Und Alles gerieth in die lebhafteste Bewegung. Damen und Herren
wanden sich durch einander, die Kleider rauschten, und die
Musik jammerte irgend eine lustige Melodie.

„Schützt die Damen!" hieß es wieder, und Alles beugte
sich zierlich vor- und rückwärts, nach rechts und nach links.

„Die freie deutsche Faust!" erscholl ein neues Kom-
mando. Und troß dieser deutsch-patriotischen Uebersetzung
wurde doch das sanfte Tour de mains nach alterkömmlichen
Regeln ausgeführt. So ging es fort, und der schlagflüssige
Seminarist gab den verschiedenen Kommandoworten durch die
Art, wie er sie aussprach, eine mannigfaltige und nicht zu
verkennende Bedeutung. Oft lispelte er leise, wenn er sagte:
„Die Kette der Damen," oder „Promenade," was ihm zu
übersetzen für überflüssig erschien. Bald aber zuckten seine
Arme, als wollte er jetzt gerade zur Decke hinauffliegen, und
sein Maul öffnete sich weit, wenn er z. B. rief: „Zwei kühn
voran!" oder „Jagd nach rechts und nach links!" oder
„Bewaffnet die rechte und linke Hand!"

Der Glanzpunkt der Quadrille war übrigens, als er
in der Tour Cavalier seul endlich mit herausforderndem
Blick rief: „Der freie deutsche Mann allein!" und anmuthig
vortänzelte, die Nase hoch, das Gesicht bläulich, das rothe
Uhrband stolz um den Finger gewickelt. Es war dies ein
großer Moment und wurde mit einem allgemeinen Hände-
klatschen begrüßt, das Jeden, mit Ausnahme des Tanzmei-

sters, zu freuen schien, der vor Neid hätte bersten mögen,
daß ihm diese gesinnungstüchtigen und volksthümlichen Ver=
änderungen nicht eingefallen.

Dose, dem diese ganze Geschichte sehr unbehaglich zu
werden anfing, hätte sich gern aus den Zimmern zurückge=
zogen; doch da er heute Vormittags einen großen Spazier=
gang gemacht, um von der Spitze eines benachbarten höheren
Felsens sehnsuchtsvoll das Rheinthal hinabzublicken, so be=
gann er jetzt ziemlichen Hunger zu verspüren und mußte
sich schon entschließen, hier zu bleiben und bis zur Pause
zu warten, da heute Abend sonst im ganzen Hause nichts
zu erhalten war.   Doch zog er sich in das hinterste Zim=
mer zurück, setzte sich da in eine Ecke und versank in Träu=
mereien.

Der Kassier vorn an der Thür hatte seine Einnahmen
ziemlich beendigt, denn es kam keine Seele weiter, um ihr
Schärflein darzubringen, weßhalb er die Silbermünzen in
dem Suppenteller mit seinem Schnupftuch bedeckte und sich
etwas zu essen bringen ließ.   Er verzehrte mit großem Ap=
petit die Kalbs=Cotelette, die man ihm gebracht, setzte den
gebrauchten Teller auf sein Schnupftuch und machte mit
übrig gebliebener Sauce ein Kreuz auf diesen obersten
Teller, um damit anzuzeigen, daß man unter demselben
Schnupftuch und Geld als unverletzliches Eigenthum zu be=
trachten habe.   Dann erhob er sich in der ganzen Würde
seines Amtes und schritt in den Tanzsaal, stolz erhaben, den
Oberkörper auf den Hüften wiegend, den Kopf in der weißen
Halsbinde drehend.   Die beiden Schildwachen, obgleich heute
Abend als Musketiere fungirend, waren nichts desto weniger
freie Bürger der Stadt, und sie sahen dieses Aufpostenstehen
als eine große Gefälligkeit ihrerseits an, die aber nothwen=
diger Weise ihre Gränzen haben müsse.   Deßhalb stellten sie
nach Abgang des Kassiers ihre Gewehre in die Ecke, stülpten
den Hut darauf und fingen ebenfalls an, zu soupiren, so
lange draußen noch der Tanz wogte und in der Küche noch
etwas Gutes zu haben war.

Jetzt näherte sich die erste Abtheilung des Balles ihrem Ende und schloß mit einem Vernichtungsgalopp, aus dem man deutlich die Klänge eines bekannten Volksliedes heraus= hörte. Dann traten die Paare aus einander, man ließ sich an den noch leer stehenden Tischen nieder, Alles rief nach Wein und Speisen. Alles sagen wir, mit Ausnahme des Kassiers; nicht, weil dieser schon soupirt hatte, sondern weil er, an die Eingangsthüre zurückkehrend, dort weder Teller noch Geld mehr vorfand und verzweiflungsvoll nach seiner Kasse schrie. Die beiden Schildwachen, die befragt wurden, schauten sich überrascht an und versicherten, nicht das Ge= ringste zu wissen. Sie wären nicht vom Platze gewichen, wie der Herr Kassier, sie hätten im Uebermaß des Pflicht= gefühls sogar stehend ihr Abendbrod verzehrt, und überhaupt hätte man ihnen keinen bestimmten Auftrag gegeben, über einen Teller zu wachen, der mit zwei Saucestrichen versehen gewesen wäre.

Es war ziemlich viel Geld in dem Teller vorhanden gewesen, und das seltsame Verschwinden desselben wurde bald im ganzen Saale bekannt und machte keine geringe Bestür= zung. Der Major schaute vornehm verweisend aus, der Adjutant mißtrauisch, der schlagflüssige Seminarist wüthend und der arme Kassier höchst unglücklich. Der Seminarist, dem die fremde Uniform Dose's schon lange ein Dorn im Auge gewesen, machte sich in feindseligen Ausdrücken Luft, sprach von den Livreen der Thrannen, sowie ähnliches unge= reimtes Zeug, und beruhigte sich erst wieder, als die lange Gestalt des Unteroffiziers im Tanzsaale sichtbar wurde, der aus seinem Winkel hervorkam, um sich nach dem allgemeinen Lärmen zu erkundigen.

Zwei Schildwachen bei einer Kasse und diese Kasse ver= schwunden, das verursachte ihm ein niederdrückendes Gefühl. Wenn die beiden Musketiere auch nur der Bürgerwehr an= gehörten, so waren sie doch von ihm, von Feodor Dose, kommandirt worden, und das warf einen Schatten über sein Gemüth. Er wandte sich um, die Arme verschränkt, und befand sich gerade vis-à-vis dem jungen Schlagflüssigen, der ihn etwas herausfordernd von oben bis unten ansah. Dose erwiederte diesen Blick, war aber schneller damit zu Ende, denn der Seminarist war von sehr kleiner Gestalt.

Der Unteroffizier zuckte gleichgültig die Achseln und wandte sich der Thüre zu, als wollte er hinausgehen. Der Andere trat ihm in den Weg. „Herr," sagte er, „Sie wissen wahrscheinlich nicht, was vorhin an der Thüre geschehen ist! Man schleicht sich nicht so aus dem Zimmer, wenn Kassen spurlos vom Tische verschwinden. Man bleibt da, bis die Sache gehörig untersucht ist."

Dose erblaßte vor ungeheurer Wuth, denn er begriff die Rede des schlagflüssigen Seminaristen. Seine rechte Hand zuckte in der Luft, und wenn nicht der Adjutant da= zwischen gesprungen wäre, so hätten sich die Finger im näch= sten Augenblicke sehr unangenehm mit der rothen Halsbinde beschäftigt.

„Schämen Sie sich," sagte der Adjutant zu dem jungen Manne. „Was ist das für eine Aufführung? Auf diese Art dient man unserer Sache nicht. — Bester Herr Unteroffizier, hören Sie nicht auf diesen unvorsichtigen jungen Menschen!"

„Eindringlinge und Spione," entgegnete der Schlag= flüssige ... und jetzt konnte ihn die Person des Adjutanten nicht mehr beschützen. Dose reckte sich etwas Weniges in die Höhe, beugte sich dabei fast über den Adjutanten herüber und streckte den Seminaristen mit einem einzigen Schlage zu Boden. Dann athmete er tief auf, zog seine Uniform um die Taille ein wenig herunter und blickte fragend rings umher.

Obgleich sich der Seminarist im nächsten Augenblicke wieder auf die Beine half und der Adjutant behauptete, Jener sei nur ausgeglitscht, so begann sich doch in dem Saale ein unangnehmer Tumult zu erheben, aus dem heraus man deutlich die Worte vernahm: „Werft ihn die Treppe hinab, werft ihn auf die Straße!" — Wer weiß auch, wie dieser Tumult geendigt hätte, wahrscheinlich mit einer sehr soliden Schlägerei, denn Dose liebäugelte schon mit einem

Stuhle in seiner Nähe, der sehr feste Beine zu haben schien, als der Wirth zum Grünen Baum hastig zwischen die Streitenden stürzte, indem er ausrief: „Kein Wort weiter, Ihr Herren, die Kasse ist wiedergefunden!" Ihm folgte der entzückte Kassier mit einem großen Zuber voll schmutzigen Spülwassers, in das er, obgleich es sehr unangenehm roch, mit innigem Entzücken seine Nase steckte.

Die Sache mit der verschwundenen Kasse war bald aufgeklärt. Ein Dienstmädchen des Hauses hatte die, wie sie glaubte, leeren Teller in die Küche genommen, sie dort in Wasser versenkt und stehen lassen, und erst, als man die Teller wieder gebrauchte und abspülte, fand sich die ganze Bescherung, an der nicht ein Groschen fehlte. Der überglückliche Kassier predigte nach allen Richtungen Versöhnung, sagte dem jungen Seminaristen einige passende Worte und führte den Unteroffizier in das hintere Zimmer, wo er sich mit ihm bei einer Flasche Wein festsetzte.

Dose's Gemüth war tief erschüttert; er fing an, die Gesellschaft zu erkennen, in der er sich befand, er fing an, hier in diesem Kreise für seine Uniform, für seine Tressen zu erröthen. Er war auf diese Art ein einsylbiger Gesellschafter, weßhalb ihn der Kassier bald verließ und in den Tanzsaal zurückkehrte. Feodor stützte die Hand auf ein Fenstergesims, legte den Kopf darauf und hatte schmerzliche Gedanken. Wie ein wilder, wüster Traum erschien ihm sein Aufenthalt hier in dem Städtchen, und er konnte oft nicht begreifen, was ihn hier zurückhalte. Ach! die Kinder seiner Muse hatten es gethan, seine Poesieen. Aber auch dieser Zauber fesselte ihn nicht mehr an den Ort, er sollte ihm kein Capua werden, er wollte ihn morgen mit dem ersten Blicke des jungen Tages verlassen. Hatte er doch sein Manuscript wieder, hatte er es doch durch einige vortreffliche Lieder vermehrt, ja, er hatte sogar einen Freiheitsgesang gemacht. Aber dieß war ein harmloses Lied, denn es waren die Ergüsse eines Unteroffiziers nach eben bestandenem dreitägigem Mittelarrest.

Horch! was war das? Täuschte sich Dose oder vernahm er wirklich den lustigen Schlag einer Trommel?

———

Eilftes Kapitel.

Vom unglücklichen Kehraus des Bürgerwehrballes und von der Ankunft eines wirklichen Infanterielieutenants, in dessen Folge der schlagflüssige Seminarist und der Packmeister Dose arretirt werden, — kurz, aber wichtig für Beamte der öffentlichen Macht.

———

Nein, Dose täuschte sich nicht! Um vor dem Lärmen der Tanzmusik im benachbarten Saale besser hören zu können, öffnete er ein klein wenig das Fenster, an dem er allein saß und lauschte. Richtig! da klang es wieder, schon näher und deutlicher, aber immer noch fern auf der Landstraße. Rata= plan—Rataplan—plan—plan!

Trommelschlag und Hundegebell hört man in der Nacht sehr weit, wenn man nicht gerade einen Cotillon tanzt. Aus dem letzteren Grunde schien man auch drinnen im Tanzsaale nichts zu vernehmen; der Contrebaß grunzte, die Violinen quiekten, und die Clarinette jammerte dazwischen immer fort ohne Aufhören, nur zuweilen übertönt von dem Gestampfe der Tanzenden.

„Ei,“ dachte der Unteroffizier, „was kann das sein? Warum der Marsch einer Infanteriekolonne bei so später Nacht?“ — Es mochte eilf Uhr sein. — Er lauschte aber= mals, doch hatte der Trommelschlag aufgehört, und es schien draußen ganz ruhig zu sein. Doch nur eine halbe Viertel= stunde lang; dann vernahm Feodor mit seinem scharfen ge= übten Ohr Tritte vieler Menschen, die sich auf der Land= straße in gleichem Schritt zu nähern schienen. Er schüttelte

den Kopf. Was konnte das bedeuten? — Stand die An=
kunft des Militärs vielleicht im Zusammenhange mit einigen
Bewohnern des Städtchens oder vielleicht gar mit dem Feste
selbst? — Was war zu thun? — Sollte Dose sich auf sein
Zimmer begeben oder da bleiben, wo er war, hier die Dinge,
die da kommen sollten, ruhig abwarten? — Er beschloß das
Letztere und blieb.

Es war, als seien am heutigen Abend, vielleicht wegen
des Festes, weder Nachtwächter noch Hunde auf der Straße;
denn die ersteren machten keine Meldung, und die letzteren
bellten nicht einmal dem heranziehenden Militär entgegen,
weßhalb es denn auch begreiflich war, daß man im Tanzsaal
hiervon keine Ahnung hatte. Hier wurde stark getanzt, ge=
hörig dazu getrunken und viel gelärmt. Man erging sich in
heftigen Redensarten, in sehr excentrischen Toasten, und na=
mentlich zeichnete sich der schlagflüssige Seminarist bei allem
dem aus. Er hatte eben eine Rede gehalten zu Ehren der
rothen Fahne, in welcher außerordentlich viel Worte, wie:
entwürdigende Knechtschaft, verdumpfende Unterdrückung und
dergleichen, vorkamen. Er hatte diese Rede in der Nähe der
Thüre gehalten, hatte sie hauptsächlich an die beiden Bürger=
wehrmänner gerichtet, die dort auf Posten standen, und war
schließlich daran, sie zu dem baldigst bevorstehenden Kampfe
auf's beste zu ermahnen, daß sie mit Gut und Blut ver=
theidigen möchten die rothe Fahne und den heimischen Herd
— als seine Nase plötzlich lang und spitz wurde, seine
Wangen von ziemlichem Roth in tiefe Blässe übergingen und
er mit gläsernem Blick durch die Thüre auf den Gang hin=
ausschaute, als bemerke er dort ein Gespenst.

Und dort erschienen auch in der That Gespenster, aber
nicht, wie man sie sich gewöhnlich vorstellt, in langen, weißen
Gewändern mit eingefallenen Wangen; sondern die Geister
hier, die sich ruhig und still hinter den beiden Bürgerwehr=
männern aufpflanzten, hatten blaue Röcke, weißes Lederzeug
und blanke Pickelhauben auf den Köpfen. Auch sahen ihre
Gesichter sehr von dieser Welt aus; ja, sie lächelten sehr

freundlich, als sich ihre Kameraden mit den Schlapphüten nun ebenfalls umwandten und vor lauter Ueberraschung die Gewehre sinken ließen.

Der Seminarist stürzte in das Tanzgewühl zurück, riß die Paare aus einander, und ein Wort, ein Fingerzeig reichte hin, um sämmtliche Mitglieder des Festes in Kenntniß zu setzen von dem, was sich draußen begeben. Die Musik brach mit Einem Male ab, und die Künstler selbst, indem sie ihre Instrumente im Stiche ließen, suchten ein Asyl unter dem schützenden Gerüste.

Jetzt erschien ein Offizier der Infanterie in dem Saale, gefolgt von einigen Mann, das Gewehr im Arm, und schritt langsam durch die erstaunten und erschreckten Gruppen. Der Erste, der sich so weit wieder sammelte und faßte, um eine sehr ehrerbietige Frage zu stellen, war der Wirth zum Grünen Baum, der sich als solcher vorstellte und nach den Befehlen des Offiziers fragte. In diesem Augenblicke machte der Bataillonsadjutant sowie der schlagflüssige Seminarist einen vergeblichen Versuch, durch die Thüre zu entwischen. Die beiden Schildwachen wiesen sie zurück, worauf sich die Erschrockenen in die dichteste Gruppe der Umherstehenden verloren und langsam gegen das hintere Zimmer manövrirten, um dort vielleicht zu entkommen.

Der Gastgeber zum Grünen Baum wandte sich also an den Lieutenant und fragte ihn, womit er dienen könne.

„Mein lieber Mann," sagte dieser, „ich bin durchaus nicht gekommen, um Ihr heiteres Fest zu stören; ja ich betrachte sogar mit einigem Interesse diesen Saal, denn ich hoffe hier unter Anderem die Bekanntschaft zweier Herren zu machen, des Herrn Aktuar D. und des Herrn Seminaristen W. Sollten sich diese Beiden vielleicht hier befinden?"

Der Lieutenant war ein kleiner, untersetzter Mann mit sehr lebhaften Augen, einem außerordentlich freundlichen Gesicht und sehr großem Schnurrbart. Er that ganz, als wenn er hier zu Hause wäre, legte die Hände auf den Rücken und schritt langsam auf und ab.

„Der Herr Aktuar D.? murmelte erschrocken die Menge. „Unser Adjutant?" setzten einige Andere leise hinzu.

„Sind diese beiden nicht hier?" fragte der Lieutenant. „Oh, sie befinden sich gewiß hier."

„Sie waren hier," entgegnete der Wirth, der mit großer Geistesgegenwart eine Serviette erwischt und sie um den linken Arm gehängt hatte. Es war ihm in diesem Augenblicke Alles daran gelegen, nur als Gastgeber des Grünen Baumes zu erscheinen. Er stand demüthig gebeugt wie sein Oberkellner. — „Sie waren hier noch vor wenig Minuten."

„In dem Falle sind sie auch noch hier," versetzte unerschütterlich der Lieutenant. „Dort, wo ich hereinkam, sind sie nicht hinaus."

„Aber der Saal hat zwei Thüren," entgegnete der Wirth.

„Auch dafür ist gesorgt, mein lieber Mann," fuhr der Offizier ruhig fort. „Ich bitte also nur, gefälligst Ihre Stimme erschallen zu lassen und die Namen der beiden Herren zu rufen."

Dagegen war nicht viel einzuwenden, und die übrige Ballgesellschaft, sehr glücklich darüber, daß sie selbst von solchen Unannehmlichkeiten verschont geblieben, öffnete rasch ihre Reihen, drehte sich rechts und links, schaute hinter sich und trat endlich so auffallend vor zwei Herren in der hintersten Ecke des Saales zurück, daß der Offizier augenblicklich wußte, er habe die Rechten vor sich. Er redete sie überaus freundlich an, bedauerte, ihr Vergnügen stören zu müssen, da er einige Worte mit ihnen zu sprechen habe, und übergab sie einem Unteroffizier und zwei Mann, die sie augenblicklich hinweg führten.

Hier war für Dose, der sich ruhig im hinteren Zimmer hielt, der große Moment gekommen, wo ein hartes Schicksal, wenn es gut gelaunt war, ruhig an ihm vorüber gehen, oder wo ihn das Verhängniß erfassen und zu Boden werfen konnte.

Das Verhängniß war da in Gestalt des kommandirenden Lieutenants, der schon im Begriff war, sich nach gethaner

Arbeit auf dem Absatz herum zu drehen und das Haus zu
verlassen, wenn ihn nicht Dose's unerbittliches Schicksal ver=
anlaßt hätte, ein paar Schritte vorzugehen, um einen Blick
in das hintere Zimmer zu werfen.

Der Gastgeber mit der Serviette auf dem Arm war
an seiner Seite und machte keine Bewegung, den Offizier
zurück zu halten, denn er sah schadenfroh, was da erfol=
gen würde.

Dose hätte sich hinter die Thüre verstecken können; doch
sein offenes und edles Gemüth dachte nicht daran. Er rich=
tete sich in seiner ganzen Größe empor und schaute dem er=
staunten Offizier fest in die Augen.

„Was ist das?" fragte der kommandirende Lieutenant,
und sein freundliches Gesicht überzog sich zum ersten Mal mit
einem finsteren Schatten. — „Herrrr! wie kommen Sie daher?"

Ehe aber Dose antworten konnte, nahm der boshafte
Wirth das Wort und sagte: „Herr Unteroffizier Dose, seit
einiger Zeit Exercirmeister des Bataillons, einer unserer
besten Freunde."

Der also Vorgestellte zuckte die Achseln und meldete
darauf dienstlich dem Offizier, daß er auf dem Wege sei,
sich nach C. zu begeben, um dort bei der erwarteten Mo=
bilisirung der Artilleriebrigade eine passende Stelle zu finden.

„Schon gut!" sagte immer noch finster der Infanterie=
offizier, indem er auf seinen blonden Schnurrbart biß. „Un=
teroffizier, Sie werden diesem Sergeanten folgen; das Wei=
tere wird sich finden. Es müßte doch mit dem Teufel zu=
gehen, wenn wegen des verfluchten Fraternisirens nicht ein=
mal ein Exempel statuirt würde. Beim Zeus: Ein Unter=
offizier der Artillerie ist Exercirmeister dieses berüchtigten
Bataillons und sitzt harmlos und vergnügt unter der rothen
Fahne. Herrrr! wenn Ihnen das nicht Ihre Tressen kostet,
gibt es keine Gerechtigkeit mehr auf der Welt." — Damit
drehte sich der Lieutenant jetzt wirklich auf dem Absatz herum
und schritt stolz durch den Saal, wo ihn die Anwesenden
ehrerbietigst grüßten.

Dose, der, gefolgt von einem Sergeanten und zwei
Mann, hinter ihm drein ging, sah manche schadenfrohen
Blicke auf sich gerichtet. Ja, der Drucker des Intelligenz=
blattes, der ihm den Schmierfinken noch lange nicht vergessen
hatte, murmelte ihm halblaut nach: „Nun, Gott befohlen,
das gibt jedenfalls neue Poesieen!"

Zwölftes Kapitel.

Wachtstube auf dem Rathhause mit Souper. Die bewaffnete Macht
untersucht den einen ihrer Gefangenen, worauf der Packmeister
entlassen wird und die Bekanntschaft einer Dame im schwarzen
Mantel macht.

Die Infanterie=Abtheilung, welche sich so unverhofft dem
Städtchen genähert und den Bürgerwehrball mit einem so
traurigen Rehraus geendigt, bestand aus einem Zuge und
wurde bei dieser Veranlassung ausnahmsweise von zwei Offi=
zieren befehligt. Den jüngeren, welcher den Adjutanten und
den Seminaristen verhaftet, lernten wir bereits kennen; der
andere marschirte aber vor das Rathhaus der Stadt, auf
dem Marktplatze gelegen, wo er die Soldaten den Tornister
ablegen ließ und nach einem von der Behörde schickte, um
nach Vorschrift Wein und Brod zu requiriren.
Der Kommandirende wollte für die Hälfte der Nacht
seine Mannschaft nicht einquartieren, und auch der Soldat,
der wußte, daß er morgen sehr frühzeitig abmarschiren sollte,
blieb lieber hier in den Kleidern bei seinen Waffen und
einem guten Glase Wein, um bei der Reveille gleich bereit
zu sein. Für den Adjutanten und den Seminaristen hatte
man ein Zimmer im Rathhause geöffnet, an diesem ein klei=

neres für Dose, und der kommandirende Offizier hatte sein
Hauptquartier im Sitzungssaale des Gemeinderaths aufge=
schlagen.

Der stolze Name eines Saales war übrigens unpassend
für dieses Gemach. Es war nichts mehr und nichts weniger
als ein mäßig großes Zimmer mit dunklen Tapeten, einer
alterthümlichen Decke von fast schwarz gewordenem Eichenholz
und zwei hohen Fenstern, in denen man noch Ueberreste von
Glasmalereien bemerkte. Das Ameublement bestand aus
einem Tische, der in der Mitte stand und mit einem grünen
Tuche behängt war, ferner aus Stühlen mit hoher Lehne,
gewundenen Füßen und Armen, Sitz und Rücken mit Leder
überzogen, das, dunkelbraun und glänzend, Zeugniß ablegte
von langjährigem Gebrauch und von den vielen Stunden,
welche die Väter der Stadt, auf das Wohl der Bürgerschaft
bedacht, hier auf diesen Sitzen zugebracht hatten.

Der alte Rathhausdiener hatte zitternd und zagend dieses
Zimmer aufgeschlossen; er hatte zwei Talgkerzen angezündet
und in dem Steinkamin aus trockenem Holz und Reisig ein
Feuer angemacht. Seine Schlüssel hatten heftig geklappert,
als er den Adjutanten des Bürgerwehrbataillons und den
Seminaristen eingeschlossen, sowie Dose in Sicherheit gebracht.
Er war aber jetzt erstarrt vor Schrecken, als ihm der ältere
Infanterie=Offizier befahl, den gewichtigen Schlüsselbund auf
den grünen Tisch niederzulegen.

„Verzeihen Sie, Herr Hauptmann,“ hatte er gesagt
und den Lieutenant in der Angst seines Herzens also avan=
ciren lassen, „verzeihen Sie, aber es sind auch die Schlüssel
des Archivs darunter, sowie zu den Zimmern der Steuer=
abtheilung.“

Und hierauf hatte ihm der Lieutenant nur ein einziges
Wort erwiedert: „Dahin!“ sprach er, indem er mit dem
Finger auf den grünen Tisch deutete. Worauf der gewich=
tige Schlüsselbund rasselnd auf den bezeichneten Platz nieder=
gelegt wurde.

Der ältere Lieutenant, der bis jetzt allein in dem Rath=

hauszimmer war, hatte es ſich ſo bequem wie möglich gemacht. Er war von ſehr langer Geſtalt, ziemlich ſchmächtig,
hatte hellblondes Haar und ſo gut wie gar keinen Schnurrbart. Er probirte mehrere Seſſel, ehe er einen fand, der
ihm bequem genug war; dann ſtreckte er ſich in demſelben
aus, legte die langen Beine auf einen andern Stuhl und
ſchob ſeine Hände in die Hoſentaſchen, wobei er ſagte: „Das
Ganze hier iſt eigentlich ein ſehr ſchlechter Witz, ſchon oft
da geweſen und mir über alle Maßen unangenehm.“

　In dieſem Augenblicke öffnete ſich die Thüre, und der
jüngere und kleinere Offizier mit dem freundlichen Geſichte
und dem großen Schnurrbarte trat lächelnd herein, ſchritt
auf ſeinen Vorgeſetzten zu und meldete, die Hand dienſtmäßig
emporgehoben: „Ohne Schwierigkeit arretirt Aktuar D., Seminariſt W., ferner in Verhaft gebracht einen Unteroffizier
von der Artillerie, der ſich unter ſehr verdächtigen Anzeichen
hier aufgehalten. — Beim Zeus: er ſcheint ſich hier umhergetrieben zu haben wie ſaures Bier.“

　„Ein Unteroffizier von der Artillerie?“ fragte der Andere und ſenkte nachdenkend ſein blaſſes Geſicht. „Davon
ſteht eigentlich nichts in unſerem Befehl. Und der Unteroffizier hat ſich hier umhergetrieben?“

　„Ich erwiſchte ihn im Tanzſaal, wo er famos ruhig
unter einer blutrothen Fahne ſaß, und nahm ihn feſt, als
ich vernommen, er halte ſich hier ſeit einiger Zeit als Exer-
cirmeiſter des Bataillons auf. — Beim Zeus! das ſchien
mir ſehr wichtig.“

　„Lieber Wortmann,“ antwortete der ältere Offizier,
indem er den Kopf melancholiſch auf die Hand ſtützte; „wollen Sie mir einen großen Gefallen thun? — Aber Sie
müſſen meine Bitte nicht übel nehmen.“

　„Mit Vergnügen! — Sprechen Sie doch! — Beim
Zeus! ich will alles thun, was Sie wünſchen.“

　„So laſſen Sie die beſtändigen Betheuerungen weg,
ſchwören Sie nicht immer beim Zeus. Das iſt, auf Ehre!
altmodiſch und ſchon hunderttauſend Mal da geweſen, alle

diese Zusätze: auf Ehre! auf Seele! auf Größe! auf Taille!
thun keine Wirkung mehr."

„Sie kommen vielleicht schon im Meidinger vor?" sagte
lachend Wortmann.

„Mehr als das," entgegnete ruhig der ältere Lieutenant,
„Meidinger's Urgroßvater, wie ich aus einer alten Hand=
schrift ersehen, hatte es sich angewöhnt, beständig zu sagen:
auf Ehre! oder meinetwegen auch: beim Zeus! Aber schon
der Sohn, demnach der Großvater unseres Meidinger, strich
das als gänzlich veraltet."

„Nun, meinetwegen! Ich kann auch, beim ... Ja, so!
— ich kann auch ohne diese Beiworte leben! Darum keine
Feindschaft — auf Seele!"

Der lange Lieutenant hob melancholisch den Kopf empor
und lächelte traurig. Dann sagte er nach einer Pause:
„Was meinen Sie, lieber Wortmann, werden wir ein kleines
Souper bekommen, oder lassen uns die Demokraten ver=
hungern?"

„Demokraten!" lachte der Andere. „Im Gegentheil,
es sind ganz gut gesinnte Bürger. Der Bataillonschef der
Bürgerwehr zeigte mir den Weg hieher, während er mich
seiner Freundschaft versicherte; und der Gastgeber zum Grü=
nen Baum sagte: ihn solle der Teufel holen, wenn er nicht
mein unterthänigster Diener sei — beim Jupiter! er will
das mit einem soliden Nachtessen beweisen, das gleich an=
kommen soll."

„Schön!" versetzte der lange Offizier. „Vorher aber,
glaube ich, könnte es nichts schaden, wenn wir ein paar
freundschaftliche Worte mit dem Unteroffizier der Artillerie
wechselten. Dieser Herr muß doch einige Papiere bei sich
haben, ein „Vorzeiger dieses" — oder so etwas."

„Richtig! — Lassen wir ihn kommen! Hier sehe ich
einen Glockenzug, ich hoffe, daß der Rathhausdiener auf
diesen Klang dressirt ist."

„Ziehen Sie nur nicht zufällig an der Feuerglocke!
Es wäre wirklich neu und komisch, wenn wir ihnen

selbst die Sturmglocke läuteten. Das wäre in der That ganz neu."

„Unbesorgt!" antwortete Lieutenant Wortmann, indem er an der Klingel zog, die einen schrillenden Ton von sich gab; worauf augenblicklich der Rathhausdiener erschien.

„Haben Sie drunten eine Wache eingerichtet?" fragte der lange Offizier seinen Kameraden.

Worauf dieser entgegnete: „Das versteht sich von selbst; es ist vor dem Rathhause eine alte Baracke, unter der eine invalide Feuerspritze steht. Das Ding habe ich zur Haupt= wache erhoben. Unteroffizier Schmitz I. ist da mit sechs Mann, ein Posten vor dem Gewehr, einer bei den Ge= fangenen."

„Sehr gut!" antwortete der lange Offizier. Darauf wandte er sich an den Rathhausdiener. „Nehmt Eure Schlüssel," sagte er zu diesem, „und bringt den Unteroffizier von der Artillerie da her. — Verstanden?"

„Ja wohl, Herr Hauptmann," erwiederte der städtische Beamte. Dann ging er, mit dem Schlüssel bewaffnet, eiligst zur Thüre hinaus.

Es dauerte auch nicht lange, so kam er wieder zurück; vor ihm her schritt Dose; er hatte den Kopf erhoben: er war noch groß im Unglück.

Der ältere Offizier änderte seine Stellung in so weit, als er den Oberkörper etwas erhob und den einen Fuß vom Stuhle herabgleiten ließ. Lieutenant Wortmann dagegen zog seine Schärpe glatt und hatte die Pickelhaube aufgesetzt.

„Mein Freund," sprach der Erstere zu Dose, der ker= zengerade vor ihm stand, „man hat Sie in einer sehr sonder= baren Verfassung angetroffen, auf einem demokratischen Bür= gerwehrballe, unter der rothen Fahne sitzend. Herr, das ist sehr verdächtig. Wir haben es deßhalb für unsere Schul= digkeit gehalten, Sie festzunehmen und nach C. zu bringen. Wenn Sie übrigens etwas zu Ihrer — Rechtfertigung hier angeben können, so werden wir gern jede Notiz davon nehmen.

Dose verbeugte sich und versicherte, er müsse allerdings
gestehen, daß der Schein gegen ihn sei. „Doch nur der
Schein," setzte er mit fester Stimme hinzu. „Es gibt im
Menschenleben Augenblicke, wo das Schicksal roh und kalt ..."
„Lassen Sie Ihre Citate!" antwortete der Lieutenant.
„Haben Sie Papiere bei sich?"
„Allerdings," entgegnete der Unteroffizier einigermaßen
gekränkt, indem er eine große Brieftasche herauszog und dar=
aus den Urlaubspaß nahm, den er von dem Herrn Post=
meister Dachsinger erhalten.
„Dieses Papier ist ziemlich in Ordnung," sprach der
lange Offizier, „und ich will auch zugeben, daß die Absicht
recht lobenswerth ist. Aber warum begaben Sie sich nicht
nach C., sondern blieben hier in dem verrufenen Neste liegen?"
„Das Städtchen lag auf meinem Wege, und ich hatte
keine Idee davon, daß es verrufen sei. Als ich vor einigen
Tagen ankam, exercirte man droben die Bürgerwehr, und
da die Leute ihre Sache herzlich schlecht machten, so hielt
ich es anfänglich für ein gutes Werk, ihren Eifer zu
unterstützen."
„Der Teufel auch!" sagte der Lieutenant Wortmann.
„Sie sagten: anfänglich," fuhr der andere Offizier fort.
„Später aber änderten Sie Ihre Ansichten?"
„Erst gestern erfuhr ich Manches, was mir verdächtig
vorkam, und ich hatte die Absicht, morgen früh abzureisen."
„Das könnte glaubwürdig klingen, aber man wird Sie
fragen, warum Sie gewartet, bis Sie von uns unter sehr
erschwerenden Umständen gefunden wurden. Wenn man Sie
nicht eine Zeit lang in den Arrest schickt oder dergleichen, so
werden Sie wenigstens Ihre Anstellung im Postdienst ver=
lieren. Ganz unmöglich aber wird es in jetziger Zeit sein,
Sie bei einer Batterie einzutheilen."
Dose war durch diese Worte wie vernichtet. Er, einer
der loyalsten Unterthanen, conservativ bis zum Exceß, Sol=
dat mit Leib und Seele, sollte also seiner Treue verdächtig
aus dem Postdienst gestoßen werden, aus den Reihen der

Armee gestrichen und fortan ein schmachbeladenes Leben führen! — Das war zu viel auf einmal. Er griff an seine Stirne, die sich mit kaltem Schweiß bedeckt hatte. Er nahm mit zitternder Hand seinen Paß aus den Händen des Offiziers zurück, er versuchte es, ihn in seine Brieftasche zu legen; aber seine Finger bebten dergestalt, daß sie keinen Gegenstand zu halten vermochten, weßhalb der Paß und die Brieftasche auf den Boden fielen, und letztere alsbald mehrere Briefe und Papiere zeigte, die sie enthielt.

„Ah! Sie haben sonst noch Briefschaften?" sagte aufmerksam der Lieutenant Wortmann. „Lassen Sie einmal sehen!"

Dose bückte sich, hob Alles auf und legte es mit einem tiefen Seufzer auf den Tisch.

Der Lieutenant Wortmann nahm die Papiere in die Hand und blätterte sie langsam durch. Es war Schriftliches, sowie Drucksachen. Letztere entfaltete er angelegentlich, warf einen leichten Blick hinein, dann flog ein Lächeln über seine Züge. Er reichte Blatt für Blatt dem andern Offizier.

„Das sind ja Gedichte," bemerkte dieser.

„Von mir," entgegnete Dose mit leiser Stimme.

„Die vernagelte Kanone, Sehnsucht an Daphne — was Teufel! Sie sind Poet?"

„Schwache Versuche, Herr Lieutenant."

„Und hier ein Freiheitsgesang? Ah! das ist verdächtig!"

„Nach dem Arrest!" las der Offizier weiter. „Mir scheint, Sie haben für die Zukunft gedichtet."

„Prophetisch!" sagte Dose mit tiefer Stimme und zuckte in stummer Verzweiflung die Achseln.

„Hier ist ein Brief," fuhr Lieutenant Wortmann fort. — „Sehen Sie einmal, die Adresse sollten wir wahrhaftig kennen. — Sr. Hochwohlgeboren, dem Herrn Robert, wahrscheinlich bei der 7. Artilleriebrigade."

„Lassen Sie doch sehen!" rief eifrig der andere Offizier, indem er zum ersten Mal von seinem Gleichmuthe zu kommen schien. „Ganz richtig, an Robert. — Zum Henker, von wem ist der Brief, und wie kommt er in Ihre Hände?"

„Er ist nicht verschlossen," sprach traurig der Unter=
offizier. „Ich bitte, ihn zu lesen, vielleicht spricht er
für mich."

Der Offizier öffnete das Papier und las: „Lieber
Freund! Ueberbringer und Vorzeiger dieses ist die poetische
Dose, von der du wahrscheinlich schon bei der Brigade reden
hörtest, einer der tüchtigsten Unteroffiziere und von so muster=
haften patriotischen Gesinnungen, daß er, von einer Mobil=
machung hörend, den Postdienst verließ, um bei irgend einer
Brigade wieder einzutreten. Thu fur ihn, was du kannst,
er hat nur den einzigen großen Fehler, daß er es nämlich
nicht unterlassen kann, Gedichte zu machen. — Mir geht es
ordentlich. Das Nest, wo ich mich befinde, ist klein, aber
ruhig, das Brod ist ordentlich, auch sind zwei Metzger im
Ort, weßhalb ich die Hoffnung habe, täglich frisches Fleisch
zu essen. Unterwegs hieher lernte ich ein Gericht kennen,
das man Katzengeschrei nennt und das dir schmecken wird,
man schneidet kalten Kalbsbraten in eine Pfanne, thut Zwie=
bel, etwas Speck und Butter dazu, läßt das Ganze braten
und bringt es siedend mit der Pfanne auf den Tisch. Es
prazelt und singt noch eine Zeit lang, daher kommt der
Name Katzengeschrei. — Nun Ade, lieber Robert, behalte
lieb deinen Freund   Tipfel, Postsekretär."

„Tipfel," sagte nachdenkend der Lieutenant, nachdem er
gelesen, „Tipfel — der Name ist mir nicht unbekannt. Erin=
nern Sie sich, wir haben ihn zusammen kennen gelernt."

„Er war Bombardier bei der siebenten Brigade," er=
wiederte Dose, „ein etwas dicker, sehr ruhiger Mann."

„Richtig! richtig!" rief der ältere Lieutenant. „Wir
waren Abends in C. auf der Hauptwache, es sind schon
einige Jahre her — ich war damals noch Fähnrich, — da
wurde dieser Tipfel als Arrestant gebracht, weil er seine
Wache verlassen. Robert hatte damals bei allen tollen
Streichen die Hand mit im Spiele."

„Der Herr Lieutenant kennt also Herrn — — Robert?"
fragte schüchtern der Unteroffizier.

„Ob ich ihn kenne! Er iſt mein Vetter."

„Gott ſei Dank!" fuhr Doſe tief aufathmend fort;
„dann wird dieſes Empfehlungsſchreiben auch vielleicht eini=
germaßen empfehlend für mich wirken, und Sie, Herr Lieu=
tenant, werden zu der Anſicht kommen, daß ich nur unwiſ=
ſentlich gefehlt, und daß ich, wie ich Ihnen auf meine Ehre
verſichern kann, keine Ahnung davon hatte, in welche Hände
ich gerathen."

Es lag ſo viel Ehrliches und Treuherziges in den
Mienen Doſe's und das Schreiben Tipfel's hatte ſo zu ſeinen
Gunſten gewirkt, daß der Lieutenant Wortmann die Achſeln
zuckte und mit einem Blick auf ſeinen Kameraden ſagte:
„Allerdings, in Anbetracht dieſes Schreibens . . ."

„Könnten wir vielleicht das Unſrige thun," fuhr der
andere Offizier fort, „um Ihre unangenehme Sache nicht
noch mehr zu verwickeln. Hier ſind Ihre Papiere, mein
Freund, laſſen Sie ſich dieß eine Lehre ſein."

„Und beherzigen vor allen Dingen das Sprüchwort,"
ſetzte Lieutenant Wortmann bei: „Sage mir, mit wem du
umgehſt, ſo will ich dir ſagen, wer du biſt."

„Ganz Meidinger," murmelte der andere Offizier, machte
Doſe ein leichtes Zeichen mit dem Kopfe und ſenkte alsdann
denſelben wieder in die Hand.

Wer war froher als Feodor! Auf's Tiefſte bewegt,
packte er ſeine Papiere und ſeine Brieftaſche, verſorgte die=
ſelben zwiſchen dem dritten und fünften Knopf der Uniform,
machte auf's Zierlichſte Linksum kehrt! und ging durch die
Thüre des Sitzungsſaales. Er kam ſich wie neugeboren vor
und ſtieg mit wahrhaft ſeligen Gefühlen die Treppen des
Rathhauſes hinab; er eilte durch die Straßen dahin wie
Jemand, der ſchon zehn Jahre geſeſſen und nun plötzlich
wieder einmal den glänzenden Nachthimmel, Häuſer, Bäume
und lebende Weſen ſieht, ſeien es auch nur Hunde und
Katzen. Wie hatte ihm geträumt von ſchwerem Gefängniß,
von einer unendlichen Reihe dunkler Arreſttage, ja, vom
Verluſte der Nationalkokarde und von der grauen Maus!

Obgleich die Nacht etwas kühl war und schon nahe an Mitternacht, so drängte es den Unteroffizier doch nicht nach Hause. Er ging bei den Thüren des Gasthofes zum Grünen Baum vorbei, der Ball schien durch das unangenehme Ereigniß plötzlich beendigt worden zu sein, die Fenster standen offen, im Tanzsaale brannte ein einsames Licht, und nur aus dem hinteren Zimmer erschollen Stimmen; dort hatte sich ein solider Rest zurückgezogen, um die schreckliche Begebenheit zu besprechen. Dose ging weiter, der Landstraße zu; rechts schob sich das Wasser des Rheines, eine einzige dunkle Masse, hier und da mit Lichtstreifen durchzogen, langsam vorüber.

Der Unteroffizier durchschritt das verfallene Stadtthor; draußen lagen nur einige Häuser, unter andern das Postgebäude. Hier war noch Leben; aus der geöffneten Stallthüre glänzte noch Licht hervor, und eine Laterne, die dort herausspazierte, wandelte nach dem Hauptgebäude und verschwand hinter demselben. Vor dem Hofthor standen einige Stallknechte, die Schnellpost erwartend, die jeden Augenblick eintreffen konnte. Dose's poetisches Gemüth liebte dieses nächtliche geschäftige Treiben; er hörte so gern das weither durch die Nacht tönende Posthorn, er sah so gern den verschlossenen Wagen anhalten, ihn öffnen und heraussteigen die verschiedenen Menschen, die mit so mannigfaltigen Absichten und Wünschen zusammen gekommen waren, eine Strecke mit einander fuhren, sich kennen lernten, um sich am Ende der Station vielleicht auf Nimmerwiedersehen zu trennen.

Auf dem Posthofe, so lange er noch im Dienste war, hatte er selten die Ankunft eines Wagens versäumt. Er hatte die Physiognomie der Aussteigenden studirt und sich aus denselben lange fabelhafte Geschichten zusammengesetzt.

Dose brauchte nicht lange auf die Ankunft des Eilwagens zu warten. Bald hörte man das Signal des heranfahrenden Postillons, zuerst weit weg in einzelnen Tönen, dann immer näher, die ganze Lieblichkeit der vorgetragenen Melodie. Hierauf hörte man das Schnauben der Pferde, das Rasseln der Ketten, dann das Rollen der Räder und wenig Augenblicke später hielten die vier dampfenden Pferde mit dem schweren Wagen vor dem Postgebäude. Der Conducteur warf aus dem Cabrioletfenster mehrere lederne Brieftaschen in die Hände des geschickt auffangenden Postoffizianten, dann drückte er den Schlag auf, sprang hinaus und öffnete die Thüren des inneren Wagens. Ein Postillon mit blauer Blouse, eine gestrickte Schlafmütze auf dem Kopfe, war mit der brennenden Laterne erschienen und hielt sie nun so hoch wie möglich, um den Aussteigenden einiges Licht zu verschaffen, vielleicht aber auch, um sich zu eigenem Vergnügen die Gesichter der Passagiere anzuschauen.

Dose hatte sich hinter diesen Stallknecht postirt.

Der Wagen war sehr angefüllt. Als er anhielt und die darin Sitzenden sich zum Aussteigen anschickten, klirrte und glänzte es bedeutend im Innern; dann entwickelte sich aus diesem Glanze und Klirren die Gestalt eines Husarenoffiziers mit Säbel und Säbeltasche, ferner die eines Dragoners, während aus dem Cabriolet ein Hauptmann von der Artillerie mit einem Lieutenant herausgesprungen waren.

„So eine nächtliche Fahrt ist unangenehm, wer weiß, wie sehr!" rief der Artilleriehauptmann, ein ziemlich großer Mann, indem er sich streckte.

Der Lieutenant der Artillerie eilte lachend an den Schlag des inneren Wagens, wo sich die Cavallerie auffallend bemühte, einigen noch darin sitzenden Personen das Aussteigen zu erleichtern.

Dose sah beim Schein der Laterne ein kleines Füßchen aus dem dunklen Wagen hervortauchen, dann fiel ein neidisches Kleid herab, und im nächsten Augenblicke stand die Besitzerin desselben, eine Dame, in einen schwarzen Mantel gehüllt, vor dem Wagen auf der Erde. — Der Dragoner schien sie so gut wie möglich unterhalten zu haben. Er stellte sich wenigstens zwischen sie und den Husaren, richtete das lauteste Wort an die Dame und versicherte auf Ehre, es sei erst zwölf Uhr, der Wagen fahre erst um fünf Uhr weiter, und sie habe deßhalb vollkommen Zeit, ein paar

Stunden auszuruhen. „Es gibt doch wahrhaftig einen Gast=
hof in der Nähe!" rief er mit Ungeduld aus. „Ist Nie=
mand da, der uns hinführt?"

Dieselbe Frage hatte bereits der Hauptmann der Ar=
tillerie gethan, und Dose hielt es nun für seine Pflicht, sich
bei dem Vorgesetzten zu melden.

„Ei der Tausend!" rief der Artillerie=Offizier; „habe
nicht gewußt, daß hier Artillerie liegt. Oder woher sonst
des Weges, Unteroffizier?"

„Herr Hauptmann," meldete Dose, „ich bin im Begriffe,
nach C. zu reisen, um mich dort zum Wiedereintritt zu
melden."

„Richtig, richtig, mein Lieber, es wird mobil gemacht,
werr weiß, wie bald! Haben Sie gute Papiere und können
sich sonst ausweisen, so melden Sie sich in C. bei Haupt=
mann Stengel, reitende Batterie Nr. 8; ich kann tüchtige,
gediente Unteroffiziere brauchen, werr weiß, wie sehr! —
Jetzt aber vor allen Dingen: wissen Sie ein Obdach hier
in der Nähe? Ich möchte was zu Nacht speisen, und die
Herren Kameraden auch — werr weiß, wie bald!"

Dose war entzückt und schrieb sich den Namen des
Hauptmanns Stengel in das Innerste seines dankbaren Her=
zens. „Ein Gasthof," sagte er dann, „ist nicht weit von
da, doch wird derselbe ziemlich überfüllt sein, da heute dort
ein Ball stattfand. An Schlafzimmern wird's überhaupt
sehr fehlen, denn diese wurden schon seit einigen Tagen von
Auswärtigen bestellt."

„Ah! es denkt Niemand von uns an's Schlafen," er=
wiederte der Hauptmann, „nur ein Obdach, eine Flasche
Wein und dergleichen."

Dose dachte-einen Augenblick nach. „In dem Falle,"
versetzte er, „werde ich mir erlauben, dem Herrn Hauptmann
die Meldung zu machen, daß vor einer Stunde ein Zug
Infanterie eintraf; die Herren Lieutenants desselben befinden
sich auf dem Rathhause in einem sehr angenehmen Zimmer."

„Infanterie!" rief der Husarenoffizier, der hinzu trat.

„Was macht Infanterie hier? — Sind sie vielleicht eben=
falls von C.?"

„Ich glaube so," entgegnete Dose.

„Desto besser!" sagte der Artilleriehauptmann.   „Da
wollen wir die Herren Kameraden aufsuchen, und einen
Trunk und einen Bissen werden sie für uns schon übrig
haben. Gehen wir, meine Herren!"

„Du gehst natürlich nicht mit," sprach der Husar zu
dem glücklichen Dragoner, der eigenhändig einige papp=
deckelne Schachteln von dem Conducteur in Empfang nahm
und dieselben so sanft wie möglich auf den Boden niedersetzte.

Die Dame stand einige Schritte davon in ihren schwar=
zen Mantel gewickelt, den dichten Schleier vor dem Gesichte.

„Geht nur voraus," entgegnete der Dragoner=Offizier;
„ich finde das Rathhaus schon ohne euch, und werde mich
zuerst bemühen, Madame für einige Stunden ein Quartier
zu verschaffen. — Darf ich um Ihren Arm bitten?"

„Ich danke Ihnen recht sehr, Herr Lieutenant," erwie=
derte die Verschleierte.   „Ich bitte recht sehr, Sie wollen
Ihre Herren Kameraden nicht verlassen."

„Ah!" meinte der Dragoner einiger Maßen verblüfft.
„Aber es würde mir eine große Ehre sein."

„Ich danke wirklich," sagte die Dame trocken, und fügte
leise hinzu: „Was würde man von mir denken!"

„Sie haben Recht," entgegnete der Offizier nach einer
kleinen Pause. Es schien ihm ein Gedanke zu kommen.
„So werden Sie mir wenigstens erlauben, daß ich diesen
braven Unteroffizier bitte, Sie in den Gasthof zu begleiten.
— Und ich werde Nachricht von ihnen erhalten," setzte er
flüsternd hinzu.

Die Dame warf forschend einen Blick auf Dose, der
vortrat. Mochte sie nun plötzlich ein Zutrauen zu ihm fas=
sen oder einen anderen Grund haben, genug, sie verbeugte
sich leicht vor dem Dragoner=Offizier und schritt dem Thore
zu. Dose folgte ihr, ebenso die Offiziere: denn man hatte
vom Grünen Baum nur noch eine kurze Strecke zum Rath=

haufe, daher konnten sie bis zum Gasthofe alle mit einander gehen.

Vor der Thüre desselben sagte der Dragoner zu dem Unteroffizier mit leiser Stimme: „Sie werden mir Nachricht geben, mein Freund; ich bin nicht undankbar."

Dreizehntes Kapitel.

Worin sich einige Freunde wieder finden, die sich bekannte und unbekannte Geschichten erzählen. — Sehr viel Meidinger.

Der Sitzungssaal im Rathhause oder, was er für den heutigen Abend war, die Wachtstube für die beiden kommandirenden Lieutenants, hatte sich unterdessen sehr angenehm verändert. Der Wirth des Grünen Baumes war mit seinem Oberkellner erschienen, und eine handfeste Magd des Hauses trug auf ihrem Kopfe ein Souper wenigstens für zwölf Mann; an dem dazu gehörigen Getränke hätten sich noch mehr sättigen können. Der Wirth deckte den Tisch, und während er Alles auf's Beste aufstellte, war sein geschmeidiges Wesen, ja, wir können sagen: seine Liebenswürdigkeit, über alle Beschreibung erhaben. Sein Betragen war so unterwürfig, daß es bei einem Polizeibeamten Verdacht erregt hätte. Die harmlosen Offiziere aber sahen darin nur die Wirkung eines energischen Auftretens, unterstützt vom Glanz der Bayonnette. Er versuchte während des Servirens das Gespräch öfters auf den unglücklichen Vorfall zu lenken, der sich in seinem Hause begeben, und wenn man ihm Glauben schenken wollte, so war jener Abend bis zur Ankunft der Soldaten der unglücklichste Tag seines Lebens. Ferner war er in Verzweiflung über die schreckliche Ausschmückung seines

Saales. Er haßte den Mann auf der Lithographie mit dem Federhute und den hohen Stiefeln, und was die rothe Farbe der Fahnen anbelangte, so war er in diesem Punkte ein vollkommener Ochs, denn er behauptete, er habe sich beim Anblick derselben nie einer geheimen Wuth erwehren können. Auch von den beiden Gefangenen redete er, doch alsdann zitterte seine Stimme, und er blickte unter den Augenbrauen forschend die Offiziere an. Er behauptete, den Seminaristen gar nicht gekannt zu haben, und was den Aktuar anbelange, so sei derselbe so selten in den Grünen Baum gekommen, daß er, der Wirth, jeden Augenblick im Stande sei, ihn mit einem Anderen zu verwechseln.

Die beiden Lieutenants ließen sich dieses Gespräch insofern gefallen, als während desselben eine gute Schüssel um die andere aus dem Korbe der Magd hervorkam. Das Souper für das Comité der Ballgesellschaft schien nicht zum Ausbruche gekommen, vielmehr hieher gewandert zu sein. Doch wollen wir dem geneigten Leser nicht verschweigen, daß die Hauptstücke sich in ihrer Ausschmückung theilweise sehr geändert hatten. Zu Anfang waren scharlachfarbene Rüben und blutrothes Eingemachtes aller Art auf Salaten und Fleischspeisen vorherrschend gewesen, hatten aber jetzt sanft grüner Petersilie und unschuldig weißem Meerrettig Platz gemacht. Ja, bei dem Haupttafelstück, einem Wildenschweinskopf, der statt in Sulz in einem Hermelin prangte, kunstreich à la majonaise mit Trüffelstücken zusammengesetzt, trieb der Wirth die Selbstverläugnung so weit, daß eben dieser Schweinskopf einen zu anderem Zweck bestimmten kleinen Schlapphut trug und sich mit zwei rothen Fahnen im Maul präsentirte.

Die beiden Freunde ließen sich vor der besetzten Tafel nieder und thaten den aufgestellten Gerichten alle mögliche Ehre an; doch sahen beide den unglücklichen Moment kommen, wo sie vom ferneren Angriff abstehen mußten, und das zu einer Zeit, wo noch so viele frische Truppen auf dem Tische standen. Indeß half ihnen das gütige Schicksal aus

dieser Verlegenheit; denn kaum hatte der Lieutenant eine
vortreffliche Schüssel gesulzter Salme im völligsten Unver=
mögen seufzend auf die Mitte des Tisches geschoben, als
man auf der Treppe draußen laute Stimmen, klirrende
Schritte und das Rasseln von Säbeln hörte. Es war dies
ein eigenthümlicher, ja fast beklemmender Moment. Woher
dieses militärische Getöse? Konnte nicht die Bürgerwehr
benachbarter Orte aufgeboten worden sein, den Zug drunten
überfallen haben und nun im Begriffe stehen, die Gefangenen
zu befreien und die Offiziere an deren Stelle zu setzen? —
Schauderös! Die beiden Lieutenants langten nach ihren
Pickelhauben, drückten die Degen fester an sich und waren
entschlossen, im Nothfalle Leben und Souper bis auf den
letzten Bluts= und Weintropfen zu vertheidigen.

Da wurde die Thüre geöffnet, und ein ungeheures Ge=
lächter brang in das Sitzungszimmer.

„Na, das muß ich sagen," rief der Artillerie=Haupt=
mann, „die Herren Kameraden lassen sich's wohl sein, werr
weiß, wie sehr! — Schau! schau! — O—o—o—oh! An
Flickmaterial fehlt's nicht!" — Damit ließ er seine Augen
vergnügt auf dem Tische umherspazieren.

Auch der Artillerie=Lieutenant ergoß sich in Ausrufungen
der Freude, doch gemäßigter als sein Chef. Die Cavallerie
aber setzte lustig in das Zimmer hinein, und der Husar rief:
„Aber das nenne ich, auf Taille! ein ungeheures Zusammen=
treffen. Unser lieber Freund, der lange Eduard!"

Lieutenant Wortmann hatte pflichtschuldigst seinem Vor=
gesetzten, dem Artillerie=Hauptmann, salutirt, wogegen der
lange Eduard ein paar vergebliche Anstrengungen machte,
um sich von seinem Stuhle zu erheben. Doch bat ihn der
Hauptmann, sitzen zu bleiben, worauf er augenblicklich wieder
in seinen Lederstuhl zurückfiel.

„Hat man je so etwas gesehen?" rief der Dragoner=
Offizier. „Treffen wir uns hier zufällig in diesem elenden
Neste! — Aber was macht ihr hier? was thut die Infanterie
drunten? — Was habt ihr auf dem Rathhause zu schaffen?"

„Vor allen Dingen," entgegnete ruhig und wichtig der ältere Infanterie=Offizier, „laßt euch an dem Tische nieder und haut ein. — Lieutenant Wortmann, machen Sie die Honneurs. Ich freue mich wahrhaftig, euch zu sehen."

„Ja, ja, setzen wir uns!" sagte der Hauptmann von der Artillerie und that also. Seinem Beispiele folgten die Anderen, und der Dragoner meinte, es sei hohe Zeit zur Abfütterung.

Während nun die neu Angekommenen dem aufgestellten Souper alle Ehre anthaten, erzählte der lange Eduard mit kurzen, aber bestimmten Worten, daß er hieher beordert sei, ein paar Verhaftungen vorzunehmen, und daß Wortmann und er sich dieses Auftrages bestens entledigt.

„Ei, ei! Verhaftungen!" versetzte der Dragoner; „poli= tische Arrestanten! Haben sich wohl nicht zur Wehre gesetzt, euch das Einfangen nicht sauer gemacht?"

„Durchaus nicht!" meinte Wortmann. „Sie ergaben sich alsbald in ihr Schicksal. Wird auch nicht zu traurig sein, dieses Schicksal; scheinen mir ein paar kleine, unbedeu= tende Lichter; wenigstens dumm genug sehen sie aus. — Du lieber Gott! ich begreife nicht, wie man auf solche Schwätzer Gewicht legen kann."

„Die Zeiten haben sich geändert," sprach mit vollen Backen kauend der Artillerie=Hauptmann, „man muß jetzt Alles beobachten. Früher ließ man dergleichen oft sagen, was sie wollten."

„Kennt ihr die famose Geschichte," rief der Husar, „von jenem Handlungsreisenden, der ein unbändig loses Maul hatte?"

„Deren gibt es sehr viele," entgegnete trocken der Ar= tillerie=Lieutenant.

„Aber in politicis," fuhr der Husar fort. „Und dieser Kerl konnte unbelästigt thun und reden, was er wollte."

„O Gott!" seufzte der lange Eduard. „Haben Sie es sich denn noch nicht abgewöhnt, immerwährend die alten Geschichten zu erzählen?"

„Nimm dich mit Eduard in Acht," verſetzte lachend der
Dragoner, „du magſt ihm erzählen, was du willſt, er hat
es alles ſchon im Meidinger geleſen."

„Die eben angefangene Anekdote," erwiederte der ältere
Infanterie=Offizier, „ſteht ſchon in der erſten Ausgabe."

„Aber ich kenne ſie nicht," ſagte treuherzig und tief auf=
athmend der Artillerie=Hauptmann.

Der lange Eduard warf ihm einen Blick zu, der eini=
germaßen verächtlich ausſah. Dann wandte er ſich zu dem
Huſaren und ſprach: „Ich kann Sie verſichern, es ſteht in
der erſten Ausgabe. Der Handlungsreiſende hatte in ſeinem
Paß irgendwo ein kaum bemerkbares Zeichen, und als er
eines Tages wegen ſehr unziemlicher Reden auf die Polizei
geladen wurde, entließ ihn der Commiſſär, als er jenes
Zeichen geſehen, mit einem freundlichen Lächeln. — Sie kön=
nen gehen, ſagte er, Sie ſind in ihrem Paſſe als unſchäd=
licher Schwätzer bezeichnet. — Ganz Meidinger!"

„Aber nicht ſchlecht," entgegnete der Hauptmann der
Artillerie, indem er ſich ein großes Glas Wein eingoß.

„Jetzt wiſſen Sie, meine Herren, was wir hier machen,"
ſagte Lieutenant Wortmann. „Nun iſt die Reihe an Ihnen;
weßhalb ſehen wir hier ſo unverhofft Artillerie und Ca=
vallerie?"

„Ah, der Teufel! das iſt ſehr einfach!" meinte der
Artillerie=Hauptmann von Stengel; „Mitglieder der großen
Remonte=Commiſſion. Wir haben das Land bereist und
uns nach Pferden umgeſehen."

„Alſo glaubt man wirklich, daß es losgeht?" fragte der
lange Eduard.

„Keine Frage mehr!" entgegnete der Hauptmann, in=
dem er ſich ſeinen langen blonden Schnurrbart abwiſchte.
„In vier Wochen ſind wir mobil und dann geht's in's Feld.
Ah! ich freue mich darauf."

„Da haben Sie's gut, Herr Kamerad," ſagte der Huſar.
„Ein Hauptmann der Artillerie iſt ein wirklich Komman=
direnber, wie der Chef des Armeecorps. Reſpekt vor einer

reitenden Batterie! Wenn ich nicht Alexander wäre, möchte ich Diogenes sein."

„Nun, ihr Herren habt euch nicht zu beklagen," meinte Eduard. „Schon beim Regiment zu Pferde immer beweglich, könnt ihr es aushalten, habt ihr aber gar das Glück, zu Ordonnanz-Offizieren gemacht zu werden und in der großen Suite mitzureiten, so gibt's Arbeit und Ehren genug."

„Das ist wahr," versetzte der Dragoner. „Als Galoppin verwendet zu werden, danach habe ich schon oft getrachtet; aber mir ist es noch nie so gut geworden. — Da unser Freund, auf den haben sie es förmlich abgesehen."

„Es ist wahr," entgegnete der Husar, indem er seinen Schnurrbart in die Höhe drehte, „darin habe ich Glück gehabt. War ich doch bei den letzten großen Manövern beständig in der Allerhöchsten Suite. Apropos! da passirte uns eines Tages eine ganz ungeheure Geschichte."

Der lange Eduard schaute ruhig empor.

„O unbesorgt!" lachte der Erzähler, der diesen Blick sah, „zehn Flaschen Champagner, daß die Geschichte neu ist! Eines Tages reiten wir also los, der kommandirende Herr auf seinem starken Pferde voraus, aber schneidig wie ein junger Husaren-Offizier. Die ganze Suite zog sich artig aus einander. Natürlicher Weise konnte ich mich auf meinen Rappen verlassen und war so weit vorn, als es der Abstand erlaubte. Von den alten Stabsoffizieren pusteten manche ganz gewaltig, aber das half alles nichts, vorwärts ging's über Gräben und Hecken. Auf einmal parirt der Herr vorn an der Spitze sein Pferd, bums! da standen wir; neben uns im Graben liegt ein Artillerist, sehr bleich, marode, mit geschlossenen Augen."

„Natürlich muß es immer ein Artillerist sein!" sagte einigermaßen pikirt der Hauptmann von Stengel.

„Es war in der Nähe einer Batterie," entgegnete der Husar fortfahrend. — „Was macht der Mann da?" rief Se. Majestät, „er scheint krank zu sein; man mache ihm vorn den Kragen auf!" — Nun stand, wie schon gesagt, nicht weit

davon eine Batterie — natürlich eine Fußbatterie," setzte
der Erzähler lächelnd hinzu. „Kaum sah nun der Haupt=
mann derselben das ganze hohe und zahlreiche Gefolge unten
am Graben halten, so setzte er sein Pferd in Galopp, was
das gute Thier auch nach einigem Widerstreben that, und
kam in Carriere auf uns zu. Auf tausend Schritt Distanz
hob er schon die Hand zum Gruß empor."

„Starke Entfernung," meinte nachdenkend der Artillerie=
Lieutenant. — „Tausend Schritt — ein halber Zoll Er=
höhung."

„So kam er heran, parirte neben dem Graben sein
Pferd gar nicht schlecht, daß ich einen Augenblick denke, der
Gaul bricht sein Kreuz und der Hauptmann kommt zu Fuß
vor Sr. Majestät an. — Nun? fragten Allerhöchstdieselben.
— Maj—sssteet! meldete der Artillerie=Offizier mit unglaub=
lich scharfer Betonung und großer Anstrengung, d'rrrr Mann
hat hundert und zwanzig Pflaumen gegessen! — Ah, das
ist viel! entgegnete der Herr, indem er sein Pferd wieder in
Galopp setzte. Dann lassen Sie ihm hinten aufmachen. —
Ihr könnt euch denken, daß sich das ganze Gefolge mit
einem geheimen, aber unauslöschlichen Gelächter entfernte.
— — — — Nun, Eduard, habe ich gewonnen oder verloren?"

„Ei, mein Freund," versetzte ruhig der Angeredete,
„gedruckt las ich diese Geschichte noch nicht, aber es wäre
möglich, daß Meidinger sie gekannt und nicht pikant genug
zur Aufnahme gefunden hätte. — Aber sie ist nicht ganz
schlecht."

„Eduard wird immer schärfer," meinte lachend der Husar;
„bald fange ich an, mich zu fürchten, in seiner Gegenwart
die beste Geschichte zu erzählen."

„Das macht das Alter," sagte lachend der Dragoner=
Offizier. „Eduard wird bedächtig, die Zeiten liegen hinter
ihm, wo er seinem Vetter Robert half, die Beine von dessen
Rappen roth zu färben.

Sein Herbst ist gekommen;
Die Blätter fallen ab von den Bäumen."

Bei diesen letzten Worten legte der also Sprechende
seine Hand sanft auf das Haupthaar des langen Eduard,
das freilich nicht mehr in jener Fülle üppiger Locken prangte,
wie damals, als er das Porteepee erhielt und Fähnrich
wurde.

Mittlerweile war dem Souper alle Ehre angethan wor=
den; der Hauptmann von Stengel lehnte sich beruhigt in
den alten Lederstuhl zurück, und sein Lieutenant in derselben
Stellung blickte nachdenkend in die Höhe; er war in ein
tiefes Nachsinnen versunken über eine neue Art Brandröhren
für Bomben und Granaten. Die Unterhaltung gerieth dem=
gemäß in's Stocken und wurde nur nach einiger Zeit wieder
aufgefrischt durch einen tiefen Seufzer des Dragoner=Offi=
ziers, während er unruhig und erwartungsvoll nach der
Thüre blickte.

Der Husar aber, der diesen Blick bemerkte und wie in
früheren Zeiten immer noch für die Hugenotten schwärmte,
wandte sich an ihn und sang mit Beziehung auf die nächt=
liche Fahrt im Eilwagen:

> Sagt, wer war denn diese Schöne?

Worauf der Artillerie=Hauptmann lächelnd sein Haupt um=
wandte und dieselbe Frage, ohne zu singen, in guter Prosa
von sich gab.

Der Dragoner zuckte seufzend die Achseln. „Weiß ich's
denn?" sagte er; „sie kam in D. zu uns, als es schon recht
dunkel war, ich konnte ihr Gesicht nicht sehen."

„Aber du hast Routine in dergleichen und sprachst mit
ihr so angelegentlich, daß du wenigstens wissen mußt, ob sie
jung oder alt ist."

„Ich vermuthe allerdings das Erstere," antwortete der
Dragoner, indem er mit der Hand durch das Haar fuhr.
„Es wehte mich der Hauch der Jugend an."

„Die Alten brennen auch viel langsamer," warf träu=
merisch der Artillerie=Lieutenant dazwischen, denn er dachte
an die Brandröhren.

„Der Teufel auch, lieber Herr Kamerad!" antwortete einigermaßen pikirt der Dragoner, „wer hat Ihnen denn anvertraut, ob die junge Dame schnell oder langsam, oder ob sie überhaupt entbrannte?"

„Wa—a—s?" fragte erstaunt der Artillerist.

Doch der Husar kam ihm zu Hülfe. „Na," sagte er lachend, „du willst doch uns nicht abläugnen, daß da eine kleine Geschichte arrangirt wurde? Eigentlich hätte der Platz gegenüber mir gebührt; ich hatte Nr. 3. Aber ich bin ein viel zu guter Kerl für diese Welt. Es wäre anständig von dir, wenn du ein Bischen bekennen wolltest."

„Ja, ja, bekennen," entgegnete Herr von Stengel, „werr weiß, wie sehr! Ah, der Teufel, das war 'ne schöne Gelegen-heit — an Flickmaterial fehlt's nicht!"

„Wie weit kamst du mit ihr?" fragte der Husar mit Pathos. „Ich drücke ab, oder — bekenne."

Der lange Eduard hatte melancholisch sein Haupt in die Hand sinken lassen; jetzt erhob er es plötzlich und sagte mit sanfter, leiser Stimme: „Ich bin einmal in Schwaben gereist im Eilwagen, natürlicher Weise bei Nacht. Mir gegenüber saß eine Beamtentochter, sie gehörte zur sechsten Rangklasse, denn man brachte sie mit einer Messinglaterne auf die Post, in welcher zwei Wachskerzen brannten. — Das ist nämlich dort das Unterscheidungszeichen; in China leisten Knöpfe und Pfauenfedern denselben Dienst. Auch hatte die Beamtentochter einen offiziellen Liebhaber, der sie an den Eilwagen begleitete. — Sie kam mir gegenüber zu sitzen, und in solchen Fällen — das könnt ihr mir glauben — bin ich der diskreteste Mensch, den es gibt. Ich schränkte meine langen Füße ein, so gut wie möglich; ich hasse alle Zudringlichkeit. Endlich aber konnte ich es nicht mehr aus-halten, ich mußte mir etwas Luft verschaffen und war glück-lich, auf kein Hinderniß, keinen Widerstand zu stoßen. Da ich demnach zu meinem großen Erstaunen entdeckte, daß der Platz vor mir frei und unbenutzt war, so sah ich mich endlich veranlaßt, meine ziemlich langen Beine so weit

als möglich auszustrecken, und schlief so herrlich die ganze
Nacht."

„Und die Beamtentochter?" fragte neugierig der Husar.
„Hatte sie gar keine Füße?"

„O ja," antwortete der lange Eduard nach einer Pause
schwärmerisch, „sie hatte sogar zwei. Um aber nicht in unangenehme Berührung zu kommen, hatte sie dieselben auf
den Sitz heraufgezogen und saß die ganze Nacht darauf."

„Teufel!" sagte lachend der Dragoner, „das nenne ich
eine sonderbare eigennützige Idee."

„Und ich," antwortete der Erzähler, „nenne es schwä-
bischen Heroismus; denn die arme Person brauchte am anderen Morgen eine gute Zeit, um nur wieder vernünftig auf-
treten zu können. Sie versicherte mich auch im Laufe des
Tages, sie sei ganz krämpfig geworden."

„So, das hat sie Ihnen anvertraut? — Also wurdet
ihr später gute Freunde?" meinte lachend der Husar.

„Nachdem sie deine Unwiderstehlichkeit eingesehen," sagte
der Dragoner.

„Darüber schweigt die Geschichte," antwortete der lange
Eduard.

Hier wurde die Unterhaltung für einen Augenblick unterbrochen, denn man hörte draußen im Gange hastige
Schritte. Dann öffnete der Rathhausdiener schnell die Thüre,
und der Unteroffizier Dose trat ein, nicht mit seiner gewöhnlichen Ruhe, seiner bekannten Sicherheit, sondern etwas bleich,
aufgeregt und mit schnellen Schritten.

Der Dragoner-Offizier erhob sich vom Tische, um die
Meldung Dose's, die, wie er glaubte, ihn allein anginge,
in Empfang zu nehmen.

Vierzehntes Kapitel.

Feodor Dose macht auf der Rathhaus-Wachtstube eine Meldung.
In Folge derselben erfährt man, daß der Seminarist entflohen und
der Schneider arretirt ist. — Militärische Besetzung des Marktplatzes
und große Entwicklung der bewaffneten Macht.

———

Unteroffizier Dose schien den fragenden Blick des Dra=
goner=Offiziers nicht zu verstehen, sondern wandte sich zum
Tische und trat dicht vor den kommandirenden Infanterie=
Lieutenant in der dienstlichen Haltung, den Kopf aufrecht,
den kleinen Finger an der Hosennaht.

Der lange Eduard blickte kaum in die Höhe; doch Lieu=
tenant Wortmann fragte eifrig, was es gebe.

„Es sind ja heute Abend," sprach hastig Dose, „wäh=
rend des Bürgerwehrballes zwei Leute verhaftet worden, an=
geblich Aktuar D. und Seminarist W."

„So ist es," erwiederte Lieutenant Wortmann. „Warum
angeblich?" Die Verhafteten sitzen in gutem Gewahrsam
hier an."

„Das ist unmöglich," fuhr der Unteroffizier fort; „ich
kenne die Beiden zu genau; der Aktuar ist Adjutant des
Bataillons hier, ich habe ihn fast täglich gesprochen, und
mit dem Anderen kam ich in noch nähere Berührung. Ich
muß also wohl Beide kennen."

„Nun, und was weiter?" fragte der Infanterie=Offizier.

„O, Herr Lieutenant, verzeihen Sie mir," fuhr Dose
mit ängstlichem Gesichte fort, „wie Sie wissen, befand ich
mich gerade im hinteren Zimmer des Gasthofes, als vorn
die Verhaftung und — Verwechslung vor sich ging. Hätte
ich es gesehen, so würde ich es gewiß nicht geduldet haben."

„Der Unteroffizier spricht von einer Verwechslung,"
sprach der lange Eduard. „Er soll sich deutlich ausdrücken."

„Nun, was haben Sie denn zu melden?"

„Ich habe also zu melden," sagte der Unteroffizier mit dem gemessensten Tone, „daß sich der Aktuar D. und der Seminarist W. in Freiheit befinden. Der Letztere ist eben über den Rhein spedirt worden, der Erstere muß irgendwo im Gasthofe zum Grünen Baum versteckt sein."

„Alle Teufel!" fluchte der Lieutenant Wortmann. „Unteroffizier, wenn Sie recht gesehen haben, wen haben wir dann hier im Gefängnisse?"

„Vielleicht Niemanden," meinte der Artillerie-Hauptmann. „Diese Demokraten sind pfiffig, werr weiß wie sehr! an Flickmaterial fehlt's ihnen auch nicht, und so hilft einer dem anderen. Ah, das ist eine wahre Schwefelbande!"

„Das Ding muß untersucht werden," versetzte Lieutenant Wortmann, „und sogleich!" — Er zog die bewußte Klingel, und der Rathhausdiener erschien. „Wo sind die beiden Gefangenen?" fragte der jüngere Infanterie-Offizier alsdann.

„In ihrem Zimmer, zu Befehl des Herrn Lieutenant."

„Gut! Was meinen Sie —" er wandte sich an seinen älteren Kameraden — „sollen wir nicht ein wenig zu ihnen gehen und sie inspiciren? Wenn der Unteroffizier Recht hätte, es wäre eine verdrießliche Geschichte."

„Ich halte es für besser, wenn wir sie hieher kommen lassen," entschied der lange Eduard. „Es ist doch bequemer."

„Nun, meinetwegen!" meinte Wortmann. „Doch will ich selbst mitgehen und sie hieher holen; ich kann die Geschichte nicht glauben."

Diesen Moment hatte der Dragoner-Offizier benutzt, um eine kleine leise Frage an den Unteroffizier zu stellen.

„Nro. 16," hatte Dose ebenso leise geantwortet, nicht ohne eine gewisse Verlegenheit verbergen zu können.

Darauf war der Cavallerie-Offizier vollkommen geräuschlos und unbemerkt entschwunden.

Einen Augenblick nachher erschien der Infanterie-Offizier mit den beiden Arrestanten. Sie sahen sehr niedergeschlagen aus, und der ältere von ihnen schien sogar den Versuch machen zu wollen, seinen trockenen Augen einige

Thränen zu entpreſſen. Doch wollte dieß nicht recht ge=
lingen.

Doſe fuhr zurück, als er die beiden Arreſtanten ſah.

Der lange Eduard, der die ganze Würde des Augen=
blicks fühlte, richtete ſich in ſeinem Lehnſtuhle empor, winkte
den beiden Demokraten, näher zu treten, zog ſein Taſchen=
buch heraus, als handle es ſich um ein Protokoll, und
fragte mit ſehr würdevoller Stimme: „Wer von Ihnen iſt
Aktuar D.?"

Die beiden Gefangenen ſahen einander an und gaben
keine Antwort.

„Oder der Seminariſt W.?" fuhr Inquirent fort.

Auch dieſes Mal gab keiner eine Antwort, und Doſe,
der kaum an ſich zu halten im Stande war, wollte eben
vortreten, als der ältere der Arreſtanten mit recht kläglicher
Geberde die Hände faltete und ſagte: „Ach, Herr Jeſus,
beſter Herr Lieutenant, ich ſitze jetzt ſchon ſeit zwei Stunden
in dem dunklen Zimmer und möchte wiſſen, was ich eigent=
lich verbrochen habe. Es iſt hart, wenn man unſchuldiger
Weiſe nicht ruhig in ſeinem Bette ſchlafen kann, und dann
fürchte ich mich auch im Finſtern, und ich habe das Recht dazu."

„Der hat ein Recht, ſich zu fürchten," ſagte lachend
der Huſaren=Offizier. „Ich möchte wiſſen, wer ihm dieſes
Recht gegeben hat."

„Ja, ich habe dieſes Recht," fuhr der Gefangene wei=
nerlich fort, „und ich bin nicht blos Bürgerwehrmann, ſon=
dern auch meines Zeichens ein Schneider; und ich möchte
wiſſen, was ich verbrochen habe."

„Ein Schneider!" rief Lieutenant Wortmann entrüſtet.

„Das iſt 'ne ſchöne Geſchichte," ſagte lachend der Ar=
tillerie=Hauptmann, „da haben Sie ſtatt eines Aktuars einen
Schneider eingefangen."

„Das iſt am Ende ganz gleich," entgegnete Lieutenant
Wortmann. „Mit gefangen, mit gehangen. Warum hat
er ſich nicht früher gemeldet, warum hat er nicht geſagt,
wer er iſt!"

„Ach, du gütiger Gott!" jammerte Meister Kaspar, „das habe ich auf dem ganzen Herweg gethan; ich habe dem Unteroffizier, der uns begleitete, gesagt: Ich bin nicht der Rechte, ihr habt wahrhaftig den Falschen erwischt. Ach, es hat ja alles nichts geholfen! Er lachte mir unter die Nase und sagte: Das wäre schon gut, in solchen Fällen wäre Alles unschuldig, und Keiner wollte der Rechte sein."

Der lange Eduard hatte sein Haupt wieder auf die Hand gestützt, blickte melancholisch in die Höhe und fragte den Unteroffizier, ob er die Leute kenne.

„Allerdings", sagte Dose, „der Eine ist der Schneidermeister Kaspar und der andere ein Schreibergehülfe."

Lieutenant Wortmann preßte die Zähne auf einander, ihn ärgerten vor Allem die lachenden Blicke des Artillerie-Hauptmanns und des Husaren-Offiziers. „Haben diese Leute," fragte er nach einer Pause, „irgend eine Aehnlichkeit mit jenen beiden Anderen?"

„Nicht die geringste", entgegnete Dose; „der Aktuar ist fast um einen Kopf größer als der Schneider, und der Seminarist hat etwas Aufgeschwollenes; er ist wenigstens zweimal so dick wie der Schreibergehülfe."

„Das ist eine Verhöhnung aller öffentlichen Gewalt!" sprach sehr erboßt Lieutenant Wortmann, und seine Augen glänzten, aber nicht wie früher, vor Vergnügen. „Der Wirth zum Grünen Baum hat mir diese Beiden bezeichnet. An ihn werde ich mich halten."

„Das zieht der Wirth gerade in Abrede," erlaubte sich Dose zu sagen. „Ich hörte vorhin zufällig eine Unterredung, worin er versicherte, er habe zu Niemand gesagt: das ist Der oder Der, sondern der Herr Lieutenant hätten sich die Beiden da — —" hier stockte Dose.

„Nun?" rief Wortmann.

„Als passend selbst ausgesucht," entgegnete der Unteroffizier mit einem starken Achselzucken.

„Bei meiner armen Seele," rief der Infanterie-Offizier ganz erhitzt, „das soll ihnen nicht so hingehen! Sie glauben also, Unteroffizier, daß der Aktuar noch in der Stadt ist?"

„Ich möchte sogar behaupten," erwiederte Dose, „daß er sich im Grünen Baum versteckt hält."

„Und der Andere?"

„Der ist längst über den Rhein hinüber, da hilft kein Nachsetzen."

„Aber den Einen müssen wir haben!" sagte Lieutenant Wortmann. „Das ist doch auch Ihre Ansicht?" wandte er sich an den langen Eduard.

„Allerdings," entgegnete dieser; „aber man muß dabei vorsichtig zu Werke gehen. Glaubt mir, ich pflege eine Sache genau zu überlegen. Vor allen Dingen führt mir den ehrlichen Schneider und den vortrefflichen Schreiber in's Gewahrsam zurück, und zugleich mit den Beiden sperrt mir den braven Rathhausdiener ebenfalls ein. Darauf befehlt dem Posten, der draußen vor dem Fenster steht, so wie Einer die Nasenspitze hervorsteckt oder ein Wort auf die Straße spricht, angeschlagen — Feuerrrr!"

Der Schneider fuhr zusammen, als empfinde er schon irgendwo eine Kugel.

„Ist das geschehen," fuhr der Wachthabende fort, „so werden wir weiter sehen. Unteroffizier Dose, thun Sie mir den Gefallen und schließen Sie die Gefangenen ein."

„Haltet euch ruhig, ihr Leute," sagte der Artillerie-Hauptmann, „sonst könnte es euch schlimm gehen, wer weiß wie sehr!"

Dose nahm die Schlüssel, sowie ein Licht vom Tische und brachte die Gefangenen in ihr Zimmer. Er unterließ nicht, die Fenster zu untersuchen und, als er Alles in Ordnung gefunden, den Arrestanten zu sagen, sie möchten sich um ihrer eigenen Seligkeit wegen ruhig verhalten und sich unter keiner Bedingung dem Fenster nähern. „Denn der Posten draußen," fügte er wichtig bei, „hat einen verzweifelt scharfen Befehl, und seine Muskete ist vortrefflich geladen."
— So unterrichtet, zogen sich die drei Unglücklichen in die

Ecke des Gemaches zurück, welche am weitesten von dem
Fenster lag, und kauerten sich dort zusammen wie erschreckte
Schafe, wenn draußen vor der Hürde ein Wolf umgeht.

Dose kehrte in die Wachtstube zurück.

Der lange Eduard hatte indessen seine Ansicht ausein=
ander gesetzt, welche dahin ging, sich eine halbe Stunde ruhig
zu verhalten, alsdann den Gasthof zum Grünen Baum zu
umstellen und sich so des Aktuars zu bemächtigen.

Dose näherte sich dem Tische und meldete, während er
die Schlüssel vor den kommandirenden Offizier niederlegte,
daß die Gefangenen bestens eingeschlossen seien. Darauf
erlaubte er sich eine Bemerkung. „Herr Lieutenant," sprach
er, „drunten auf der Wache ist ein ewiges Ab= und Zugehen
von Leuten aus der Stadt; man kann nichts dagegen sagen,
sie sprechen mit den Soldaten, wenden sich auch wohl an den
Unteroffizier der Wache und wollen offenbar erfahren, ob es
hier oben bereits entdeckt, daß man die Falschen verhaftet.
Ich erlaube mir, zu sagen, daß man sie vor allen Dingen
in dieser Unwissenheit erhalten muß. Das Volk hier hält
gegen uns fest zusammen, sie treiben sich da unten blos
herum, um jede Bewegung der Truppen zu erspähen, und
werden, sobald Sie eine starke Patrouille abschicken, augen=
blicklich voraus eilen und den Grünen Baum in Allarm
bringen."

„Die Ansicht ist sehr richtig," erwiederte der Artillerie=
Hauptmann. „Gut gedacht, Unteroffizier! Ihr Betragen
gefällt mir, vergessen Sie in C. nicht: Hauptmann von
Stengel."

„Ich finde auch, daß er Recht hat," meinte Lieutenant
Wortmann. „Doch ist hier eine Schwierigkeit: ich kenne das
verfluchte Terrain nicht."

„Aber ich kenne es," versetzte Dose, indem er sich stolz
aufrichtete. „Dürfte ich mir erlauben, einige Anordnungen
vorzuschlagen, so glaube ich versprechen zu können, daß wir
ohne Lärm, ohne das geringste Aufsehen den Grünen Baum
umstellen können."

„Laſſen Sie hören!"

„Das Rathhaus, in dem wir uns befinden, liegt am Marktplatze; auf denſelben münden drei Straßen, geradeaus führt zum Grünen Baum, rechts und links in die Stadt. Diese drei Wege müſſen nun in aller Stille beſetzt werden, und man muß im Augenblicke, wo ich mit der Patrouille abmarſchire, jeden Anderen zurückweiſen, damit mir Keiner vorauslaufen kann."

„Sehr gut!" bemerkte Lieutenant Wortmann.

„Auf Befehl des Herrn Lieutenants," fuhr Doſe fort, „werde ich mich alſo drunten in die Wachtſtube begeben und den Unteroffizier inſtruiren, daß ich die Patrouille führen werde."

„Ich werde Sie begleiten, damit er Ihnen glaubt," ſagte der jüngere Infanterie-Offizier; „der Schmitz iſt von altem Schlag und geht gern ſicher."

Doſe erlaubte ſich, eine zuſtimmende, wenn auch nicht ganz militäriſche Verbeugung zu machen.

„Ferner will ich, ſpazieren gehend, an drei Straßen Doppelpoſten aufſtellen, die Niemanden als die Patrouille paſſiren laſſen," fuhr Lieutenant Wortmann fort. — „Gehen wir! — Aber Sie haben keine Waffen!" wandte er ſich an den Unteroffizier.

Dieſer ſchaute im Zimmer umher, als ſuche er etwas, das ihm dienen könne.

Doch meinte der Huſaren-Offizier lachend, dem ſei abzuhelfen, und er wolle gern zu der famoſen Geſchichte ſeinen Säbel herleihen.

Doſe erſtarrte vor Glück und Ueberraſchung. Er, vor ein paar Stunden noch Arreſtant und auf dem Wege zu ſchlimmen Dingen, hatte ſich ſeinen Vorgeſetzten nützlich zu machen gewußt, er ſollte dazu helfen, einen wichtigen Gefangenen beizubringen, und dazu einen Offiziersſäbel führen. Er ergriff mit zitternder Hand die ſeine Kuppel, und nachdem er die Säbeltaſche losgeſchnallt und die Kuppel mit einiger Anſtrengung befeſtigt, löſte er ehrfurchtsvoll das

ſilberne Porteepee von dem Griffe und legte es auf den
Tiſch. Hierauf zog er ein paar weiße waſchlederne Hand=
ſchuhe an, brachte den Säbel gerade an die linke Seite und
trat vor den kommandirenden Infanterie=Offizier, wobei er
ſich fertig zum Dienſt meldete. Dofe machte alle dieſe Be=
wegungen ſo correct und gut militäriſch, daß namentlich der
Artillerie=Hauptmann ſeine Freude an ihm hatte.

„Der Offizierſäbel iſt eine gute Vorbedeutung,“ ſagte
er; „wenn wir in den Krieg kommen — ho! — da kann
Ihnen das Poteepee noch werden; werr weiß wie bald!“

Damit ſchloß ſich die Thüre hinter den Beiden; ſie
gingen einen finſteren Gang hinab, dann eine Treppe und
traten darauf zur Thüre des Rathhauſes hinaus auf den
Marktplatz.

Fünfzehntes Kapitel.

Fortſetzung des Vorigen in der Wachtſtube des alten Spritzenhauſes.
— Der Dragoner=Offizier macht ſeltſame Entdeckungen und kommt
in den Grünen Baum, ohne vor der Hand auf einen grünen
Zweig zu kommen.

Das Lokal, in welchem Unteroffizier Schmitz I. als
Wachthabender regierte, war natürlicher Weiſe nicht ſo be=
haglich eingerichtet, als das der kommandirenden Lieutenants.
Doch hatte auch hier Natur und Kunſt Einiges gethan.
Das ehemalige Spritzenhaus der Stadt, dicht beim Rath=
hauſe gelegen, war zur Wachtſtube umgewandelt worden;
man hatte einen Tiſch, ſowie ein paar Stühle hereingeſchafft,
hatte einige Bretter über den defekten Kaſten einer alten
Feuerſpritze gelegt, die im Winkel ſtand, und ſo eine Art

Pritsche gebildet; man hatte vor die offenstehenden vergitter=
ten Fenster, an denen die Läden fehlten, ein paar Mäntel
kunstreich befestigt, und als nun auf dem Tische ein Talg=
licht angezündet war, als Papier, Feder und Dinte gebracht
worden, setzte sich der Unteroffizier Schmitz I. in stiller Ma=
jestät vor diesen Tisch und schrieb auf einen weißen Bogen
Papier:

„Wache im Spritzenhause. Auf Wache ein Unteroffizier
und sechs Mann. Neues wurde mir von dem vorigen
Wachtkommandanten nichts übergeben, da ein solcher nicht
vorhanden."

Darauf hatte der Kommandirende zu Nacht gespeist,
und wir müssen gestehen, daß sich auch hier der Wirth zum
Grünen Baum in's Mittel geschlagen und mit dem Wacht=
habenden fraternisirt, indem er ihm ein paar Flaschen ordent=
lichen Weines, sowie einen kunstreich verzierten Kartoffelsalat
und kalten Kalbsbraten vorgesetzt.

Unteroffizier Schmitz war aber nicht der Mann, der
sich durch solche Beweise von Zuneigung im Geringsten rühren
ließ. Er hatte dem Kellner, der ihm dies alles gebracht,
würdevoll gedankt und ihn darauf so freundlich wie möglich
zur Thüre hinaus begleitet. Dabei war Schmitz I. ein vor=
sichtiger Soldat, der aber schreckliche Begriffe von den Demo=
kraten im Allgemeinen hegte. Er ließ den Häringssalat und den
Kalbsbraten unberührt stehen, das heißt, er für seine Person
aß nicht eher davon, als bis zwei Mann der Wache, die mit
lüsternen Blicken den Tisch anschauten, die Gerichte tief und
genau untersucht hatten und sich hierauf keine verdächtigen
Symptome einstellten; als die beiden Musketiere pudelwohl
blieben und nur ein großes Verlangen nach mehr an den
Tag legten, ließ sich der kommandirende Unteroffizier herbei,
die Speisen nun ebenfalls selbst und nicht ohne Gründlichkeit
zu versuchen. Was den Wein anbelangte, so verließ er sich
auf seine Nase und Zunge, und da er auch hierin nichts
Verdächtiges entdeckte, so hatte er bald eine Flasche geleert
und begab sich mit gutem Willen an die zweite.

Die Soldaten draußen, die man ebenfalls nicht ver=
gessen hatte, lagerten auf den Treppen des Rathhauses und
dachten nur zuweilen fröstelnd an die Kaserne in C., wo
so viele gute vortreffliche Betten in diesem Augenblicke leer
standen.

Dose hatte die Wahrheit gesagt: es trieben sich immer
einige von den Bürgern auf dem Marktplatze und zwischen
den Soldaten umher. Doch konnte man nichts dagegen ma=
chen, da sie ein gänzlich unverdächtiges System des Fraterni=
sirens beobachteten. Wenn sie sich zuweilen Fragen erlaubten,
so betrafen dieselben begreiflicher Weise die beiden Gefangenen
droben und ihre etwaige Bestimmung für morgen.

Jede Compagnie, ja fast jeder Zug hat seinen Spaß=
macher, der von allen Kameraden als solcher anerkannt wird
und dem kein Anderer zu widersprechen wagt. Der, welcher
sich nun hier auf dem Rathhausplatze befand, versicherte
den Fragenden, die beiden Gefangenen würden morgen nach
C. transportirt, müßten dort ein leichtes Verhör bestehen,
und kämen alsdann unbedingt in die Demokratenmühle.
„Wißt Ihr," sagte er, „in die, welche im Hofe der Kaserne
von St. Agatha steht; zur linken Thüre werden sie hinein=
geführt, und wenn sie umgearbeitet sind, fallen sie rechts
wieder heraus."

„Und wie werden sie umgearbeitet?" fragte ein neu=
gieriger Soldat.

„Das kann ich so genau nicht angeben, denn ich habe
nicht in das Innere der Maschine sehen können; aber man
wirft allerlei zu ihnen hinein, Prügel, Ketten, Orden oder
Geld. Eins davon hilft gewiß."

„Lieber Freund," sagte einer der Bürger, der mit den
Soldaten sprach, „was machen die beiden Gefangenen droben?
sind sie ruhig, lamentiren sie, haben sie ein Verhör bestehen
müssen?"

„Das weiß ich alles nicht," entgegnete der Andere. „Nur
vorhin blickte ich zufällig zum Schlüsselloch hinein, und da
sah ich — es hat mich erschreckt."

„Nun, was sahen Sie?"

„Es ist wahrhaftig besser, ich sage es nicht."

„Aber wir bitten Sie darum!"

„Nun, meinetwegen denn, wenn euch ein Gefallen damit geschieht — aber es ist eine finstere Geschichte; als ich nämlich so hineinsah, bemerkte ich — nicht das Geringste, denn es war ganz dunkel in dem Zimmer."

„Ah!" machten die Zuhörer verblüfft, und die Soldaten lachten so laut, daß es über den Marktplatz hinschallte und Unteroffizier Schmitz I. vor die Wachtstube trat, um zu sehen, was es gäbe.

Dieser Moment schien den Bürgern besonders günstig, mit dem Wachthabenden ein paar Worte zu sprechen. Doch wurden sie nicht besonders gnädig angehört, vielmehr zuckte der Unteroffizier statt aller Antwort mit den Achseln und blickte alsdann zum Sternenhimmel empor, der sich in selbiger Nacht klar und heiter über Alle ausspannte.

In diesem Augenblicke traten Lieutenant Wortmann und Dose aus der Thüre des Rathhauses, worauf die Bürger sich sogleich in den tieferen Schatten hinter dem Spritzenhause zurückzogen. Feodor Dose hatte aber diese Bewegung deutlich gesehen und war auf seiner Hut. Ohne sich den Anschein zu geben, als achte er besonders darauf, sah er recht gut, wie die Bürger — es waren ihrer zwei — um das Spritzen= haus lugten.

Lieutenant Wortmann that, wie verabredet, und besetzte, spazieren gehend, die Straßen, die auf den Marktplatz mün= deten. An zweien standen bereits die Doppelposten, da be= merkte Dose, wie die beiden Bürger, diese Manöver ver= stehend, langsam hinter dem Spritzenhause her durch die dritte Straße davon schleichen wollten. Mit Einem Sprunge kam er ihnen zuvor, pflanzte sich mitten in ihrem Wege auf und rief ihnen ein lautes: „Zurück!" entgegen. Die Beiden blieben dicht vor dem Unteroffizier, wie fest gebannt stehen, und Dose sah zu seiner Genugthuung, daß er es mit zwei guten Bekannten zu thun habe, mit dem Major des Bürger=

wehr=Bataillons und mit dem Drucker des Intelligenzblattes, zwei politischen Größen hiesiger Stadt.

Es hatte aber noch Keiner dieser Drei Zeit gehabt, sich zu verständigen, als Lieutenant Wortmann auch an der dritten Straße die beiden Posten aufstellte und ihnen bis auf Weiteres den Befehl gab, Niemanden zu gestatten, den Marktplatz zu verlassen. „Sollte man Gewalt anwenden wollen," setzte er ruhig hinzu, „so habt ihr oben an eurem Gewehr wohl ein paar Zoll kalten Eisens für einen guten Freund übrig."

Als diese Angelegenheit besorgt war, ersuchte Dose die beiden Herren höflichst, sich in der Nähe der Wachtstube auf= halten zu wollen; „denn," sagte er, „der Befehl ist streng, und wenn Sie vielleicht den Versuch machten, in eines der umliegenden Häuser zu schlüpfen, so thäte es mir leid, wenn Ihnen irgend ein Unglück passirte."

„Sie haben ganz recht," setzte Lieutenant Wortmann hinzu, „ich hätte das bald vergessen. — Unteroffizier Schmitz, lassen Sie diese beiden Herren beaufsichtigen und stellen Sie einen Posten vor die Thüre des Rathhauses, es darf Nie= mand hinein."

Die Absperrung des Marktplatzes hatte sich übrigens recht praktisch erwiesen und ein ziemliches Resultat geliefert: ungefähr ein Dutzend der gesinnungstüchtigsten Bürgerwehr= männer sah man hier plötzlich eingeschlossen, ein artiges kleines Beobachtungs=Corps, und wenn sich auch die meisten geduldig in ihr Schicksal ergaben, so waren doch ein paar, die anhuben zu sprechen von dem Rechte freier Bürger, sich zu versammeln, und was dergleichen mehr war, — Aeuße= rungen, die aber plötzlich und energisch unterdrückt wurden. Auf welche Art konnte man nicht sehen, da es auf dem Marktplatze zu dunkel war.

Lieutenant Wortmann hatte unterdessen aus sechszehn Mann eine Patrouille gebildet, die vom Unteroffizier Dose hinweggeführt wurde. Er nahm nicht den geraden Weg zum Grünen Baum, sondern die Straße links, zog sich

dann wieder rechts zu dem Gasthofe hin und manöverirte
so klug und vorsichtig, daß dieser in weniger als einer
Viertelstunde förmlich umstellt war. Die Soldaten hatten
den Befehl, Jedermann hinein, aber Niemanden heraus zu
lassen. — —

Der Dragoner-Offizier hatte, wie sich der geneigte
Leser erinnern wird, die Wachtstube im Rathhause verlassen,
nachdem Dose eingetreten war. Er war so geräuschlos wie
möglich davon geschlichen. Seinen Säbel hatte er wohl-
weislich los und stellte ihn in eine Ecke des Zimmers. Er
ging über den Corridor die Treppen hinab, und als er auf
den Marktplatz kam, blickte er scharf um sich, um den Weg
nach dem Grünen Baum nicht zu verfehlen. Der Dragoner-Offizier war ein tapferer, unternehmender junger
Mann; er hatte droben gehört, daß man den Unrechten
zum Gefangenen gemacht, daß der Rechte wahrscheinlich noch
im Gasthofe versteckt sei, und da es unsere Pflicht als Erzähler ist, von unseren Bekannten nur Gutes zu sagen, so
sprechen wir die Vermuthung aus, er habe sich blos nach
dem Grünen Baum begeben, um jenen Gefangenen ganz
allein zur Haft zu bringen. Er benahm sich auch vollkommen so, wie Jemand, der einen Anderen überraschen will; er
schlich so leise wie möglich an der einen Häuserreihe dahin, und als er in die Nähe des Gasthofes kam, blieb er
irgendwo im tiefen Schatten stehen, um sich die Gelegenheit
anzuschauen.

Der untere Stock des Grünen Baumes, namentlich die
hinteren Schenkzimmer, waren noch von Lichtern erhellt, auch
sah man zuweilen Jemanden an das Fenster treten und
auf die Straße hinausschauen. Die Hausthüre stand weit
offen, und der Offizier, der sich in der Verlängerung des
Ganges aufstellte, bemerkte, daß im Hintergrunde desselben
die Treppe war, schwach beleuchtet von einer ersterbenden
Oellampe. Das Haus war, wie gesagt, in den unteren
Räumen noch voll Leben, im Hofe nebenan knurrte zuweilen
die gewaltige Stimme des Kettenhundes, und der Offizier

überlegte, daß es einiger Maßen zu unangenehmen Begeg-
nungen führen könnte, wenn er ſich ſo allein und unbewaff-
net in dieſes Hauptquartier der Demokraten einſchliche, um — —
eines ihrer Häupter gefangen zu nehmen.   Doch gerade das
Gewagte des Unternehmens trieb ihn an, es zu beſtehen;
ihm war ein aufregendes Abenteuer lieber, als eines, das ſo
ganz glatt und eben abzugehen verſpricht.   Er avancirte im
dichten Schatten an die Thüre, erſtieg eilig die Treppe und
tauchte leiſe und geräuſchlos in den dunklen Gang bis zur
Haupttreppe, wo die trübe Oellampe brannte, die er aber
ſogleich auslöſchte.

Die Treppen hinauf zu ſteigen, hatte er weiter keine
Schwierigkeiten; er faßte das Geländer, um ſeinen Schritt
zu dämpfen, ließ es aber los, da daſſelbe, alt und morſch,
zu krachen anfing.   Die Stiege wandte ſich rechts herum,
dann befand er ſich im erſten Stock.   Hier ſtand der Offizier auf einem kleinen Veſtibül, auf welches zwei lange
Gänge im rechten Winkel mündeten, an denen die Gaſt-
zimmer lagen; wenigſtens waren alle Thüren numerirt.
Der Dragoner bemerkte dies alles beim Schein einer Talgkerze, die auf einem Tiſchchen neben der Treppe ſtand; doch
gab ſie nur eine zweifelhafte Helle, denn ſie war in den
meſſingenen Leuchter hineingebrannt, und die trübe, röthliche Flamme glänzte oben durch ein paar Oeffnungen, wie
das Licht auf einem Leuchtthurme.   Für den unternehmenden
jungen Mann war dies in der That eine leitende Helle,
denn er konnte mit Einem Blick das ganze Terrain über-
ſehen.   Neben dem Tiſchchen war eine Thüre mit „Hier”
bezeichnet; unter dieſem „Hier” befand ſich ein großes Loch,
durch welches man bequem auf die beiden Gänge blicken
konnte.   Das alles überdachte der Dragoner, denn ihm
war ein Verſteck höchſt erwünſcht, da er in dieſem Augenblicke zu vernehmen glaubte, wie der Schlüſſel in irgend
einer Thüre herumgedreht würde.   Im Nu war er eingetreten, ſchob einen ſchützenden Riegel vor und recognos-
cirte.   Wenn er ſeine Augen anſtrengte — und das that

er — so konnte er die weißen Zahlen auf den Thüren lesen.
Links von ihm am Ende des Ganges mußte sich Nro. 1 be=
finden, vor ihm war 8, 9, 10, also rechts die sechste Thür
mußte 16 sein.

Er sah diese Thüre, ohne die Nummer lesen zu können.

In Betreff des Schlüsselumdrehens hatte er sich nicht
getäuscht. Es war hier oben so still, daß er das Knarren
des Schlosses deutlich hören konnte; er ließ seinen Blick
über beide Gänge gleiten, um zu sehen, welche Thüre ge=
öffnet würde. — — — Ah! Nro. 16 ließ jetzt einen kleinen
Lichtspalt auf den Corridor fallen. Das traf sich auffallend
günstig; oder war sonst hier etwas vorgefallen? — Kam
er vielleicht zu spät? Wir müssen gestehen, daß er in
größter Spannung auf jene Thüre blickte, die sich langsam
öffnete.

Noch eine Sekunde, und — sie trat heraus, die Dame,
die ihm gegenüber im Eilwagen gesessen; sie hatte ihr schwar=
zes Kleid an, und nur den Mantel und den Hut mit dem
Schleier abgelegt. Sie hielt das Licht vor sich, die Hand
zwischen dem Gesicht und der Flamme, und spähte aufmerk=
sam auf den leeren Gang hinaus. Der Dragoner=Offizier,
von dem Schein geblendet, konnte auch jetzt ihre Züge noch
nicht erkennen. Sie ging langsam nach der Treppe, gewiß
in der Absicht, das Stubenmädchen zu rufen, um sich zu
erkundigen, wie viel Uhr es sei, gewiß nur in dieser Ab=
sicht. Als sie nahe an dem Tischchen angekommen war,
ließ sie langsam die Hand mit dem Lichte sinken, — ein
Augenblick, dem der junge Mann mit der größten Span=
nung entgegen sah. — Wenn man eine angenehme Stimme
hört, einen elastischen Körper sieht, so hegt man die aus=
schweifendsten Erwartungen von der Form und der Gestalt
des dazu gehörigen Gesichtes. So erging es dem Dra=
goner=Offizier. Er konnte nicht erwarten, bis die Hand
mit dem Lichte niedersank, bis der tiefe Schatten verschwun=
den war von dem Gesicht seiner Dame. Waren die Augen

blau oder braun? — Der sanften Stimme nach mußten sie
blau sein, die Lippen dagegen rosig und schwellend. — Jetzt
wichen alle Schatten. — Was war das? — Die Augen
waren nicht blau, sondern grau, die Lippen nicht frisch und
schwellend, sondern trotz ihrer Dünne faltig und zusammen=
gekniffen, das ganze Gesicht vertrocknet und unbedingt einer
sehr alten Jungfer angehörend.

Mochte nun der Dragoner=Offizier bei dieser schreck=
lichen Täuschung einen tiefen Seufzer ausgestoßen, oder moch=
ten seine Augen durch das erwähnte runde Loch gespenstig
auf den Gang hinaus geblickt haben, — genug, die Dame
blieb auf einmal zusammenfahrend stehen, blickte entsetzt vor
sich hin, horchte einen Augenblick aufmerksam und kehrte
alsdann mit eiligen Schritten in ihr Zimmer zurück, machte
hastig die Thüre hinter sich zu, und der Dragoner=Offizier
vernahm mit großer Befriedigung, wie sie den Schlüssel
zweimal im Schlosse herumdrehte.

„Dem wäre ich glücklich entgangen!“ seufzte er. „Die=
ses Abenteuer hat nicht schön geendigt, und doch ist noch
nichts verloren; ich schleiche zu meinen Kameraden zurück, die
mich kaum werden vermißt haben, und entgehe so allen
Spöttereien.“

Darauf war er im Begriffe, den Riegel von der Thüre
zurück zu schieben, als er drunten die Stimme des Wirthes
vernahm, dieselbe Stimme, die ihn auf dem Rathhause so
sanft gefragt, ob ihm etwas von diesem gesulzten Schweins=
kopf gefällig sei. Doch hatte sie jetzt einen ganz anderen
Klang und alle Unterwürfigkeit abgeschüttelt. „Soll Die da
draußen auf dem Marktplatze,“ sagte er, „ein siediges Don=
nerwetter regieren! Schicke schon zwei Leute hinaus und
Keiner kommt zurück, auch der Major nicht; da müssen wir
aufpassen, das hat was zu bedeuten. He, Friedrich! hol’
den großen Hund herein und schließe mir die Hausthüre.
Es ist immer besser, wenn man hinter Schloß und Riegel
abwartet, was da kommt. — Seien Sie unbesorgt,“ sagte
er darauf mit leiserer Stimme zu Jemand, der be ihm zu

sein schien, „es müßte doch mit dem Teufel zugehen, wenn wir nicht im Stande wären, Sie in dem weitläufigen Hause zu verbergen. Aber nur mich machen lassen! Vergessen Sie nur die Zimmer=Nummer nicht. Auf Nr. 16 ist eine Fremde, 17 ist neutraler Grund, und von da stehen die Thüren bis zu 21 offen. In 21 ist, wie Sie wissen, das bewußte Fenster, welches ganz gefahrlos auf das Dach des Neben= hauses führt. Anfänglich aber sind Sie hier unten sicherer."

„Aber die Mädchen auf Nro. 18?" sagte eine andere Stimme.

„Sie glühen für die gute Sache," entgegnete ernst der Wirth zum Grünen Baum, „und obgleich nicht aus hiesiger Stadt, werden sie doch so aufopfernd wie möglich Alles zu Ihrer Rettung beitragen."

„Teufel!" dachte der Offizier in seinem Verstecke, „es gibt doch Momente, wo es nicht so gar unangenehm sein kann, wenn man einen politischen Flüchtling vorstellt. Aber Eins ist sicher, ich sitze hier in einer donnermäßigen Patsche — die Thüre zu, der Hofhund los — — wir wollen sehen, wie wir uns da herausfinden."

Unten hatte unterdessen der Wirth noch einige weniger bedeutende Befehle gegeben, und dann stieg er allein die Treppen herauf. Das Licht auf dem Tischchen droben hob er in die Höhe, schnäuzte es in Ermangelung einer Licht= scheere mit den Fingern und versuchte es dann, die Thüre zu öffnen, auf welcher „Hier" stand. Natürlicher Weise öffnete sie sich nicht, und der Wirth stieg die Treppe zum zweiten Stockwerk hinauf.

Eine qualvolle Viertelstunde verging für den Einge= sperrten drunten; im Hause war Alles todt und still; auch von der Straße herauf drang nicht das geringste Geräusch. Es war in dem Gemache ein kleines Fenster, durch welches der unglückliche junge Mann zum Oeftern angelegentlich hinausblickte; doch sah er nichts als Häuser und dunkle Umrisse, ein paar noch ziemlich kahle Bäume, sich finster gegen den Nachthimmel abhebend, und nur ein einziges Mal

glaubte er etwas geſehen zu haben, wie das ſchwache Leuchten
eines Gewehrlaufes.

Der Wirth, der offenbar eine Inſpektion durch das
ganze Haus gemacht hatte, kam nach einiger Zeit wieder
die Treppen herab, und mochte er nun einen gelinden Ver=
dacht haben, oder ſich auch auf dem erſten Stock überzeugen
wollen, daß nirgendwo ein Verräther lauſche, genug, er kam
gleich wieder an die Thüre des Verſtecks und rüttelte daran,
zuerſt leiſe, dann heftiger, und als der Riegel nicht wegge=
zogen wurde, rief er, ob Jemand da ſei. Auch legte er das
Geſicht an die runde Oeffnung.

Dem Offizier zuckten die Finger, und er befand ſich in
großer Verſuchung, dem neugierigen Wirth einen tüchtigen
Naſenſtüber zu verſetzen. Doch wäre ihm dieſes Vergnügen
vielleicht theuer zu ſtehen gekommen. Er verhielt ſich alſo
ruhig, und nach einigen Augenblicken zog der Wirth ab, ſtieg
die Treppen hinunter, und man hörte ihn nach dem Hausknecht
Chriſtoph verlangen, welchem er den Befehl gab, ein großes
Brecheiſen zu nehmen.

Dieß war ein entſcheidender Moment. Der Eingeſperrte
droben hatte begreiflicher Weiſe nicht Luſt, ſich in einer ſo
ſchlechten Falle fangen zu laſſen, wie die war, wo er ſich
befand. Der Wirth, ſowie Chriſtoph mit dem Brecheiſen
konnten jeden Augenblick erſcheinen. — Wohin aber? Die
Thüre Nro. 16 war glücklicher Weiſe doppelt verſchloſſen.
Aber daneben Nro. 17 hatte der Wirth als neutralen Grund
bezeichnet; wenn er das nun für die eine Partei war, ſo
mußte er es auch für die andere ſein. „Im Nothfall,“ ſo
dachte der Dragoner=Offizier, „ſchleiche ich mich durch Nro. 18
bis 21, kann dort den Tag abwarten oder die Patrouille,
mit der der lange Eduard jedenfalls das Haus unterſuchen
laſſen wird.“

Es war die höchſte Zeit. Kaum hatte er ſein Verſteck
verlaſſen, ſo hörte er auch ſchon, wie ſich zweier Männer
Tritte unten der Treppe näherten. Raſch verließ er ſein
Verſteck, drückte die Thüre hinter ſich zu, ſchob den äußeren

Riegel vor, und schlich über den Gang auf Nro. 17. Da
er ein junger Mann mit großer Geistesgegenwart war, so
öffnete er Nro. 17 geräuschvoll und schloß eben so geräusch=
voll wieder hinter sich zu. Und daran hatte er vollkommen
recht gethan; denn der Wirth, der dieses Geräusch gehört,
ohne zu sehen, welche Thüre sich geschlossen, glaubte Alles
auf natürlichem Wege zugegangen und kehrte, nachdem er
die bewußte Thüre offen gefunden, beruhigt in die unteren
Zimmer zurück.

Der Dragoner=Offizier befand sich aber in Nro. 17,
einem vollkommen dunkeln Gemach, und blieb lauschend an
der Thüre stehen; denn es war ihm gerade, als höre er im
Nebenzimmer, in Nro. 18, leise Stimmen zusammenflüstern.

F. W. Hackländer's

Humoristische Schriften

Vierter Band.

Wachtstubenabenteuer.

Dritter Band.

———◄•►———

Stuttgart.

Verlag von Adolph Krabbe.

1872.

Wachtstubenabenteuer.

Von

F. W. Hackländer.

———

Dritter Band.

.

Vierte Auflage.

〰〰〰

Stuttgart.

Verlag von Adolph Krabbe.

1872.

Druck von Gebrüder Mäntler. Stuttgart.

Erstes Kapitel.

Der Dragoner-Offizier wird für einen Demokraten gehalten, fraternisirt mit den Töchtern des Landes und erlebt eine Geschichte, wie sie nur in ganz dunkeln Zimmern vorkommen kann.

Wir glauben schon bemerkt zu haben, daß der Dragoner-Offizier ein unternehmender junger Mann war, und müssen hinzusetzen, daß Gefahren, die vor ihm aufstiegen, seinen Muth entflammten, statt ihn zu dämpfen. Er hatte in der heutigen Nacht einiges Glück gehabt; er war glücklich einem Versteck, der ihn mit Entdeckung und Lächerlichkeit bedrohte, entronnen. Er befand sich jetzt in einem anständigen Zimmer und hatte zwischen sich und den Gang einen tüchtigen Riegel geschoben. Da es nun hier in dem Zimmer höchst langweilig war, und sich auch außer einem wackeligen Rohrstuhl keine bequeme Sitzgelegenheit fand, so beschloß er, das Terrain zu rekognosciren, und näherte sich der Nebenthüre. Glücklicher Weise aber überdachte er in diesem Augenblicke den Anzug, in welchem er sich befand, den Waffenrock mit den glänzenden Knöpfen und Epaulettes, und sagte sich selber, daß, wenn er weiter vordringe, ihn der geringste Lichtstrahl, der auf seinen Kleidern wiederglänzte, aus einem Verfolgten zu einem Verfolger machen und einen gewaltigen Hülferuf herbeiführen würde.

Es war, wie wir wissen, noch im Monat April, und
der Offizier, der seiner schlanken Taille zu lieb die lästige
Hülle des Paletots und Mantels scheute, trug unter der eng
gemachten Uniform einen anliegenden Rock von schwarzer
Seide, wie ihn die Tscherkessen zu tragen pflegen. Es war
das damals Mode bei den Cavallerie=Regimentern.

Der junge Mann zog also seinen Waffenrock aus,
hängte ihn über den Stuhl und näherte sich alsdann der
Thüre des Nebenzimmers, wo er leise anklopfte.

Das Zischeln und Flüstern hörte mit einem Male auf,
und es wurde todtenstill nebenan.

Er klopfte abermals und etwas lauter, und darauf ver=
nahm er ein unbestimmtes Geräusch. Es war gerade, als
würde ein Stuhl gerückt oder als krache irgend ein anderes
Möbel; auch begann das Flüstern wieder, und als er sein
Ohr an das Schlüsselloch legte, konnte er einige Worte ver=
nehmen — „Was thun wir?" fragte eine Stimme. —
„O Gott! O Gott!" antwortete eine andere, „den Ball
vergesse ich in meinem ganzen Leben nicht!" Und eine dritte
Stimme setzte hinzu: „Auf jeden Fall müssen wir erfahren,
wer da ist."

Es sind, wie der Wirth gesagt, nur Mädchen im Zim=
mer, sprach der Dragoner=Offizier zu sich selber. Und damit
klopfte er abermals.

„So frag' doch, was man will!" sagte eine Stimme.
— „Ich nicht!" antwortete eine andere; „und ich in alle
Ewigkeit nicht!" eine dritte.

„Nun, dann will ich's thun," fuhr die erste fort, „wir
sind ja zu drei, und was wir thun, geschieht, weil wir es
nun einmal versprochen."

„Das ist eine schlimme Demokratin," meinte der Offi=
zier; „gegen die zu manövriren ist Pflicht und Schuldigkeit."

„Wer ist da?"

„Nun, ich bin's, Sie wissen's ja."

„Aber was wollen Sie denn eigentlich?"

„Das ist doch sehr einfach: das Militär umstellt den

Hof, ich kann nur durch Ihr Zimmer in das Nebenhaus gelangen."

„Das ist richtig," meinte eine andere Stimme. Und dadurch ermuthigt, drückte der Offizier auf die Thüre; aber sie war verschlossen.

„Machen wir Licht?" sprach die erste Stimme.

„Nein, nein! gewiß nicht!" antwortete die andere.

Jetzt vernahm man ein leises, krachendes Geräusch, dann ein Rauschen wie von Kleidern, ein Schlurfen wie von einem Pantoffel, den man sucht, und dann tappte es langsam nach der Thüre; der Riegel wurde zurückgezogen, die Thüre geöffnet, und eine warme angenehme Atmosphäre drang dem Offizier entgegen. Im Vorzimmer war es ziemlich kühl gewesen. Rasch schlüpfte er durch die Thüre, faßte nach der Klinke des Schlosses und fing dort, was er gedacht, eine kleine, warme Hand. Es war seine Schuldigkeit, einige Danksagungen zu stammeln, und er that das in der zierlichsten, bescheidensten Weise und mit wohlgesetzten Worten.

„Wir haben versprochen, Ihnen zu helfen," sagte die Stimme, der die weiche und warme Hand angehörte, „und wir wollen es recht gern thun. Aber jetzt machen Sie, daß Sie von hier fortkommen; dort die Thüre des Nebenzimmers ist offen, wir wollen sogleich hinter Ihnen verriegeln."

„Ah! so ist es in der That nicht gemeint," entgegnete der Offizier mit seiner sanftesten Stimme. „Die Flucht durch jene Zimmerreihe und dann zum Fenster hinaus auf das Dach des Nachbarhauses ist nur das letzte verzweifelte Mittel. Glauben Sie mir fest, mein Fräulein, das Haus ist mit diesen verfluchten Musketieren umstellt, die haben jedes Fenster im Auge, und dessen bin ich gewiß, sowie ich mich nur dort drüben blicken lasse, liege ich auf dem Pflaster, ehe man Drei zählen kann. — Aber das thut nichts, ich gehe lieber in meinen Tod, als daß ich Ihre Güte mißbrauchen sollte."

Er brachte den weichen Fingern des Mädchens einen gelinden Druck des Dankes bei, und darauf wollte er sie fahren lassen. Doch kam es nicht so weit, denn sie sagte

haftig: „Aber um Gottes willen, wenn Sie nicht zum Fenster hinaus auf das Nachbardach klettern wollen, ich bitte
Sie, was soll dann geschehen?"

„Oh!" entgegnete der Offizier, still lächelnd über sein
gutes Glück, „das Hinausklettern bleibt nicht aus; nur soll
das zuletzt vor sich gehen, wenn alle anderen Mittel versucht sind."

„Und diese anderen Mittel?"

„Sie versprachen mir großmüthig Ihren Schutz, unser
Wirth hat es mir gesagt, und ich vertraue darauf; es hat
das einige Unannehmlichkeiten für Sie, aber was ist zu
machen?"

„Nun bitte, sprechen Sie, was soll denn geschehen?"

„Vor allen Dingen flehe ich Sie an, mich ruhig hier
zu lassen, bis die Soldaten wirklich anfangen, das Haus zu
untersuchen. Vielleicht, daß sie nicht in dieses Zimmer kommen; sollte dies aber geschehen, so bleibt mir nichts übrig,
als der Weg durch's Fenster auf die Nachbardächer."

„Fürchterlich!" sagte das junge Mädchen an der Thüre,
und die beiden andern Stimmen meinten ängstlich: „Was?
hier in unserm Zimmer bleiben, die ganze Nacht? Das geht
nicht an! — Nicht wahr, Sophie?"

Also die Hand, die ich gefaßt habe, gehört einer Sophie,
dachte der Dragoner-Offizier. Nun, sie wird ihrem Namen
Ehre machen und weise sein.

Die drei Mädchen, die so unvermuthet in dieses Abenteuer verwickelt wurden, hatten am Abend auf dem Balle im
Tanzen ihr Möglichstes gethan, und erhitzt, aufgeregt, wie
sie waren, trug der dringende Wunsch des Wirthes, ihren
Bekannten, den Aktuar, der guten Sache wegen zu retten,
nicht dazu bei, ihre Nerven zu beruhigen. Die Hand des
jungen Mädchens an der Thüre zitterte merklich; doch fühlte
der Dragoner-Offizier aus diesem Zittern deutlich, daß sie
ihn nicht verlassen, daß sie ihn beschützen würde.

Es trat eine längere Pause des Schweigens ein, und endlich sagte eine der anderen Stimmen: „O liebe Sophie, es soll geschehen, wie du willst.“

„Ja, ja,“ entgegnete die andere, „du hast mit dem Wirth gesprochen, wir wollen dir in Allem folgen — auch bist du die Erfahrenere, die Aeltere.“

Teufel! dachte der Dragoner-Offizier, sollte meine Bewohnerin von Nro. 18, meine Beschützerin, Aehnlichkeit mit meiner Reisegefährtin auf Nro. 16 haben? Das wäre gar zu schrecklich! — Er wagte es, wie durch ungefähr, sanft den Arm zu berühren, der zu jener kleinen Hand gehörte, er that das, und fühlte sich wundersam beruhigt. — „Fassen Sie einen Entschluß,“ sprach er nach einer Pause, „befehlen Sie über mich, was es auch sei, ich will es thun; jagen Sie mich hinweg, gut, ich gehe und überliefere mich denen, die mich suchen.“

„Nein, nein!“ versetzte Fräulein Sophie, „wir wollen nicht Ihr Unglück; aber Sie könnten wohl in dem Vorzimmer bleiben, da wird Sie auch so leicht Niemand suchen, und ist dieß doch der Fall, so haben Sie immer Zeit, durch unser Zimmer Ihren Weg zu suchen.“

„Sie wollen es so,“ sagte mit einem tiefen Seufzer der junge Mann, „wohlan, es sei! Was kann es Sie im Grunde auch kümmern, ob ich entdeckt werde? Das Vorzimmer liegt neben Nr. 16, dort wohnt eine Dame, die heute Nacht mit Offizieren gekommen ist, sie muß mich hören, ich mag mich so leise verhalten wie möglich, und dann bin ich verloren.“

„Nein, nein! das soll nicht sein!“ erwiederte eifrig das Mädchen an der Thüre; „so bleiben Sie denn in Gottes Namen da stehen — oder nein, gehen Sie einen Augenblick in's Vorzimmer und kommen dann gleich wieder.“

„Wie Sie befehlen.“ Doch ehe der Offizier diesem Befehle wirklich Folge leistete, nahm er die kleine Hand sachte von der Thürklinke weg, führte sie an seine Lippen und drückte einen leisen, aber nichts desto weniger sehr innigen Kuß darauf. Dann schlüpfte er in's Vorzimmer, und als er die Thüre hinter sich zugezogen, vernahm er jenes Rascheln und Schlurfen wieder, sowie das leise Krachen eines Möbels — dann war Alles still.

Das war ein eigenes Abenteuer, so reizend in Geheimniß und Dunkel gehüllt. Was hätte der Eindringling nicht für einen kleinen Lichtstrahl gegeben! für den geringsten Schein, um Personen und Gegenstände zu sehen! Aber im Vorzimmer war es dunkel, und in dem Schlafzimmer, wohin er jetzt zurücktrat, noch mehr. Es befand sich da ein einziges Fenster mit einem dicken grünen Vorhange, der herabgelassen war; die tiefste Stille herrschte in dem Gemach. Man hörte nicht einen einzigen Athemzug der drei Mädchen. — Warten wir einen Augenblick, dachte der Offizier und lehnte sich mit dem Rücken an die Wand.

Von dem unteren Stockwerke herauf hörte man zuweilen das Gemurmel von Stimmen oder das Zurückrücken eines Stuhles, von der Straße aber nichts, als das Knurren eines benachbarten Hofhundes, der unruhig bald hierhin, bald dorthin zu laufen schien; denn er witterte wahrscheinlich die verdächtigen Gäste, welche das Haus umstellten.

Nach einer Pause sagte der Offizier: „Darf ich mich nicht mit Ihrer Erlaubniß ein wenig niedersetzen?"

Eine Stimme zu seiner Rechten unterdrückte ein leises Lachen, eine andere links ebenfalls, und die ihm bekannte Stimme, welche von gerade vor ihm her zu kommen schien, sagte: „Setzen Sie sich auf einen Stuhl, wenn Sie einen leer finden."

Durch dieses Lachen und diese Antwort hatte er das Schlachtfeld recognoscirt. Links befand sich eine der jungen Damen, rechts die andere, und vor ihm Fräulein Sophie. Er tastete nach einem Stuhl neben sich, fand ihn aber mit mannigfaltigen Gegenständen bedeckt. Auf der Lehne hing ein Blumenkranz, bauschige und knatternde Kleidungsstücke auf dem Sitze, und als er das sanft etwas zusammenrücken wollte, fiel ein anderer Gegenstand auf den Boden, den er rasch wieder aufhob. Doch hatte dieser Gegenstand eine lange Schnur, die sich hartnäckig und tückisch um seine Sporenräder festschlang. Er brauchte eine kleine Weile, da loszukommen, und während dessen lachte es ebenfalls rechts und links neben ihm, aber so unterdrückt und gedämpft, als habe man sich ein Schnupftuch oder einen Bettzipfel in den Mund gestopft. Dem jungen Manne war es natürlicher Weise nicht um das Niedersetzen zu thun; er seufzte tief auf und sprach: „Ich will Sie nicht derangiren. Ach, wenn ich nur wüßte, wie sich Alles das entwickeln soll, wenn ich nur voraussehen könnte, was die nächste Stunde bringt!"

Es erfolgte keine Antwort.

„Sie haben schon so viel für mich gethan," fuhr der Offizier fort, „daß ich fast zu schüchtern bin, Sie noch um Weiteres zu bitten. Aber ich muß doch wahrhaftig für den Fall der Noth wissen, wo die Thüre zum anderen Zimmer ist; wenn ich mich später plötzlich entfernen muß, so könnte es leicht ein Geräusch geben."

Es erfolgte eine Zeit lang wieder keine Antwort; dann aber sagte die bekannte Stimme: „Die andere Thüre ist gerade vor Ihnen, das Fenster müssen Sie links lassen und gerade aus gehen." — Der Dragoner that, wie ihm geheißen, nur daß er, seinem Ohre folgend, ein wenig halblinks marschirte.

„Mehr nach rechts!" versetzte ängstlich die Stimme, „viel mehr nach rechts!"

„Ah so!" entgegnete er, machte auch die entsprechende Bewegung, manövrirte aber so geschickt, daß er endlich — es war so gar dunkel — an das Kopfende eines Bettes stieß. „Ich habe die Thüre," sagte er, „danke! O, wenn nur die Geschichte schon glücklich vorbei wäre."

„Das wünschen wir auch!" antwortete es gedämpft und leise.

„Solche Momente sind fürchterlich," entgegnete er; „aber für Sie, meine Damen, mehr als für mich." — Er beugte den Kopf nieder. „Fräulein Sophie," flüsterte er,

„wie soll ich Ihnen danken für das, was Sie mir ge=
than!"

Da wurde draußen an die Thüre von Nr. 17 ziemlich hef=
tig geklopft. Natürlich gab Niemand eine Antwort, doch
hörte das Klopfen deßhalb nicht auf.

„Sie sind es," sagte einer der andern Mädchen; „um
Gottes willen, was wird es geben!"

Der junge Offizier war emporgefahren und lauschte
aufmerksam. „Das ist kein Militär," erwiederte er nach
einer Pause, „die würden nicht so ruhig über den Gang
daher schleichen."

„So gehen Sie doch und fragen, was man will!" meinte
die Stimme von oben mit etwas weinerlichem Tone. „Du
lieber Gott! das soll mir eine Lehre sein!"

Jetzt vernahm man die Stimme des Wirthes, welcher
draußen rief: „So machen Sie doch nur auf! es ist wahr=
haftig nothwendig! Das Haus ist mit Wachen umstellt, und
wie mir der Christoph eben sagte, marschirt eine Patrouille
vom Marktplatze hieher."

„So laßt mich doch herein!" bat eine andere Stimme.

„Ja, was soll denn das wieder?" fragte ängstlich das
Mädchen in der linken Ecke. „Wer will denn noch mehr
herein? Nein, jetzt ist's genug; so was ist mir in meinem
ganzen Leben noch nicht widerfahren!"

„Wie gesagt," ließ sich jetzt wieder der Wirth hören:
„Das ganze Haus ist umstellt. Fräulein Sophie, machen
Sie die Thüre auf und lassen Sie unseren unglücklichen
Freund hinein!"

„Ja, wir haben ihn ja schon!" antwortete eine Stimme
aus der rechten Ecke. Und Sophie setzte mit ganz leiser
Stimme hinzu: „Um Gottes willen! was soll das bedeuten?"

„Machen Sie auf! machen Sie auf!" ertönte es aber=
mals von draußen. „Sie müssen ihn bei sich gut und sicher
verstecken; er wird gar nicht mehr in das Nachbarhaus hin=
über können. Man sieht draußen überall in der Dunkelheit
die Gewehre blitzen."

Sophie machte eine rasche Bewegung, doch der Offizier beugte sich nieder, faßte leicht ihren Arm und sagte so leise, daß es nur ihr verständlich war: „Hören Sie mich eine Sekunde, aber kein lautes Wort, keinen Schrei!" — Er mußte eine kleine Lüge erfinden, und er that es auf eine kecke und für sein Alter recht geschickte Art. — „Ich bin nicht der," sagte er, „für den Sie mich halten. Aber um Ihrer selbst willen still! Ihre Freundinnen müssen glauben, ich sei es; o Sophie, verzeihen Sie mir diesen Schritt! Ich sah Sie heute Abend bei dem Balle, ohne daß Sie mich bemerkt; ich bin vollkommen fremd hier; ja, ich sah Sie, Sophie, und obgleich nur kurze Zeit, ich konnte Sie nicht vergessen, ich schlich mich hier ein, um Sie einen Augenblick zu sprechen. Aber seien Sie klug, verständig, ich werde mich entfernen; Niemand soll diesen Schritt erfahren!"

Das Mädchen zitterte heftig und stieß einen leichten Seufzer aus. Doch müssen wir gestehen, daß trotz der namenlosen Angst, die sie erfaßte, in ihrem Geiste all' die fremden Gesichter auftauchten, die sie heute Abend vielleicht gesehen. Aber keines paßte zu dieser verwegenen That und zu diesen so seltsam klingenden Worten keine der Bürgerwehr-Physiognomien mit ihren herausfordernden Bärten.

Der Offizier erhob sich jetzt rasch und sagte zu den beiden andern Mädchen: „Bleiben Sie ruhig, es ist nur ein Mißverständniß. Ich will es draußen geschwind aufklären." — Damit ging er gelassen in das Vorzimmer, drückte die Thüre hinter sich zu und dachte bei sich: Ich bin nicht ausgeschickt, den zu fangen, weiß überhaupt nicht, ob es der rechte ist; ich will ihn auch nicht retten, nur ihn nicht verrathen. — Dann trat er an die Thüre, die auf den Gang führte, schob den Riegel leise zurück und öffnete einen kleinen Spalt, so daß Jemand durchschlüpfen konnte. Augenblicklich wand sich auch eine männliche Gestalt in das Zimmer; eine andere wollte folgen. Doch drückte er die Thüre wieder in's Schloß und schob den Riegel vor.

Der Eingetretene blieb einen Augenblick ungewiß in der

Dunkelheit stehen, doch schrak er sehr zusammen, als ihn der Offizier fest am Arme faßte und in die andere Ecke des Zimmers zog. „Herr!" sagte der Dragoner zu ihm mit leiser Stimme, „wer Sie auch sein mögen und was Sie hier wollen, es gibt nur Ein Mittel,. das Ihnen nützlich sein kann. Stellen Sie sich ruhig hinter die Thüre, und was geschehen mag, sprechen Sie kein Wort, machen Sie keine Bewegung; man will Ihnen wohl, nur müssen Sie Ihr Ehrenwort geben, daß Sie mich nicht gesehen."

Dem Adjutanten und Aktuar klapperten die Zähne zusammen. Da drinnen sollten nur drei Mädchen sein, und hier sprach eine männliche Stimme mit ihm. Doch die Stimme wiederholte leise und dringend: „Geben Sie Ihr Ehrenwort, und dann hinter die Thüre!"

„Ich gebe es," erwiederte der erschrockene Adjutant, und dann drückte er sich in die bezeichnete Ecke. Seine Augen aber hielt er begreiflicher Weise offen, und als er nun sah, wie der andere Mann, der im Zimmer war, gelassen ein Kleidungsstück von dem Stuhle nahm und es anzog, und als er nun ferner bemerkte, daß jenes Kleidungsstück eine Offiziers=Uniform war, da wollten ihm die Kniee zusammen= knicken; er ballte die Fäuste und sprach zähneknirschend zu sich selber: Ha! trau' einer diesen Weibern! Da sticken sie Fahnen für uns, rothe Schärpen, da schwören sie Haß und Wuth gegen die frechen Söldner, schwärmen für die Freiheit und lassen sich knechten von den Schlimmen der Schlimmsten! O, ihr Demokratinnen! — Ja, die Angst, die er am heu= tigen Abend ausgestanden, und der eifersüchtige Abscheu, den er in diesem Augenblicke empfand, ließ ihn beinahe die ganze Partei hassen; er fühlte eine fast monarchische Regung in seinem Busen, wozu er aber ingrimmg seufzte: „Und drei so schöne Mädchen!"

Der Dragoner hatte seine Toilette beendigt, horchte auf den Gang, wo wieder Alles still geworden war, dann sagte er warnend zu dem Aktuar: „Keinen Laut!" und schlüpfte abermals in das Nebenzimmer, um Abschied zu nehmen.

„Nun, was ist's?" flüsterten die beiden Stimmen rechts und links.

„Alles in Ordnung," entgegnete er. „Halten Sie sich ruhig, ich glaube Ihnen versprechen zu können, daß, wenn das Militär kommt, dieses Zimmer nicht untersucht werden soll. Lieber will ich mich selbst opfern. — Sophie," setzte er darauf mit ganz leiser Stimme hinzu, „verzeihen Sie mir, ich verlasse Sie, doch reichen Sie mir zum Abschied Ihre Hand." — Sie that das — obgleich widerstrebend; er erfaßte ihre Hand und drückte einen leichten Kuß darauf. „Ich werde Sie nicht vergessen," fuhr er fort, „halten Sie mich nicht im schlimmen Andenken, und sollte Jemand zu Ihnen sagen: Schutz den Verfolgten! so bin ich es, der Sie wieder erkannt hat." — Mit eiligen Schritten und, wir müssen es gestehen, mit einem seltsamen Gefühl im Herzen, ging er dann zur Thüre hinaus.

Der Adjutant stand noch regungslos in seiner Ecke, doch horchte er aufmerksam und stieß einen leichten Seufzer aus; auch der Offizier lauschte aufmerksam: denn draußen auf der Straße vernahm man durch die Stille der Nacht gleichförmige, nicht zu verkennende Schritte. An das Fenster eilend, bemerkte er eine Patrouille, die sich dem Hause näherte, geführt von jenem langen Unteroffizier der Artillerie; einige Offiziere folgten. Bald hörte man, wie an die Hausthüre geklopft wurde; dann wurden in dem unteren Stockwerke hastig Stühle gerückt, hierauf die Hausthüre geöffnet, der knurrende Hund beschwichtigt, und dann vernahm man Stimmen, worauf feste Schritte und leises Klirren von Waffen in den unteren Räumen gehört wurden. Einige Zeit nachher trampelte es auf der Treppe und der Wirth sagte: „Wenn Sie den Gasthof untersuchen müssen, so kann ich nichts dagegen haben; doch sind einige Fremde da, auch Damen, die Sie doch gewiß nicht stören wollen."

„Es thut mir sehr leid," vernahm man jetzt die Stimme des langen Eduard, „aber ihr spielt ja alle unter Einer Decke, und deßhalb muß ich diese Decke aufheben, schonungs-

los und ohne Ansehen der Person. Lieutenant Wortmann,
stellen Sie einen Posten vor jede Zimmerthüre! der Unteroffizier Dose, der den Mann kennt, und ich, wir wollen
jeden Raum untersuchen."

„Ich bin verloren!" seufzte der Aktuar in seiner Ecke;
denn man vernahm den Schritt der Infanteristen, welche den
erhaltenen Befehl ausführten. Danach blieb es eine Zeit
lang ruhig, man hörte nur das Geräusch von Thüren, die
auf- und zugeschlossen wurden, immer näher kommen.

„Noch nicht!" sagte der Dragoner-Offizier.

„Hier sind wir an Nr. 16," versetzte lachend der lange
Eduard. „Sollen wir auch hier untersuchen? Es thut mir
nur um meinen Freund leid." — Jetzt vernahm man, wie
auch diese Thüre geöffnet wurde, dann hörte man den
langen Eduard überrascht ausrufen: „Ah, der Tausend!
Schlafen Sie ruhig weiter, Madame." Darauf sprach eine
andere Stimme: „Das ist eine merkwürdige Nacht, — werr
weiß, wie sehr!"

Der ganze Trupp stand jetzt still vor Nr. 17. Der
Adjutant bebte, der Dragoner faßte ruhig den Riegel der
Thüre.

„Nr. 17 ist ein leeres Vorzimmer," vernahm man jetzt
die Stimme des Wirthes, einiger Maßen schwach und un-
bestimmt; „da nebenan in Nr. 18 schlafen drei junge Damen, Töchter benachbarter Gutsbesitzer, die den heutigen Ball
mitgemacht."

„Junge Demokratinnen," sagte Lieutenant Wortmann.
„Da müssen wir unbedingt untersuchen." — Er versuchte es,
die Thüre zu öffnen.

„Sie ist von innen verschlossen," vernahm man die
lachende Stimme des Husaren-Offiziers. „Aufgemacht!"
fuhr er fort, indem er heftiger klopfte.

„Gemach! gemach!" meinte der lange Eduard. „Die
Soldaten sollen zurücktreten. Man muß doch eine gewisse
Schonung beobachten. „Meine Damen!" rief er alsdann, „ich
bitte, zu öffnen, wir müssen dieses Zimmer untersuchen."

Es erfolgte natürlich keine Antwort, nur der Wirth sagte in Todesangst: „Ich bitte Sie, Herr Hauptmann, es sind drei junge unschuldige Mädchen."

„Klopfen Sie an die Nebenthüre," entgegnete der Infanterie-Offizier, „sie mögen sich anziehen, wir wollen gern warten. Dem weiblichen Geschlechte jede Schonung."

Der Wirth that, wie ihm geheißen; doch kaum hatte er sich entfernt, so hörte man in Nr. 17 langsam den Riegel zurück schieben, die Thüre öffnete sich weit, ließ den Glanz der Lichter hereinfallen und zeigte ein vollkommen leeres Gemach. Dose wollte auf den Wink seines Vorgesetzten eintreten, um auch das Nebenzimmer zu untersuchen; doch prallten er und der lange Eduard, der Husaren-Offizier und der Hauptmann von Stengel erschrocken zurück, als hätten sie ein Gespenst gesehen; denn aus der Ecke hinter der Thüre trat ihr vermißter Freund, der Dragoner-Offizier, lächelnd und heiter gegen sie vor und sagte rückwärts gewendet, ehe er die Thüre in's Schloß zog: „Bitte, schieben Sie den Riegel wieder vor." Was augenblicklich geschah.

„Du hier?" rief der lange Eduard mit einem Erstaunen, wie es sich selten auf diesem ruhigen Gesichte zeigte.

„In der That, ich bin es," entgegnete der Dragoner lachend. „Aber ich finde es von euch weniger kameradschaftlich, einem nicht einmal ein Bischen Nachtruhe zu gönnen."

„Werr weiß, wie sehr!" fügte überrascht der Hauptmann Stengel bei.

„Du warst in dem Zimmer, in den Zimmern 17 und 18? — Du? Oh! das ist über alle Beschreibung."

„Das ist eine Geschichte," meinte der Husaren-Offizier, „wie ich sie noch nie erlebt habe."

„Eduard findet sie vielleicht ganz Meidinger!" lachte der Dragoner.

„Gott soll mich bewahren!" entgegnete der Infanterie-Offizier. „Wenn so etwas Meidinger wäre, so sähe es schrecklich bei uns aus."

„Aber jetzt komm' hier weg!" bat bringend der Andere;
„macht kein weiteres Aufheben!"

„Nr. 19, 20, 21 und 22 find vollkommen leer!" mel=
dete der Unteroffizier der Infanterie, und darauf hin ließ sich
der lange Eduard von seinem Freunde mechanisch die Trep=
pen hinab führen. Lieutenant Wortmann zog die ausgestellten
Posten zurück, indem er sagte! „Das ist eine ganz verfluchte
Geschichte!"

Es gibt Erlebnisse, über welche man den besten Freun=
den gegenüber Erstaunen muß — und so erging es dem
langen Eduard nach vollendeter fruchtloser Haussuchung, als
die Offiziere auf der Treppe des Grünen Baums standen
und Lieutenant Wortmann die Musketiere drunten zusammen=
treten ließ. — Eduard ordnete stillschweigend Schärpe und
Degen, blickte an den dämmernden Himmel empor und erst,
als er den Augen des Dragoners begegnete, der schwärmerisch
und tief nachdenkend an dem dunkeln Fenster hinaufsah,
konnte er sich eines langen Seufzers nicht erwehren. — Dar=
auf aber reichte er dem glücklichen Kameraden die Hand und
sagte: „Lieber Freund, es gibt Sachen, die ungeheuer Mei=
bingerisch sind und einem doch wieder als ganz neue erschei=
nen. — Lebe wohl — — — —."

Am Schlusse dieses Kapitels müssen wir dem geneigten
Leser versichern, daß Meister Kaspar und der Schreibereigehülfe,
sowie auch der Rathhausbiener alsbald aus ihrem Gewahr=
sam entlassen wurden, daß der Zug Infanterie beim Grauen
der Morgendämmerung hinweg marschirte, daß die sechs
Offiziere freundschaftlichen Abschied von einander nahmen,
worauf die Artillerie und Cavallerie den Eilwagen, der ab=
fahren wollte, wieder bestiegen. Sie hatten sich aber zusam=
men in das Innere des Wagens gesetzt und und ließen die
Dame im schwarzen Mantel und Schleier allein bei dem
Conducteur im Coupè. Wenige Schritte von der Stadt
rasselten sie in vollem Trabe bei der marschirenden Infanterie
vorbei, und als der lange Eduard, der an der Spitze ging,
melancholisch sein Haupt erhob und ihnen zurief: „Oh! oh!"

streckten die vier im Wagen ihre Hände zum Fenster hinaus und entgegneten: „Auf Wiedersehen in C.!" —

Unteroffizier Feodor Dose aber hatte sich dem Conducteur als College zu erkennen gegeben und saß neben dem Postillon, der vom Bocke fuhr.

Zweites Kapitel.

Erzählt dem geneigten Leser, wer die schwarze Dame eigentlich war
melbet etwas vom vergangenen Leben derselben und berichtet
schließlich die glückliche Ankunft in C.

Während die Offiziere im Wagen viel und lustig sprachen über die Abenteuer der vergangenen Nacht, wobei aber
der Dragoner-Offizier nur zuweilen etwas ahnen ließ durch
einen Blick, durch ein Wort, während unterdessen Dose nebst
dem Postillon von den kriegerischen Aussichten der Zeit
sprach, schien die ältliche Dame im Coupé eines leichten
Morgenschlummers zu genießen. Sie hatte den Schleier
dicht und fest um ihr Gesicht gezogen, lehnte sich tief in die
Ecke und athmete tactgerecht und harmonisch. Der Conducteur machte es in der andern Ecke ebenso. Doch erfreute
sich die Dame keines festen Schlummers; sie richtete sich oftmals in die Höhe, hob den Schleier empor, blickte in die
Gegend, welche sich allmählig erhellte, und seufzte tief.

Endlich begannen die höchsten Spitzen der Berge sich
zu vergolden, und zu gleicher Zeit füllte sich das Rheinthal
mit einem feinen Duft, der aber bald von den Sonnenstrah-
len herabgedrückt wurde und als leichter Thau auf den Boden,
sowie auf das Leder des dahinrollenden Eilwagens niederfiel.

Bald kam die Station, der Conducteur erwachte ein

paar Minuten vorher, warf seinen Pelz ab und schaute mit
ziemlich nüchternem Blick auf die glänzenden Fluthen des
Stromes. „Ja, ja," sagte er und dehnte sich, soweit dies
der enge Raum des Wagens gestattete, „jetzt sind wir sogleich
in U., Madame, wo die Passagiere ihren Kaffee nehmen
können."

So war es denn auch; sie erreichten U., ein kleines
Städtchen, in kurzer Zeit, und dort stieg Alles aus. Der
Dragoner-Offizier wäre lieber sitzen geblieben, denn er fürch-
tete sich, die Dame von Nr. 16 wieder zu sehen; doch ließen
ihm die Kameraden keine Ruhe, und so mußte er mit in
das Gastzimmer treten, und das Schicksal fügte es, daß er
gerade gegenüber der schwarzen Dame zu sitzen kam, und
als sie beim Beginn des Frühstücks ihren schwarzen Schleier
erhob, konnte sich der Dragoner eines äußerst freundlichen
Blickes nicht erwehren, den ihm der Husaren-Offizier zuwarf,
wobei ihn dieser leise fragte, ob die drei schönen Mädchen
im Grünen Baum vielleicht von demselben Alter gewesen
wären. Der Artillerie-Hauptmann v. Stengel machte den
Galanten und bediente die Dame, wobei er sich dunkel erinnerte, sie schon irgendwo gesehen zu haben — werr weiß,
wie sehr!

„Das ist wohl möglich," antwortete diese, indem sie
dankend Zucker und Milch nahm; „Sie werden vielleicht in
C. meinen Bruder kennen — Regierungsrath B."

„Ah, der Tausend!" sagte der Artillerie-Hauptmann
und verbeugte sich; „das will ich meinen, wir spielten auf
dem Casino manche Parthie Whist mit einander. Habe ihn
auch einige Male besucht, am Petriplatz Nr. 10."

„Ganz richtig," entgegnete die Dame.

„Regierungsrath B. — Petriplatz Nr. 10," dachte der
Husaren-Offizier und erinnerte sich dieser beiden Namen, und
daß sie mit irgend etwas im Zusammenhange ständen, was
ihm früher einmal passirt oder was man ihm erzählt. Gewiß das Letztere, dachte der Husar, und nachdem er sich einen
Augenblick besonnen, schwebte ihm das Bild des langen

Eduard vor und eine seltsame Geschichte, die ihm dieser ein=
stens erzählt. Doch konnte sie der Husaren-Offizier nicht
mehr recht zusammenbringen, nur so viel erinnerte er sich,
daß es sich um eine hübsche Blondine gehandelt, um eine
alte Tante, um westphälischen Schinken, einen Liebesbrief,
Rüdesheimer und einen entsprungenen Kettengefangenen.

Die schwarze Dame, dem Husaren-Offizier gegenüber,
hatte, einige graue Stellen abgerechnet, durchaus kein helles
Haar; sie war also nicht die Blondine, viel wahrscheinlicher
die Tante, und der Offizier, um etwas zu sprechen, erkun=
digte sich nach dem Befinden des Herrn Regierungsrathes
und nach dem seiner schönen Fräulein Tochter. Die Tante
— denn sie war es — versicherte dankend, so viel sie aus
Briefen wisse, befänden sich Beide recht wohl.

„Sie, meine Gnädige“ — bemerkte Hauptmann v. Stengel
— er wollte eigentlich sagen: gnädige Frau, doch da er nicht
im Klaren war, gebrauchte er nur das Prädikat, — „Sie
sind schon längere Zeit auf Reisen?“

„Ich war über zwei Jahre von C. entfernt,“ antwor=
tete die schwarze Dame, und ein aufmerksamer Beobachter
hätte gehört, wie sie einen leisen Seufzer ausstieß; „ich war
bei meiner Schwester, die ein Gut am Mittelrhein bewohnt.
Ich hatte einmal Lust, die Einsamkeit des Landlebens zu
genießen.“

„Da hatten Sie Recht,“ sprach Hauptmann v. Stengel;
„Gott! dieses Landleben hat etwas ungeheuer Reizendes!“

„Nun, wir werden bald Gelegenheit bekommen, es zu
versuchen,“ meinte der Husaren-Offizier. „Es wird nicht
lange dauern, so verlassen wir die dumpfen Kasernen und
ziehen mit dem Frühling hinaus in das heilsame blühende
Land.“

„Glauben Sie wirklich an einen Krieg?“ fragte ängst=
lich die schwarze Dame.

„Wohl möglich!“ sagte Hauptmann v. Stengel achsel=
zuckend; „die Mobilmachungen werden in zu großartigem

Maßstabe betrieben, als daß es sich um eine bloße Demon=
stration handelte."

„Hurrah!" rief lachend der Dragoner=Offizier, der auch
nicht ganz als stumme Person dasitzen wollte.   „Ah! das
wird ein herrliches Leben werden; ich sehe mich schon an der
Spitze meiner Reiterschwadron! Richt't euch! — Gewehr auf!
Zur Attaque vorwärts! — Der Hufschmied hinter die Front!"

„Der Doktor faßt krampfhaft die Mähne," lachte der
Husaren=Offizier.

„Der Auditeur flüchtet zum Packwagen," fuhr der Dra=
goner fort. — „Marsch! marsch!"

Die Dame war zusammengezuckt, als der Dragoner den
Auditeur zum Packwagen verwies. Sie kämpfte augen=
scheinlich einen tiefen Schmerz zugleich mit dem letzten Stück
Butterbrod nieder, das sie so eben in den Mund gesteckt.

„Meine Herren!" rief der Conducteur zur Stubenthüre
herein, „es ist Zeit, wir müssen abfahren!"

Alles erhob sich, Jeder nahm seinen Platz wieder ein,
und wenige Augenblicke darauf rollte der Wagen weiter.

Die Offiziere im Innern plauderten, die Dame hatte
sich tief in ihre Ecke zurückgezogen und dachte eifrigst nach;
— viel Vergangenes, wenig Zukünftiges. „Der Auditeur
zum Gepäck!" hatte der Dragoner=Offizier gesagt, ach ja!
zum Gepäck, mit aller Liebe, aller Hoffnung, und das alles
wegen des Eigensinnes eines Bruders, der sich eingebildet,
eine junge Dame von über Vierzig und ein Jüngling von
über Zwanzig seien, was dieses Alter anbelangt, von zu
großer Verschiedenheit. Vielleicht erinnert sich der geneigte
Leser noch, wie heftig die Tante den Auditeur Schmidt ge=
liebt, wie sich diese Liebe eine Zeit lang Bahn gebrochen
durch alle Hindernisse und das Paar zu Zusammenkünften
geführt, deren eine aber für ihn, den Geliebten, nicht son=
derlich angenehm geendet. Der Bruder der Tante, der wür=
dige Regierungsrath, hatte gut vernünftige Vorstellungen
machen und den Beiden mit Beispielen zu beweisen, daß ein
solches Verhältniß in alle Ewigkeit keine guten Früchte tragen

könne — umsonst! die Tante war zu reich, und der junge
Mann liebte zu heftig, um der Vernunft Gehör zu geben.

Wir müssen leider gestehen, daß die Zusammenkünfte
zwischen dem Auditeur Schmidt und der alten Dame noch
eine Zeit lang fortdauerten, — ein schlechtes Beispiel, das
auch den guten Sitten der kleinen Pauline hätte gefährlich
werden können, wenn deren Herzensreinheit und natürlicher
Verstand nicht so groß gewesen wären. Da aber Pauline
bei vielen Gelegenheiten bereitwilligst beide Augen zudrückte,
so mußte sich die Tante zuweilen durch ein kleines Blinzeln
revanchiren, ein Blinzeln, das sie alsdann verhinderte, genau
zu sehen, wenn der damalige Bombardier Robert, der seit
jener Katastrophe das Haus des Regierungsrathes zuweilen
besuchen durfte, beim Abschiednehmen die Hand der liebenswürdigen Blondine gar zu lange festhielt, oder es sogar
wagte, einen Ring an dieser Hand ganz dicht unter die
Augen zu bringen, um Hand und Ring — — näher betrachten zu können, denn wir wollen nichts Schlimmeres
voraussetzen.

Wie aber in dieser verderbten Welt nichts Gutes und
Schönes verborgen bleibt, so kam auch der Regierungsrath
eines Tages zufälliger Weise hinter die Zusammenkünfte der
Tante mit dem Herrn Auditeur. Es erfolgte nun eine kleine
Scene, bei welcher der Regierungsrath sich bemühte, so grim-
mig wie möglich auszusehen, zu welchem Zweck er sein Kinn
tief in die Halsbinde vergrub. Darauf hielt er seiner ehrwürdigen Schwester noch einmal die ganze Lächerlichkeit ihres
Liebeshandels vor Augen und bemerkte ihr am Schlusse, daß
es von der Tante sehr wohl gethan sei, für eine Zeit lang
ihre Schwester zu besuchen, die, wie wir bereits wissen, auf
einem Gute am Mittelrhein wohnte. Dieses Mal sprach
der Bruder so überzeugend und mit so viel Kraft und Nach-
druck, daß sich die Tante veranlaßt sah, einige Tage darauf
ihre Koffer packen zu lassen und abzureisen.

Der Herr Auditeur Schmidt benahm sich hierauf schlimmer, als man von ihm erwartet hatte. Da er einmal den

Schleichweg durch die Küche kannte, so benutzte er denselben eines Abends nach der Abreise der Tante und erschien plötzlich vor der erschreckten Pauline, wo er sich die übergroße Freiheit nahm, ihr versichern zu wollen, es fallen ihm jetzt, seit die Tante entfernt sei, die Schuppen von den Augen, und er begreife es nicht, wie man nach einem untergehenden Monde habe blicken können, wenn die aufsteigende Sonne anfange sichtbar zu werden.

Man kann sich übrigens denken, wie dieses treulose Gefasel aufgenommen wurde. Den Auditeur Schmidt mußte man energisch abgefertigt haben, denn er sah sich veranlaßt, das Haus so geschwind zu verlassen, daß er erst demselben gegenüber auf einem Eckstein am Plaze, wo er sich erschöpft niederließ, zur vollkommenen Besinnung gelangte.

Es war dieß derselbe verhängnißvolle Eckstein, auf welchem der große Kanonier Schulten den Rüdesheimer und den westphälischen Schinken verzehrte und wo der ehemalige Bombardier Tipfel seiner Zeit verzweiflungsvoll einsah, daß er sich in Abgabe der beiden Briefe geirrt.

Was nun den Auditeur Schmidt anbelangt, so verschwand er ebenfalls schnellstens von diesem Ecksteine, nachdem er einen lezten und langen Blick zu den Fenstern emporgeworfen, wo er so glücklich hätte sein können. Er hatte anfänglich die Absicht, das Schicksal des seligen Toggenburgers zu wiederholen, doch kannte er die hiesige Polizei und war überzeugt, sie würde ihm keine Zeit zum Sterben lassen, ihn vielmehr verdienter Maßen in irgend ein Narrenhaus abführen. Deßhalb verschwand er von dem Ecksteine, vom Petriplaze, ja, aus dem ganzen Stadtviertel; auch blieb er eine Zeit lang über sein ferneres Schicksal im Dunkeln, bis man endlich in einer Zeitung eine Anzeige las, worin der Auditeur Schmidt seine Verbindung mit Fräulein So und So, der Tochter eines wohlhabenden Kleidermachers, Freunden und Bekannten bestens anzeigte.

Dieses Zeitungsblatt hatte der Regierungsrath seiner Schwester mit einigen tröstenden Worten zugeschickt und sie

zu gleicher Zeit ersucht, jetzt wieder sein Haus mit ihrer
Gegenwart zu erfreuen. Und dieß war der Grund, weßhalb
die Tante sich auf der Rückreise nach C. befand.

Troß der Trennung von einigen Jahren war ihr Herz
noch einigermaßen ergriffen, und sie las das Zeitungsblatt
zum Oeftern durch. Ja, sie hatte es zusammengefaltet und
zu andern vergilbten Papieren gelegt, zu trockenen Blumen
und dergleichen mehr, und sie machte sich nun während der
Fahrt das wehmüthige Vergnügen, diese alten Blätter durch=
zulesen. Als sie damit zu Ende war, legte sie die Briefe
sorgfältig zusammen, wickelte das Zeitungsblatt darum, und
da der Wagen gerade dicht an den Ufern des Rheines fuhr,
so faßte sie den heldenmüthigen Entschluß, diesen Zeugen
ihrer Liebe und früherer glücklicherer Tage ein stilles Grab
zu gönnen in den Fluthen des schönen grünen Stromes. Sie
that also — das Päckchen flog in's Wasser und schwamm
langsam mitten in demselben hinab; die Tante schaute ihm
wehmüthig nach, und in ihrer lebhaften Phantasie dachte sie
daran, daß diese Pfänder ihrer Liebe vielleicht ruhig hinab=
schwimmen würden durch Rhein und Yssel in's Meer, daß
es möglich sei, ein günstiger Wind fasse sie dort und treibe
sie weit hinaus in den Ocean, Tag und Nacht, Wochen und
Monate lang, und lasse sie endlich auf Umwegen an irgend
eine Insel gelangen, wo ein träumerischer schwarzer Jüng=
ling unter Cocosnußbäumen und Palmen sitze und das
Päckchen mit der Hand auffange. Vielleicht hatte der ge=
fühlvolle Cannibale irgendwie deutsch gelernt und las nun
mit großer Befriedigung diesen kleinen Roman. Das Herz
des jungen Negers erglühte von einer ihm bisher unbekann=
ten Liebe; er dachte vielleicht an die alte Tante und dekla=
mirte in der klangvollen hinterindischen Uebersetzung:

> Ein Fichtenbaum steht einsam
> Im Norden auf kahler Höh',
> Ihn schläfert — mit weißer Decke
> Umhüllen ihn Eis und Schnee.

Er träumt von einer Palme
Im fernen Morgenland,
Die einsam und schweigend trauert
An brennender Felsenwand.

Unterdessen rollte der Eilwagen fort, wie er es jeden
Tag zu machen pflegt.

Dose vorn auf dem Bock hatte die Arme über einander
geschlagen und blickte sinnend rechts und links um sich, er
kam jetzt in die Gegend, die er früher als Conducteur be=
fahren, und hier war ihm jedes Haus, jeder Baum, ja jeder
Stein bekannt. Er schwelgte in Erinnerungen und poetischen
Gedanken. Die Offiziere im Innern des Wagens rauchten
erschrecklich viel Cigarren, und der Conducteur sah häufig
auf seine Uhr.

So erreichten sie C., rasselten über Brücken, durch
Thore, durch die engen, gewundenen Straßen und hielten
endlich vor dem Posthofe. Dose sprang von seinem Sitz,
öffnete den Schlag und ließ die Offiziere aussteigen; der
Conducteur hob die alte Tante heraus; doch hatte er sie
kaum auf den Boden niedergesetzt, als sie laut und lachend
von einer jungen Dame umarmt wurde, die bei Ankunft der
Post aus ihrem Wagen sprang und nun die Tante herzlich
an sich drückte und sie küßte. Ein ältlicher Herr, der eben=
falls zum Vorschein kam, schüttelte ihre beiden Hände, gab
dem Conducteur seine Adresse und führte die Tante zu seinem
Wagen. Der Herr hatte ein freundliches und würdevolles
Ansehen, und wenn er sprach, vergrub er häufig sein Kinn
in ein großes Tuch, das er um den Hals geschlungen hatte.
Die junge Dame hatte ein offenes, liebes Gesichtchen, schönes
blondes Haar und war von einer liebenswürdigen Lebendig=
keit; sie lachte und plauderte in Einem fort, sie streichelte
der alten Tante häufig über das Gesicht oder die Arme und
schien voll Freude, sie endlich wieder zu sehen.

Als die Drei beisammen im Wagen saßen, mußte dieser
noch einen Augenblick auf das Gepäck der Tante warten,
und da ereignete es sich, daß plötzlich ein junger Offizier

erschien in der Uniform der reitenden Artillerie, der an den noch geöffneten Schlag trat und freundlich hinein grüßte. Die Tante blickte verwundert auf dieses Gesicht, das ihr nicht unbekannt schien; der alte Herr nickte ihm freundlich zu, und die kleine blonde Dame hatte die Keckheit, dem Offizier vor dem Papa beide Händchen entgegen zu strecken, die er eifrigst küßte.

Die Tante blickte ihren Bruder fragend und erstaunt an, worauf der alte Herr den Offizier mit den Worten vorstellte: „Lieutenant Robert, einer unserer guten Freunde."

Warum lachte Pauline in diesem Augenblicke so lustig? Warum schlug sie mit der Hand so neckisch auf das seidene Wagenkissen, daß es klatschte? Warum zuckte es auf dem Gesichte des Artillerie-Offiziers wie eine lustige Erinnerung? — Der Regierungsrath wußte es nicht, die Tante dachte nicht daran, sonst hätte es ihr Herz zerrissen.

Es war dies ja derselbe Wagen, den einst der Bombardier Robert mit einer unbeschreiblichen Keckheit bestiegen, derselbe Wagen, wo er Pauline zum ersten Male gesehen.

Er rollte indessen durch die Straßen dahin nach dem Petriplatz; Pauline hatte sich in ihre Ecke gedrückt und lachte immerfort in sich hinein; sie stampfte mit ihren Füßchen auf den Bodenteppich und dachte freudig und glücklich an jene Fahrt, an ihren Schrecken, als sie das Licht angezündet, an das Wachsfiguren-Cabinet und an den Zorn der armen Tante.

Der Artillerie-Offizier war unterdessen zu seinen Kameraden auf dem Posthofe getreten, und Alle waren erfreut, sich hier gegenseitig zu finden.

„Apropos! Robert," sagte der Husaren-Offizier zu ihm, „denk dir nur, wen wir gestern Nachts trafen, mit wem wir gemeinschaftlich eine ganze Reihe von Abenteuern bestanden. — — Deinen Vetter, den langen Eduard."

„So, so! Ihr habt ihn gesehen?" antwortete der Lieutenant Robert; „mir ist es noch nicht so gut geworden, ich kam erst vor drei Tagen hier an, hatte aber natürlicher

Weise in den ersten Tagen Wichtigeres zu thun, als nach ihm zu sehen.“

„Begreiflicher Weise!“ spöttelte der Dragoner, indem er mit den Augen der Richtung folgte, nach welcher der Wagen verschwunden.

„Und als ich ihn nun gestern aufsuchen wollte, war er spurlos verschwunden. Nun, er kommt also wieder?“

„Wahrscheinlich morgen gegen Abend; er wird einen guten Marsch machen und sich unterwegs nicht aufhalten. — Werden wir uns irgendwo sehen?“

„Was meint ihr?“ versetzte Lieutenant Robert, „wenn wir ihn auf der Hauptwache am Südthor, wo er einpassiren muß, erwarteten? Kommt also dahin, ihr sollt sehen, was er uns für Abenteuer mittheilt.“

„Ganz recht!“ erwiederten die Anderen und verließen mit einem fröhlichen Abschiedswort den Posthof.

Der Hauptmann v. Stengel allein hatte noch mit seinem Gepäcke zu thun und blieb deßhalb zurück, Dose bei ihm, der noch nicht den passenden Moment gefunden hatte, sich zu verabschieden.

„Ah, mein bester Unteroffizier!“ sagte der Hauptmann, „hier ist der Lieutenant Robert, an den Sie einen Brief abzugeben haben.“

„An mich?“ fragte der Artillerie=Offizier.

„Von dem jetzigen Postsekretär Tipfel!“ meldete Dose in der besten Haltung.

„Ah! von ihm?“ sprach lachend Robert. „Nun, ich danke Ihnen recht sehr. Bitte, besuchen Sie mich dieser Tage, Sie müssen mir recht viel von dem dicken guten Kerl erzählen.“

„Und meine Wohnung werden Sie sich wohl merken,“ sagte Hauptmann von Stengel. „Morgen früh um neun Uhr zum Rapport; ich werde Sie einkleiden lassen, werr weiß, wie bald! An Flickmaterial fehlt's nicht, und wir brauchen gute Unteroffiziere.“

Somit trennten sich Alle für heute, und Dose, ganz

glücklich, seinen Wunsch erreicht zu haben, schritt stolz und
aufrecht durch die bekannten Straßen einem kleinen Gasthause
zu, „Zur alten Kanone," wo er früher zu Mittag gespeist
und das er jetzt mit seiner Gegenwart zu beehren gedachte.

Drittes Kapitel.

Woraus wir ersehen, daß sich sogar eine Offizier-Wachtstube im
Laufe der Zeit einiger Maßen verändern kann. — Der lange Eduard
erzählt eine interessante Geschichte, wird aber vom kommandirenden
Unteroffizier der Hauptwache unterbrochen.

Die allgemeine Stube der Hauptwache am **Thore
hatte sich seit langen Jahren nicht verändert. Es geht diesen
Lokalen wie den Fahnen des Regiments: die Leute kommen
und gehen, die Fahne bleibt. So auch in der Wachtstube:
Pritsche, Tisch, ja, Wasserkrug und Wachtbuch, und wenn
letzteres vollgeschrieben und ersterer je unterdessen zerbrochen
war, so wurden diese beiden Stücke durch ganz ähnliche wieder
ersetzt und änderten nichts an dem Innern der Wachtstube.

Es ist ein eigenes Gefühl, wenn man nach langer Zeit
ein solches Lokal wieder betritt, in dem man einstens gelebt
und gelitten. Man kann sich nirgendwo die Vergangenheit
besser zurückrufen als hier. Da sitzt der Unteroffizier vor
dem beschmutzten und bestaubten Buche auf derselben Stelle
wie ehemals. Es ist auch gerade noch so eine Gestalt, mit
demselben Gesicht, den gleichen Redensarten; denn das erbt
sich fort mit der Fahne von Generation zu Generation. Dort
in dem Winkel spielen Infanteristen mit Karten, daneben
sitzen Dragoner, den Kopf auf ihren Säbel gestützt, und
unterhalten sich leise. Derselbe Duft herrscht hier wie da-

mals und kommt unsern Gedanken zu Hülfe; dort bricht
ein Sonnenstrahl herein in's Lokal, und er malt auf der
Pritsche genau dasselbe glänzende Dreieck wie damals. Ist
es möglich, liegen Jahre dazwischen, seit du hier zum letzten=
male aus= und eingingest? oder bist du eben erst ausgetreten
und meldest dich nun zum Unteroffizier zurück? —

Jn der Offiziersstube dagegen machten sich kleine, wenn
auch unbedeutende, Veränderungen bemerkbar, Veränderungen,
die aber nur ein geübtes Auge erkennen konnte. Da war
zum Beispiel die Lithographie, auf welcher der Jnfanterist
in Parade=Uniform zu sehen war, dem sein Lieutenant das
richtige Präsentiren beibringt, verschwunden; da fehlte das
stark gebrauchte Handtuch, an dem unten der Spiegel be=
festigt war, und vor Allem vermißte man dich, freundliche
Guitarre mit dem abgeschossenen himmelblauen Bande! Die
Zeit war ernster geworden, die Wacht=Jnstruktion lag da im
korrekten festen Einbande; das Dintenfaß, sonst von Tabaks=
und Cigarrenasche umgeben, sah nicht mehr aus wie eine
verschüttete Stadt, sondern zeigte sich stolz und im schwarzen
Lacke glänzend als das wichtige Möbel, das es eigentlich
war. Von den Wänden endlich waren zwei mit großen
Landkarten bedeckt, auf der einen Seite das ganze Deutsch=
land, auf der anderen das engere Vaterland. Auf ersterem
sah man unterschiedliche Striche, Märsche und Aufstellungen
bezeichnet; denn man wußte schon, wohin die allgemeine
Mobilmachung zielte und auf welchem Fleck deutscher Erde
die Kanonen anfangen sollten zu brummen. Man war, wie
gesagt, im Ganzen ernster und gesetzter geworden; vor der
Hand patschten hier keine Karten und klapperten keine
Würfel mehr, und seit die Guitarre verschwunden, hatte
der Posten vor dem Gewehr ferner nicht die Zerstreuung,
in stiller Nacht eines jener sanften Lieder zu hören, die in
früheren glücklicheren Tagen so oft das Herz seiner Vor-
gänger erquickt.

Die Wachtstube war übrigens am heutigen Abend ebenso
besucht, wie damals, als wir ihre erste Bekanntschaft machten.

Der geneigte Leser wird sich erinnern, daß sich die Offiziere gestern auf dem Posthofe verabredeten, einander in der Wachtstube zu treffen und den Einzug des langen Eduard nicht zu versäumen. Da saßen sie nun bei einander auf dem alten Sopha und den defekten Stühlen und unterhielten sich, so gut es gehen mochte.

Der Wachthabende, erst vor kurzer Zeit vom Feldwebel zum Lieutenant avancirt und heute zum erstenmale als Offizier auf dieser Wache, war ein strenger, diensteifriger Charakter, und wenn ihm auch der Besuch der jungen vornehmen Offiziere schmeichelte, so ließ er es doch nur sehr ungern geschehen, daß seine Wachtstube durch irgend etwas, wie zu starkes Trinken oder hohes Kartenspiel, entweiht würde. Der Lieutenant Schmauder war eine hohe, dürre Gestalt mit einer sehr beträchtlichen knöchernen Nase und darunter mit einem röthlichen, struppigen Schnurrbart, der weit und drohend vorstand. Seine Schärpe hatte er fest umgezogen wie zur Parade, und den Helm nahm er zuweilen vom Kopfe, und immer verstohlener Weise, um sich des blaucarrirten Sacktuches in demselben zu bedienen. — Die andern Offiziere, die beiden Dragoner- und Husaren-Lieutenants, sowie Lieutenant Robert hatten um den Tisch Platz genommen, und letzterer beendigte eben die Lectüre einer Zeitung, woraus er einige Stellen laut vorgetragen, dann faltete er das Blatt zusammen und steckte es in die Tasche.

„Nach meiner Berechnung," sagte der Husaren-Offizier, „kann Eduard vor zwei Stunden nicht hier sein."

„Das ist eine lange Zeit," meinte Robert. „Wenn wir nur unterdessen einen Whist machen könnten. Was meinen Sie dazu, Herr Kamerad?" Damit wandte er sich an den Wachthabenden.

„Ich kenne das Spiel nicht," entgegnete Lieutenant Schmauder; „auch befinden sich keine Karten hier."

„Dem wäre abzuhelfen," erwiederte der Husar. „Man schickt nur in die Stadt; wenige Schritte vom Thor, in der Goldenen Gans, kann man genug haben."

„Das wäre am besten," mischte sich nun der Dragoner=
Offizier in das Gespräch.

Der Lieutenant Schmauder wurde offenbar unruhig bei
diesem Vorschlage. „Verzeihen Sie mir," sprach er, „aber
es wäre wahrhaftig doch nicht angenehm, wenn der Haupt=
mann der Ronde käme und uns hier beim Kartenspiel
überraschte."

„Wer ist's heute?"

„Hauptmann E."

„O, haben Sie dessentwegen keine Furcht!" fuhr der
Dragoner fort. „Der spielt selbst leidenschaftlich."

„Ja, vielleicht zu Hause," entgegnete ängstlich Herr
Schmauder; „aber doch wohl nicht auf der Wache."

„A—ah so—o—o!"

„Wissen Sie was, meine Herren!" sagte Lieutenant
Schmauder nach einer kleinen Pause, „wenn Sie spielen
wollen, so möchte ich Ihnen eine Partie Domino vor=
schlagen, ich habe die Steine dazu hier in der Schublade
des Tisches."

„Domino?" rief der Husaren=Offizier. „Pfui Teufel!"

Der Dragoner zuckte verächtlich die Achseln. Doch
Lieutenant Robert versetzte: „Was sollen wir machen? Wenn
der Teufel hungrig ist, begnügt er sich mit Fliegen. Her
mit dem Domino!"

Der Wachthabende brachte eilfertig ein Kästchen zum
Vorschein und legte die Steine auf den Tisch aus.

„Ich weiß aber in der That kein Spiel, das man zu
Vier spielen kann," sagte Robert. — „Wissen Sie eins?"

„O ja," antwortete statt des Wachthabenden nach=
lässig der Dragoner=Offizier. „Es gibt deren mehrere: der
scheußliche Emanuel und die etwas bessere Einundsieben=
ziger=Partie."

„Die Einundsiebenziger=Partie," meinte der Husaren=
Offizier, „wenn man sie mit Chikanen spielt, kommt gleich
nach dem falschen Würfeln und Stehlen."

„Aber man muß ehrlich ansetzen," erwiederte Robert

lachend. „Wir spielen es ohne alle Chikanen, nicht wahr, Herr Kamerad?"

„Der Meinung bin ich auch!" entgegnete Herr Schmauder.

Und darauf bekam jeder sechs Steine; wer zuerst den höchsten aufhob, hatte die Pose, und das Spiel begann.

Wir wissen nicht, ob der geneigte Leser die Einund= siebenziger-Partie kennt. Es ist dieß eines der harmlosesten und langweiligsten Spiele, die es gibt. Man glaubt, es sei von einem Arzt erfunden worden, der für seine Kranken alle und jede Aufregung vermeiden wollte. Man sitzt dabei um einen kleinen Tisch, schaut einander, so gut es gehen will, in die Steine, und macht sich dabei das unschuldige Vergnügen, dem Nebensitzenden, so es geht, die doppelten auszuschließen; man streitet sich um die Pose, da Jeder natürlicher Weise immer aussetzen will; man spielt es ohne alle und jede Rücksicht, ohne Zartgefühl, so eigennützig wie möglich. Man nennt es auch das Spiel der Montenegriner; denn wie uns ein großer deutscher sehr ehrwürdiger Gelehrter versicherte, ist es das Lieblingsspiel des Vladika von Montenegro, und er pflegt es nach Tisch mit seinen Vasallen zu spielen.

Hier in der Wachtstube wurde es übrigens nicht mit großer Lebhaftigkeit gespielt, und nach einer halben Stunde versicherte der Husaren-Offizier, es sei ihm in der That un= möglich, diese langweiligen Steine länger anzusehen. Man warf sie denn zusammen und wollte eben eine Conversation beginnen, als man vor dem Thore leichten Trommelschlag hörte. Dann vernahm man den festen Tritt einer Infanterie= masse auf der Brücke, und gleich darauf wurde die Wache in's Gewehr gerufen. Alles stürzte hinaus. Lieutenant Schmauder ordnete die Reihen der Wachtmannschaft, und die beiden Cavallerie-Offiziere, sowie Robert, eilten der heran= ziehenden Infanterie entgegen und drückten dem Offizier an ihrer Spitze herzlich die Hand.

Der lange Eduard war nicht weniger erstaunt, hier die Freunde zu finden, und als sie ihm sagten, sie hätten ihn hier erwartet, um noch ein paar Stunden auf der Wacht=

stube mit ihm zu verplaudern, heiterte sich sein ernstes Gesicht merklich auf, und nur als er Lieutenant Schmauder
erblickte, flog ein kleiner Schatten über dasselbe. Nichts desto
weniger aber übergab er dem Lieutenant Wortmann den
Befehl über die Mannschaft, um sie in die Kaserne zu führen,
und trat mit den Freunden in die Offizier-Wachtstube.

Er hatte dort seit langer Zeit keinen Dienst mehr gethan, und die neuen Einrichtungen des Lokals, unter Anderem die Landkarten, vor Allem aber der Anblick der Do-
minosteine, schienen ihn froftig anzuwehen. Er stemmte beide
Arme in seine dünnen Seiten, sah sich kopfschüttelnd rings
um und sagte dann zum wachthabenden Offizier, der zufällig
von seiner Compagnie war: „Lieber Schmauder, Sie sind
ein Mann, der den Dienst kennt, wie Keiner; aber wenn
man Offizier ist, so muß man sich auch bemühen, die Kameraden, die einen besuchen, gastfreundlich aufzunehmen. Mir
ist es gerade, als wenn Sie heute Ihre erste Wache unter
dem Titel eines königlichen Lieutenants thäten. Erinnern
Sie sich vielleicht noch jener Zeit, wo Sie überhaupt Ihre
erste Wache thaten, und was an jenem denkwürdigen Tage
vorfiel? Sie leisteten Ihren Einstand, und die ganze Wachtmannschaft war damals inklusive Unteroffizier in einem so
erheiterten Zustande, daß man dem visitirenden Fähndrich,
nämlich zufälliger Weise mir, die Antwort gab: Alles befinde sich kreuzfidel und schere sich den Henker um Haupt-
und Neben-Ronden.“

„Das ist ganz richtig,“ stammelte Herr Schmauder;
„aber das waren Jugendstreiche — —“

„Die auch nicht wiederholt werden sollen,“ sprach würdevoll der lange Eduard. „Doch, da Sie heute hier Ihre
erste Wache thun, so kann heute eine kleine Erheiterung
ebenfalls nichts schaden, zu der wir — wohl verstanden! —
Sie, unseren neuen Kameraden, freundlich zu Gast laden.
Ich denke, das wäre abgemacht; jetzt lassen Sie einmal einen
der Leute hereinkommen.“

Der wachthabende Offizier fügte sich achselzuckend diesem

Wunsche. Der lange Eduard ließ sich herab, eigenhändig einen Bon zu schreiben, und eine halbe Stunde nachher dampfte ein so wohlriechender Punsch in der Offizier-Wacht=stube, daß sich selbst das Gesicht des Lieutenants Schmauder liebreich verzog, und sich sogar die alten Landkarten an der Wand zu freuen schienen. — Die Anwesenden stießen freund=lich mit den Gläsern an, und nachdem der lange Eduard einige Schauder überwunden, die der abendliche Marsch in ihm hervorgebracht, konnte er sich jetzt aus Herzensgrund freuen, seinen Vetter Robert mit so frischen, nagelneuen Epauletten vor sich zu sehen. — „Wir wollen nicht fragen, wie es dir ergangen ist, lieber Junge," sagte er; „du warst auf der hohen Schule wie die Anderen, hast einigermaßen studirt, dein Examen gemacht und bist Offizier geworden. Das ist eine alltägliche Geschichte."

„Ja, lieber Freund," versetzte Robert lachend, „ganz Meidinger."

„Ich versichere dich, du bist Meidinger," entgegnete ernst der lange Eduard, „du treibst mit dem Namen dieses edlen Mannes einen wahren Mißbrauch. Dank übrigens Gott, daß du glücklich durch's Examen geschlüpft bist. Da=von bin ich fest überzeugt, es hat gewiß nur so eben aus=gereicht, es war auch nicht die Idee mehr übrig."

„Das ist wahr: sie haben mir tüchtig zur Ader ge=lassen."

„Er ging hinweg," bemerkte lachend der Dragoner=Offizier, „vollkommen leer, ganz wie eine ausgepreßte Ci=trone."

„Meidinger!" murmelte Eduard vor sich hin und ließ den Kopf melancholisch in die Hand sinken. — „Hast du auch," sagte er nach einer Pause zu Robert, „von unseren Abenteuern dort oben in dem verfluchten Neste gehört?"

„Da erinnerst du mich an was Schönes!" antwortete laut lachend der Andere; „ihr habt da schöne Geschäfte ge=macht! Fangt mir da zwei Demokraten ein, und als ihr die Sache bei Licht beseht, ist es ein harmloser Schneider und

ein trauriger Schreiber.   Da hätte man was Reitendes hin=
schicken sollen."

„Mein lieber Freund," sagte der lange Eduard nicht
ohne eine gewisse Größe, „du bist sehr platt von der hohen
Schule zurückgekommen. — — — Aber bei allem dem,"
fuhr er nach einer kleinen Pause lächelnd fort, „war es doch
eine verfluchte Geschichte, viel Unangenehmes, aber auch An=
genehmes."

„Das gute Souper?" meinte lauernd der Dragoner.

„Ja—a—a—a! das Souper," versetzte Eduard, „aber
vor allen Dingen der gestrige Marschtag.   Wenn einer von
euch mir eine sehr gute Cigarre gibt, so erzähle ich euch
davon.   Aber es muß was Vorzügliches sein."

„Besser als deine eigenen," erwiederte der Dragoner, in=
dem er sein Etuis hervor zog, „keine Regalia canailleros."

„Pfui Teufel über eure schlechten Witze!" sprach fast
betrübt der lange Eduard.   „Jetzt sind wir kaum am Mobil=
werden, und ihr seid schon so verwildert.   Was soll das
werden, wenn ihr erst ein paar Tage in Feindesland mar=
schirt seid!"

„Wie du gestern und vorgestern."

„Allerdings.   Aber jetzt paßt mir auf: Also gleich hinter
dem berühmten Orte, wo die nächtliche Geschichte passirt ist,
kamt ihr bei mir vorüber, stolz zu Wagen, während ich
demüthig zu Fuß ging.   Dafür aber war ich im königlichen
Dienste und hätte euch anhalten können, um nach der Rich=
tigkeit eurer Urlaubspässe zu sehen; aber ihr saht mir wahr=
haftig nicht wichtig genug dazu aus.   Ich zog also ruhig
meines Weges, der Tambour machte hie und da mit seiner
Trommel einen anständigen Spektakel, die Soldaten rissen
ihre Witze und sangen Lieder, ich zählte die Wegsteine und
berechnete, wie weit ich noch nach F. habe, wo mich die
Marschroute für den heutigen Tag hinwies.   Wir hatten
fast die ganze breite Chaussee für uns allein, da uns zu Fuß
oder zu Wagen wenig begegnete. Gegen zehn Uhr Morgens
hörten wir einen Wagen hinter uns drein rollen, er konnte

aus dem verdächtigen Orte kommen, und Wortmann war
dafür, ihn anzuhalten, um nachzusehen, wer sich darin fände.
Es konnte ja vielleicht einer verkleidet darin sein."

„Als Schneider," sagte der Dragoner lachend.

„Richtig, oder als sonst was," antwortete ruhig der
lange Eduard, wobei er sonderbar lächelnd drein schaute.
— „Also der Wagen kam näher, meine Soldaten marschirten
in diesem Augenblicke dem Befehle Wortmann's gemäß so
die ganze Breite der Chaussee einnehmend, daß der Wagen,
der ziemlich rasch fuhr, sobald er uns erreichte, still halten
mußte und die Pferde nur im Schritt vorwärts konnten.
Wortmann und ich traten zu beiden Seiten an den Schlag
und examinirten den Kutscher, wo er herkäme. — Von jenem
Orte, wo auch wir her kamen, berichtete er treuherzig; sein
Fuhrwerk war ein ziemlich anständiger Charabanc mit Fen=
sterledern, die fest zugezogen waren. Unserer Aufforderung
gemäß, dieselben zu öffnen, stieg er vom Bocke herunter und
schob eines zurück. Wir blickten in den Wagen — es saßen
drei sehr hübsche Mädchen darin."

„Der Teufel auch!" meinte der Husaren=Offizier.

„Drei hübsche Mädchen?" fragte aufmerksam der Dra=
goner.

„Drei sehr hübsche Mädchen!" wiederholte der lange
Eduard. „Zwei mit dunklen Haaren, schönen blitzenden
Augen, runden freundlichen Gesichtern, die dritte, von einem
superben Blond, ein volles, üppiges Haar, wie ich selten was
gesehen, dabei ein schneeweißer Teint, und, was wunderbar
war, hiezu dunkle strahlende Augen. Alle drei waren, wie
gesagt, sehr schön. Aber die Blonde rührte augenblicklich
mein Herz. Ich muß gestehen, lange nicht sah ich etwas
Frischeres von Augen, Gesichtsfarbe und Lippen. Was den
Wuchs der drei Damen anbelangt, so war das in dem engen
Wagen sehr schwer zu beurtheilen; aber ihr wißt, daß ich
Kenner bin, und ich hätte schon im ersten Augenblicke einen
feierlichen Schwur ablegen wollen, daß ihre Formen tadellos
seien. Die Beiden mit dem dunklen Haar schlank, vielleicht

etwas mager, die Blonde aber schlank und voll. Ihr
kennt das."

„Nun?" fragte eifrig der Dragoner; „und du sprachst
mit Ihnen?"

„Du kennst mich," erwiederte der lange Eduard; „ich
sprach mit ihnen zierlich und galant, wie es die Verhältnisse
erheischten; in den wenigen Worten, die ich ihnen zu sagen
genöthigt war, concentrirte ich eine unsinnige Masse von
Liebenswürdigkeit.   Ich entschuldigte mich über dieses Anhalten auf offener Landstraße, indem ich von der vergangenen
Nacht sprach und den seltsamen Umständen, unter welchen
uns dieselbe verflossen."

„Du sprachst also von der vergangenen Nacht?" fragte
der Dragoner=Offizier.

„Allerdings.   Und als ich davon sprach, lachten zwei
der jungen Damen schelmisch in sich hinein; die dritte aber
— ihr kennt meinen scharfen Blick — fuhr kaum merklich
zusammen und blickte verwirrt und sanft erröthend in die
Gegend hinaus."

„Wie der Eduard göttlich erzählt!" meinte gezwungen
lachend der Dragoner=Offizier: „außerordentlich lebendig;
aber ich glaube, er erfindet. — So! so! also eine von den
beiden Mädchen mit schwarzen Haaren blickte verwirrt zum
Fenster hinaus?"

„Das habe ich nicht gesagt," erwiederte der lange
Eduard.

„Also die Blonde war's?" fuhr der Andere fort. „Natürlich auf das Herz der Schönsten hast du einigen Eindruck
gemacht.   O glückseliger Kerl, der du bist!"

„Deine Versuche, zu erfahren, welche der drei Damen
verwirrt zum Fenster hinaus sah," fuhr der Erzähler fort,
„sind in der That so unendlich Meidinger, daß ich laut
darüber lachen möchte.   Genug, Eine schaute hinaus, aber
welche, das ist mein Geheimniß."

„Man mag sagen, was man will," warf der Husaren=

Offizier dazwischen, „Eduard ist ein verfluchter Kerl. — Aber fahren Sie fort, wir bekommen noch mehr zu hören."

„Wir machten natürlicher Weise unsere Verbeugung, die Soldaten zogen sich rechts und links, und der Wagen setzte seinen Weg fort. Im Augenblicke, als die Pferde anzogen, sagte eine der drei Damen: „Aber Sophie, das sind Geschichten!"

„Sophie?" rief der Dragoner-Offizier, sich vergessend.

„Sophie," wiederholte der lange Eduard mit einer gewissen Genugthuung und sah seinen Kameraden lächelnd an, während er ruhig sein Glas Punsch austrank. „Wir marschirten also weiter, und es wurde stark Mittag, bis wir unser Quartier, das Dörfchen F., erreichten. Ich zog mit Trommelschlag ein, marschirte vor das Haus des Bürgermeisters, wo ich meine Quartiermacher traf und die Billete in Empfang nahm. Alles ging gut von Statten, ich selbst bekam eine Anweisung auf einen Herrn St., der nicht im Orte selbst, sondern einen halben Büchsenschuß davon an den Ufern des Rheines wohnte. Ich ertheilte meine Befehle für den andern Morgen, Ausmarsch Punkt sechs Uhr, nahm einen Mann des Zuges mit mir und ging, mein Quartier aufzusuchen. Es war in der That nicht weit von dem Orte entfernt, ein hübsches, viereckiges weißes Haus auf einem kleinen Hügel, von zwei Seiten mit dichtbelaubten Bäumen umgeben und so zu sagen mitten in Gärten und Weinbergen stehend. Ich schlenderte langsam hinauf; droben empfing mich ein Hund mit wüthendem Gebell, und ein Knecht, der hinzu kam, beschwichtigte ihn mit den Worten: „Ruhig, Fürst! siehst du nicht, daß es nur ein Offizier ist."

„Alle Wetter!" rief der Husaren-Offizier. „Dem Kerl hätte ich gleich einen halben Zug in die Speisekammer gelegt."

„Und wozu?" fragte der lange Eduard ruhig und mit wahrer Größe. „Um den Herrn des Hundes zu bestrafen, falls er nicht redlich, sondern röthlich sei? — Gott bewahre! Ich hatte mir vorgenommen, ihn mit Liebenswürdigkeit zu erdrücken, mit ihm im guten Sinne des Wortes zu fraterni=

firen. Dieser Hauseigenthümer stand unterdessen unter der
Thüre, die Arme in die Seiten gestemmt, und betrachtete mich
mit finsterem Blicke. — Einquartierung? rief er; das fehlt
uns noch! Wo ist Ihr Billet? — Ich überreichte es ihm. —
Wir haben keinen Platz, sagte er. — Ich bin mit Allem
zufrieden. — In diesem Augenblicke nun entwickelte ich mit
der freundlichsten Miene von der Welt eine glänzende Be-
redtsamkeit; ich sprach sehr viel gut Gedachtes mit einigem
geistreichen Unsinn. Ja, ich brachte es so weit, dem alten
Demokraten ein kleines Lächeln abzunöthigen; dann zuckte er
die Achseln und befahl das blaue Zimmer für mich. Dieses,
meine Wohnung, war anständig möblirt, die Fenster gingen
auf den Rhein; doch hielt ich mich nicht lange da auf. Ich
ging in den Garten und traf den alten Demokraten, wie er
Befehle ertheilte. Ich war in dem Augenblicke ganz Land-
wirth, ich erkundigte mich leidenschaftlich nach der besten Art
des Weinbaues und wagte dabei einige gelinde Zweifel auszudrücken, ob auch hier wohl Sorten von vorzüglicher Quali-
tät wüchsen. Das will ich meinen, sagte mein Wirth; hier
wächst ein berühmter Tropfen. — Ich zweifelte mit aller
Bescheidenheit. — Das will ich Ihnen gleich bei Tische beweisen, versetzte er, und würde es noch vorher thun, aber ich
fürchte, Sie können die Kellerluft nicht ertragen. — Das
war ein Wort zu seiner Zeit. Ich bat ihn, es auf die Probe
ankommen zu lassen, und darauf holte er lächelnd einen
großen Schlüsselbund. Wir stiegen die Treppe hinab, ich
triumphirend, denn nun hatte ich gewonnenes Spiel. Alle
Rheinländer sind, wie Ihr wißt, in Einem Punkte vollkom-
mene Orientalen; denn habt ihr mit dem Araber eine Pfeife
geraucht, so ist er euer Freund: ebenso der Rheinländer,
wenn er euch in seinen Keller führt und dort ein gutes Glas
für euch abzieht."

„Aber die Weinprobe!" sagte lächelnd Lieutenant Robert.
„Wie bist du dabei bestanden?"

„Ohne Uebertreibung glorios: mit jedem Glas, das ich
hinunterlaufen ließ, stieg ich in der Achtung meines demo-

kratiſchen Wirthes, und als ich ſogar einen ſtarken Sechs=
undvierziger dreimal verſuchte, ſah er mich gerührt an und
meinte, es gäbe doch tüchtige Offiziere bei der königlichen
Armee."

„Es iſt wirklich traurig," meinte der Huſaren=Offizier,
„da gibt es, auf Ehre! Leute, die bilden ſich ein, wir lebten
ſtellenweiſe nur von Butterbrod und Thee."

„Endlich ſtiegen wir die Treppen des Kellers wieder
hinauf," fuhr der Erzähler fort. „Die Natur ſah ungeheuer
freundlich aus, und die Sonne ſchien ſo hell und glühend,
daß unſere Naſen ganz davon geröthet waren. Jetzt ſollte
zu Mittag geſpeiſt werden; mein Wirth und ich, wir waren
ſchon ſo gute Freunde geworden, daß wir Arm in Arm die
Treppen hinauf gingen. Arm in Arm ſage ich; aber denkt
euch meine Ueberraſchung! als ſich die Thüre des Speiſezim=
mers öffnet, ſehe ich vor mir —"

„Nun?" rief der Dragoner ahnungsvoll.

Doch hatte der lange Eduard nicht Zeit, der Geſell=
ſchaft zu ſagen, was ihn ſo ſehr überraſchte, als ſich die
Thüre des Speiſezimmers geöffnet hatte; denn die Thüre
zum Offizier=Wachtzimmer öffnete ſich ebenfalls, und der
kommandirende Unteroffizier der Hauptwache trat, um etwas
zu melden, herein.

Viertes Kapitel.

Handelt vom Mißbrauch der Patrouillen-Zettel, von der Unbesonnenheit junger Wachthabender und einer Arrestation, die zu keinem Resultate führt.

Der Lieutenant Schmauder hatte sowohl am Punsche wie an der Erzählung innigen Theil genommen, weßhalb er den eingetretenen Unteroffizier auch nicht gerade mit dem freundlichsten Blicke fragte, was er denn eigentlich wolle.

„Herr Lieutenant!" meldete dieser, „soeben kommt eine Patrouille vom . . . schen Thor und gibt den Patrouillen-Zettel zum Unterzeichnen bei mir in der Wachtstube ab. Wie ich ihn entfalte, sehe ich diesen Brief hier vor mir."

Damit übergab er dem wachthabenden Offizier ein Papier, das dieser entfaltete und alsdann finster hineinblickte.

„Was haben Sie, Herr Kamerad?" fragte Lieutenant Robert, der ihm zunächst saß. „Teufel! das ist ja kein Patrouillen-Zettel."

„Allerdings ist es kein Patrouillen-Zettel," entgegnete Schmauder, „aber der Henker mag wissen, was der Wisch besagen will!"

„Laßt doch einmal sehen," meinte der lange Eduard und nahm das Papier aus den Händen des Wachthabenden. Dann warf er einen Blick hinein und lächelte sanft vor sich hin. „Ich will euch sagen, was das ist," sprach er nach einer Pause, „das ist eine Correspondenz per Patrouille, wie man sie nächtlicher Weise und in der langen Weile der Wachtstube wohl zu machen pflegt. Gott! wir haben das seiner Zeit auch gethan. — Wie ist die Unterschrift? — Bombardier Reuter."

„Ah! von der Artillerie?" sagte Lieutenant Schmauder. „Die Herren treiben immer absonderliche Späße. — Und der Patrouillen-Zettel?" fragte er den Unteroffizier.

„War ebenfalls dabei," meldete dieser.

„Und in Ordnung?"

„Vollkommen."

„Dieser Bombardier Reuter," meinte der lange Eduard, „hat die Wache am E . . . Thore. Sein Freund, an den der Brief gerichtet ist, befindet sich draußen auf dem Fort Nr. 4. Nun machen sie also den harmlosen Scherz und correspondiren per Patrouille zusammen. Da der Brief offen ist, wollen wir lesen, was er schreibt."

„Aber," fügte der Dragoner=Offizier hinzu, „was wir lesen, bleibt ganz unter uns. Wir nehmen keine Notiz davon."

„Versteht sich!" sagten Alle. Lieutenant Schmauder that das mit einigem Widerstreben.

Der lange Eduard las also den Brief:

„Liebe Seele!"

„Es ist etwas verdammt Langweiliges um das Wache= thun, namentlich an einem von den Thoren, wo ich mich ge= rade befinde. Hier hat man bei Tag und Nacht keine Ruhe; so lange es hell ist, laufen die Offiziere aus und ein, man meint, das alte Thor sei ein Bienenstock geworden. Dazu Offiziere du jour, daß man des Teufels wird, und wenn es dunkel geworden ist, wimmelt es von Haupt= und Visitir= Ronden und von Patrouillen aller Art, und läßt einen nicht schlafen, wie die Flöhe bei Nacht. Doch zur Sache! Vor= hin war F. bei mir und bat mich um Gottes willen, das bewußte Ständchen doch heute Nacht vor sich gehen zu lassen. Der Kerl ist ein Narr, das habe ich ihm auch gesagt; ich bin auf Wache, du bist auf Wache, und wenn die beiden Anderen noch heranzuschleppen sind, damit das Quartett voll= zählig würde, wie könnten wir dich herbringen von deinem verfluchten Fort Nr. A! F. ist übrigens ganz außer sich: das Mädchen reist morgen ab, sagt er, und obendrein sei er ge= stern in den Fall gekommen, auf ein Ständchen anzuspielen, ein Gedanke, der sie mit Entzücken erfüllt habe. Ich weiß, du ziehst nie ohne deinen Orpheus auf Wache, der langwei=

lige Kerl wünscht Nr. 6, Nr. 20 und Nr. 32. Dann könnten
wir noch zu guter Letzt ihm das famose:

> Sie war ein Kind vor wenig Tagen,
> Sie ist es nicht mehr, wahrlich nein!

machen, das paßt auf alle Zustände. Nun überlege dir die
Sache; um eilf Uhr sollte die Geschichte vor sich gehen.
Ich meines Theils könnte schon etwas riskiren, denn das
Haus, wo sie wohnt, ist nur zwei Schritte von dem Thore
entfernt. Also, Bruderherz, gehab dich wohl. — Apropos!
vor der Ronde bist du sicher, der Lieutenant Schnabelinski I.
that so, als wenn er zu dir hinaus wollte, ich ließ ihn aber
beobachten, doch wandte er sich vor dem Thore rechts statt
links; er wird zum R . . . . Thore wieder in die Stadt
hinein sein."

„Das ist doch zu arg!" sagte Lieutenant Schmauder mit
gerechter Entrüstung. „Eine solche Verhöhnung alles Dienstes,
eine solche Nachlässigkeit ist nicht zu verzeihen. Man sollte
das zur Anzeige bringen."

„Briefgeheimniß!" erwiederte lachend der Dragoner-Offizier; „und dann haben wir uns auch gegenseitig versprochen,
dessen, was wir lesen würden, in keiner Weise weiter zu gedenken; es wäre Unrecht von uns."

„Aber der Dienst, meine Herren!" versetzte eifrig der
Wachthabende. „Denken Sie sich nur, wenn ein solcher Fall
bei ausbrechendem Krieg vor sich ginge. Nachlässigkeit im
Wachtdienst! Kann nicht durch den Leichtsinn eines Einzelnen
ein ganzes Corps zu Grunde gehen?"

„Seien Sie unbesorgt!" entgegnete der lange Eduard.
„Ich weiß Leute, die sich in Friedenszeiten ähnliche Geschichten
zu Schulden kommen ließen, die aber — das kann ich Sie
versichern — wenn es einmal im Ernste gilt, sich in Stücke
hauen ließen, ehe sie von ihrem Posten wichen. Lassen wir
den jungen Leuten ihre Streiche; wir haben in unserer Jugend auch getollt."

„Aber man kann so etwas nicht dulden."

„Wenn es dienstlich gemeldet wird, freilich nicht. Aber uns geht die Geschichte weiter nichts an; sie spielen eines kleinen Vergnügens halber leichtsinniger Weise um vierzehn Tage Arrest."

„Ich möchte nur wissen, was der Andere antwortet," sagte der Husaren-Offizier.

„Das wird nicht schwer zu erfahren sein," meinte der Wachthabende. „Die Patrouille muß wieder durch dieses Thor zurück, und da wollen wir schon sehen, was sie bringt."

„Aber sie wird draußen plaudern."

„Daran habe ich auch gedacht," meinte Lieutenant Schmauder. „Deßhalb will ich ein paar zuverlässige Leute hinaus schicken, auf die ich mich verlassen kann." — Er sagte dem Unteroffizier einige Worte, worauf dieser abtrat.

„Da steht noch ein Postscriptum!" rief lachend der lange Eduard. „Soll ich das auch lesen?"

„Natürlich!" antworteten die Anderen.

„Aber vergeßt nicht, wir versprachen, durchaus keine Notiz von dem zu nehmen, was in dem Briefe steht."

„Das versteht sich von selbst."

„Schließlich schreibt also der wachthabende Bombardier vom E....Thore: Geh nicht zum H...Thor hinein, oder solltest du es doch thun, nimm dich vor dem Offizier in Acht, der dort auf der Wache ist."

„Ah!" machte Lieutenant Schmauder.

„Das ist so eine alte Feldwebels-Natur, die durchaus keinen Spaß versteht, hat äußerlich und innerlich viel Aehnlichkeit mit einem Bleistift, schreibt alles auf, was er hört und sieht. Sagte mir heute Morgen beim Abmarsch auf dem Paradeplatze, ich sollte mich in Acht nehmen, ich sei von der Artillerie und verstände deßhalb verflucht wenig vom Wachtdienst. — Nun, der soll uns nicht fangen! Ich bin fest überzeugt, daß bei seiner Geburt auch schon geschossen wurde, Schmauder heißt — — — er, werr weiß, wie sehr! wie Hauptmann von Stengel zu sagen pflegt, und an Flickmaterial fehlt's bei ihm auch nicht."

„Ah, das ist zu stark!" machte der Wachthabende, im
höchsten Grade entrüstet.

„Scherze! Scherze!" sagte der Dragoner=Offizier, „wie
wir sie seiner Zeit alle gemacht haben."

„Ich nicht!" betheuerte Lieutenant Schmauder. „Gott
soll mich bewahren! Ich habe mich dergleichen nie unterstanden,
und man sollte eigentlich das Papier an die Kommandantur
schicken. Wahrhaftig, ich würde ernstlich darauf antragen,
wenn es nicht gerade mich selbst beträfe."

„Da es Sie nun aber selbst betrifft," erwiederte sehr
ernst der lange Eduard, „so werden Sie um so eher geneigt
sein, zu verzeihen."

„Was hat er denn eigentlich mit dem Flickmaterial sagen
wollen? Das habe ich nicht recht verstanden," fuhr ärgerlich
der wachthabende Offizier fort.

„O, das hat weiter nichts auf sich," entgegnete lachend
Lieutenant Robert. „Das ist so 'ne Redensart unseres Haupt=
manns von Stengel, die in der ganzen Brigade bekannt ist;
denn er hat sie einmal an einem schönen Tage vor dem In=
spekteur ausgekramt, als ihn dieser General wegen der schnellen
und pünktlichen Bewegung seiner Batterie belobte, ihm darauf
befahl, in Carrière vorzugehen und die große Scheibe mit
Kartätschen zu bedienen. Es lag ein tiefer Graben vor der
Batterie, und der General meinte, der würde so brave Rei=
ter und tüchtige Kanoniere nicht genieren, worauf der Haupt=
mann freudig ausrief: „O, Excellenz, daran fehlt's nicht,
wir kommen hinüber, an Flickmaterial fehlt's nicht. Batterie
marsch! marsch!"

Alle lachten, und sogar Lieutenant Schmauder lächelte
ein wenig.

„Es ist eigenthümlich," sagte der lange Eduard mit
sanfter, ruhiger Stimme, „wie sich Leute dergleichen ange=
wöhnen können. Da habe ich einen alten Major gekannt —
er ist jetzt zur himmlischen Kriegsreserve versetzt — der konnte
es nicht unterlassen, allen Befehlen, die er erließ, beizufügen:
wie das denn auch nicht anders sein kann! Und das hat er

sich sehr angewöhnt. Eines Tages zankte er sich ein wenig
mit einem anderen Bataillons-Kommandeur wegen einiger
Evolutionen, die man am Morgen beim Exerciren gemacht
hatte, und sagte im Eifer des Gesprächs: Wenn ich das kommandirt hätte, Herr Kamerad, so wäre ich ja ein wahres
Rindvieh — — Wie das denn auch nicht anders sein kann!"
setzte er brummend hinzu.

„O, Eduard!" antwortete laut lachend Lieutenant Robert; „diese Geschichte besaß der Urgroßvater des seligen Meidinger schon handschriftlich. Aber er schämte sich, sie drucken
zu lassen."

„Dann bewies Meidinger," versetzte der Erzähler, „in
dem Augenblick wenig Geschmack, denn die Geschichte ist
nicht schlecht."

„Aber du hast schon viel bessere gemacht," meinte der
Andere.

„Laßt das jetzt gut sein," erwiederte der Dragoner-Offizier.
„Wir sind ganz von der vortrefflichen Geschichte abgekommen,
die uns Eduard erzählte. Schenkt eure Gläser voll und laßt
uns aufmerksam zuhören."

So geschah es denn auch. Auf's Neue wurde Punsch
eingegossen, der Unteroffizier von der Wache hatte den bewußten Brief abgeholt, und Eduard fuhr in seiner Erzählung fort:

„Die Thüre des Speisezimmers öffnete sich also, und ich
sah vor mir — die drei jungen Damen, die ich am Morgen
in ihrem Wagen gesehen und gesprochen."

„Das habe ich mir gedacht!" sagte der Dragoner.

„Natürlicher Weise war ich überrascht, faßte mich aber
gleich wieder und entwickelte, als wir uns zu Tische setzten,
eine Liebenswürdigkeit, deren ich mich kaum selbst fähig gehalten. Ich saß da wie die Dorne zwischen Rosen, rechts
und links eines der hübschen Mädchen, mir gegenüber die
dritte und der Papa."

„War er der Papa von allen dreien?" fragte der
Dragoner.

„Das wird sich später finden," erwiederte der lange
Eduard fortfahrend. „Ihr mögt denken, was ihr wollt, ich
war der Gegenstand gespanntester Aufmerksamkeit der drei jungen
Damen, namentlich Einer derselben."

„Das kann ich mir denken," seufzte der Dragoner-
Offizier in sich hinein. — „Oh! es muß die Blonde gewesen sein!"

„Unser Gespräch drehte sich meistens um die vergangene
Nacht. Mein Wirth hatte einen Bruder in dem bewußten
Orte, zu dem man die Mädchen geschickt, damit sie sich wieder einmal recht austanzen könnten. Er hätte, sagte er,
wenig Rücksicht darauf genommen, welche politische Partei
gerade diesen Ball arrangirt, so arg sei es mit ihm doch gerade
nicht. Ueberhaupt versicherte er mich, er sei freilich ein Mann
des Fortschrittes, aber kein Demokrat. Doch, setzte er lächelnd hinzu, ist in meinem Hause die Demokratie stark
vertreten: meine beiden Töchter denken natürlich wie ich,
aber dort, meine Nichte, die aus dem Oberland hier zu
Besuch ist, gehört einer Familie an, die völlig links über-
hängt."

„Also die Eine war eine Nichte?" fragte der Dragoner.
— „Vielleicht die Blonde?"

„Eine von den Dreien," entgegnete der unerbittliche Eduard
und fuhr fort: „Darauf erzählten Sie mir, wie der Lieutenant Wortmann den Ball unterbrochen habe, und wie er die
Beiden arretirt, wie darauf Alles aus gewesen sei und jedes
sich ängstlich zu Bette begeben, und wie sie die ganze Nacht
ohne Licht zugebracht, damit man glauben möge, ihr Zimmer
sei unbewohnt. Von mir wollten sie dagegen wissen, wie
stark unsere Truppenmacht gewesen, wer sie kommandirt und
ob ich mich selbst im Gasthofe eine Zeit lang aufgehalten.
Das Letztere schien namentlich die Nichte sehr zu interessiren; denn ich muß gestehen, sie lauschte meinen Worten mit
der größten Aufmerksamkeit, und dabei wurde sie bald blaß,
bald roth."

„Natürlicher Weise," sprach ärgerlich der Dragoner, „warst

du, wie bei allen Gelegenheiten, der Haupthahn, hattest Alles allein gethan und warst überall selbst gewesen."

„Meiner Treu', ich hatte gute Lust dazu, und wenn du mein Freund nicht wärest, so hätte ich mich für dich ausgegeben. Wahrhaftig, nur aus Freundschaft sprach ich von einem anderen Offiziere, der ebenfalls die Nacht bei uns zugebracht, von einem liebenswürdigen Offizier, von der Perle des ganzen Dragoner-Regiments."

„O, Eduard, wir kennen dich!" sagte der Husar. „Du hattest anfänglich große Lust, das bewußte Abenteuer bestanden zu haben, du bautest auf das dunkle Zimmer und hast sogar versucht, die Stimme unseres Freundes da ein wenig nachzumachen. Sei offenherzig, so wollen wir dir vergeben."

„Es ist etwas Wahres daran, was ihr sagt, meine Freunde," entgegnete lächelnd der lange Eduard. „Fanden wir uns nicht zusammen in Kriegszeiten? Was konnte es ihm schaden, wenn ich sein Nachfolger wurde?"

„Und das versuchtest du in der That? geringe Seele!" sagte der Dragoner-Offizier.

Der lange Eduard zuckte die Achseln und entgegnete: „Wenn ihr mich nur nicht immer unterbrechen wolltet! Ich war ja im Zuge, euch Alles so offenherzig zu erzählen. Man war wahrhaftig geneigt, mich anfänglich für einen Andern zu nehmen, wenigstens zwei der Mädchen — die Nichte weniger. Die sah mich öfters verstohlen an und schüttelte leicht den Kopf.

„Ah!" sprach entzückt der Dragoner zu sich selber, „es war die Nichte!"

„Endlich fragte sie mich, nachdem sie lange über etwas nachgedacht — und sie that diese Frage mit einigem Widerstreben, ich möchte fast sagen, mit bebenden Lippen —: „Und was würden Sie gethan haben, wenn wir zur Flucht der beiden Männer behülflich gewesen und Ihnen nun so als Feindinnen gegenüber getreten wären?"

„Und darauf antwortetest du?" fragte gespannt der Dragoner.

„Darauf antwortete ich: Meine Damen, es würde mir
sehr leid thun, gegen das schöne Geschlecht hart aufzutreten,
aber in dem Falle hätte ich Sie da behalten müssen, bis sich
die Sache aufgeklärt."

„Ha! ha! ha!" lachte der Dragoner=Offizier; „das ant=
wortetest du? Du hast deine Sache gut gemacht."

„Das meinten die jungen Damen nicht," sagte sein lä=
chelnd Eduard; „denn die Nichte entgegnete mir, ich sei nicht
der Rechte, dem sie sich anvertrauen könne, und sie sei erfreut
darüber, mir in der vergangenen Nacht keinen Anlaß zu Miß=
trauen gegeben zu haben."

„Und das trotz aller deiner Liebenswürdigkeit?" lachte
der Husar. „Armer Eduard! Die Nichte muß ein felsenhar=
tes Herz haben. Und so brachtest du deinen Tag zu in Ein=
samkeit und Unschuld, wie es einem Lieutenant von der In=
fanterie zukommt?"

„Nicht so ganz," meinte der also Verhöhnte. „Wißt
ihr vielleicht nicht, daß jeder Erzähler etwas für sich behält,
meistens das Beste, was er die Zuhörer nur ahnen ließ.
So viel kann ich euch versichern, ich erlebte eine angenehme
— — einen angenehmen Nachmittag und Abend, wollte ich
sagen, auf dem kleinen Landgute." — Dabei warf er aus
seinen Augenwinkeln einen lächelnden Blick auf den Dra=
goner=Offizier.

„Aber wie ist es denn eigentlich mit den beiden Gefan=
genen geworden?" fragte Lieutenant Robert. „Keine Spur
mehr von den Rechten?"

„Mit den Rechten hat er Unglück," entgegnete lächelnd
der Dragoner=Offizier. „Er kommt immer an die Un=
rechten."

„Teufel! wenn ich mir denke," sagte Lieutenant Robert,
„daß das nach B. berichtet wird, das kann dir in deiner
Carrière schaden. Man wird dir nicht nur Nachlässigkeit
im Dienst vorwerfen, sondern sogar Sympathieen für die
Schneider und Schreiber, für die Gefährlichsten unter den
Gefährlichen."

„Welchen Tag haben wir heute?" sprach verächtlich lächelnd der lange Eduard.

„Es ist Mittwoch," entgegnete Robert.

„Gott der Gerechte! erst Mittwoch und schon so schlechte
Witze! Robert, du bist in B. ungeheuer verwildert."

„Was will er damit sagen?" fragte der Husaren-
Offizier.

„Es ist etwas Meidinger," erwiederte der Artillerie-
Lieutenant, „aber doch nicht ganz schlecht. Eduard behauptet
nämlich, ich mache mir Sonntags meine Witze für die ganze
Woche voraus und fange sie nun an zu gebrauchen, natürlich die besten zuerst, und so blieben denn die schlechtesten
für die letzten Tage der Woche. Das ist seine geistreiche
Erfindung."

„Aber von dir so matt vorgetragen," antwortete Eduard,
„daß es Samstag Abends sein könnte, wo dir bekanntlich nicht
mehr die Spur eines guten Einfalles übrig bleibt!"

In diesem Augenblicke hörte man draußen vor der Wachtstube laute Stimmen, Leuten angehörend, die mit einander zu
zanken schienen und die so heftig durch einander schrieen, daß
sich der Wachthabende veranlaßt sah, nach der Ursache dieses
seltsamen Lärmens zu forschen.

Doch kaum hatte er die Thüre des Wachtlokals geöffnet,
so näherten sich die Stimmen, und gleich darauf sah man
vor der Thüre Gewehrläufe glänzen, hörte die Kolben auf
den Boden niedersetzen und sah in der ersten Linie der Heran-
drängenden einen Kerl, der gewaltsam der Offizier-Wachtstube
genähert wurde, indem ein Polizeibeamter aus allen Kräften
hinten an ihm schob.

Der Geschobene hatte beide Hände in die Hosentaschen
gesteckt, er trug den Hut etwas auf der rechten Seite, aber
stark vornüber, und lehnte sich mit seltsam lächelndem Gesicht
so weit rückwärts, daß ihn der Polizeibeamte nicht nur herein-
schieben, sondern auch in seinen Armen aufhalten mußte. So
kamen die Beiden nur langsam vorwärts, und es dauerte eine
Weile, ehe der Arrestant in das Zimmer geschoben war.

Dieser war eigentlich eine komische Gestalt: sehr klein und untersetzt, waren ihm doch sämmtliche Kleidungsstücke zu kurz und zu eng. Die grauen Hosen zogen sich unten beträchtlich in die Höhe und oben stark in die Tiefe. Ein schwarzer Frack, schief zugeknöpft, zeigte ein gelbes Hemd und einen einzigen Hosenträger; die Halsbinde war schwarz und strickartig und rahmte einen Kopf ein, der pfiffig lächelnd drein schaute und dessen ruhige Züge weder Angst noch Erstaunen ausdrückten.

Die Thüre schloß sich hinter dem Polizeibeamten, der seinem Arrestanten den Hut vom Kopfe nahm und ihm in die Hand geben wollte. Da dieser aber hartnäckig seine Hände in den Hosentaschen behielt, so drückte er ihm denselben zwischen einen Arm, wodurch die Gestalt etwas ungleich Komischeres erhielt.

„In der Hahnenstraße," referirte der Polizeibeamte, „war ein kleiner Auflauf und eine unbedeutende Schlägerei, dabei wurde natürlicher Weise geschrieen und gelärmt, aber ganz in der hergebrachten Weise; da vernahmen wir auf einmal eine Stimme in der Nachbarschaft, welche beständig schrie: So ist es recht, Freunde und Mitbürger, das Volk will frei sein! Schlagt eure Angreifer nieder! Keine Knechtschaft mehr! Freiheit für uns alle! So schrie es mit einzelnen Zwischenpausen mit einer heiseren, grunzenden Stimme, und lange wußten wir nicht, woher diese Worte kämen. Wir sahen nach den Fenstern hinauf, und endlich bemerkte ich an einer Straßenecke, in einer Nische, wo früher irgend ein Heiliger gestanden, diese Figur, wie sie hier vor Ihnen steht, die Hände in die Tasche gesteckt und immer fortschreiend: So ist es recht, das Volk muß frei sein!"

Ein verächtliches Lächeln umspielte bei dieser Erzählung die Züge des Angeklagten. Er nickte sogar einige Male mit dem Kopfe und schien sehr zufrieden mit dem, was er gethan.

„Wer sind Sie?" fragte der Wachthabende.

„Ein freier Mann!" war die Antwort.

Worauf sich der lange Eduard nicht enthalten konnte, zu sagen, er verkenne offenbar die Verhältnisse, in denen er sich im Augenblicke befände.

„Ein freier Mann," wiederholte der Angeklagte, „wenn auch in Ketten und in Banden."

„Man hat Sie in der Hahnenstraße auf einem Eckstein stehend gefunden," fuhr Herr Schmauder fort, „in einer Nische, wo Sie Ihre Person verbargen und von dort aus das Volk aufzuwiegeln versuchten, indem Sie schrieen: Schlagt zu! so ist es recht, das Volk muß frei sein!"

„Das ist alles wahr," versetzte der Angeklagte, indem er den Kopf stolz erhob.

„Und Sie riefen die eben bemerkten Worte in der Absicht, den Tumult zu vergrößern und Ihre Mitbürger zu unüber-legten Handlungen fortzureißen?"

„Nicht so ganz!" entgegnete der Angeklagte mit einem pfiffigen Lächeln. „Wissen Sie, Herr Lieutenant, der Tu-mult konnte eigentlich nicht größer werden, die Kerle schlu-gen sich — es war an der großen Bierbrauerei — tüchtig genug herum; doch schlugen sie sich wegen keiner großartigen Idee: es war nichts Volksthümliches, nichts Freisinniges dabei; es war nur der elende Drang gemeiner Seelen, einander das Nasenbein zu zerschlagen. Mein Zweck ist ein weit edlerer, ich hasse solche gemeine Ausbrüche der Volkswuth."

„Aber Sie riefen doch: So ist's recht! schlagt zu! Also Sie ermuthigten doch die Streitenden?"

„Nicht! nicht! Herr Lieutenant," antwortete der Ange-klagte, leicht den Kopf schüttelnd. „Mein Zweck lag tiefer."

„Dieser Herr ist uns überhaupt nicht unbekannt," sprach der Polizeibeamte. „Wir bemerkten ihn bei allen Aufläufen und ähnlichen Geschichten; aber wir hatten noch keine Gelegen-heit, ihn abzufassen."

„Das war nicht meine Schuld," sagte groß der Ange-klagte, indem er stolz den Kopf erhob, „ich habe meine Per-son nie verborgen."

„Nun, weßhalb schrieen Sie denn?" rief Lieutenant Schmauder ungeduldig.

„Um arretirt zu werden," antwortete selbstgefällig lächelnd der Andere.

„Hoho!" machte der lange Eduard. „Das ist ein eigenes Gelüste; mir scheint, dem Manne kann geholfen werden. — Und weßhalb wollten sie arretirt sein?"

„Das ist mein Geheimniß; aber da es die Herren zu interessiren scheint und wir so unter uns sind, so soll es mir nicht darauf ankommen, Ihnen die volle Wahrheit mitzutheilen, vorausgesetzt, daß Sie mir versichern, was ich sage, bleibe für sich und komme nicht in's Protokoll."

Der Bursche sprach das mit einer so seltsamen Mischung von Schlauheit und Selbstgefälligkeit, betonte überhaupt seine Antworten so possirlich, daß selbst über das Gesicht des Polizeibeamten ein leichtes Lächeln fuhr.

„Ich habe eine Geliebte," sagte nach einer Pause plötzlich der Angeklagte.

„Was geht das uns an?"

„Schätzen Sie sich glücklich, Herr Lieutenant, daß Sie meine Geliebte nichts angeht; sie bereitet mir zuweilen sehr düstere Stunden. Diese Geliebte aber hat einen Freiheitsdrang in sich, der außerordentlich und erstaunlich ist."

„Wo dient diese Geliebte?" fragte rasch der Polizeibeamte.

„Sie dient nicht, Herr Commissar," entgegnete der Andere und machte ein sonderbar spitzes Maul gegen den Beamten. „Sie sitzt —"

„Im Zuchthause vielleicht?"

„Bitte um Entschuldigung! — nein; auf ihrem Eigenthum. Sie liebt die Freiheit und mich; doch strebte sie danach, mich groß zu sehen. Herodes, sagte sie — ich heiße nämlich Herodes, Herr Lieutenant — mach dir einen Namen, werde berühmt und ich bin die Deinige. Nun ist es aber eine eigene Sache damit, sich einen Namen zu machen."

Die umstehenden Offiziere sowie der Polizeicommissar sahen sich einigermaßen erstaunt an.

Ein seltsames Feuer blitzte aus dem Auge des Arrestanten; er zog die Augenbrauen hoch empor und fuhr wie nachdenkend fort: „Zum Abgeordneten bin ich zu ehrlich, Minister kann ich nicht werden, denn der enge Kragen der Uniform thut mir weh und erinnert mich an so Manches. Also sprach sie zu mir: Zeichne dich dadurch aus, daß man dich arretirt, werde ein Martyrer für die Freiheit, und ich willige ein deine Königin zu sein.“

„Ei der Tausend!“ versetzte der Polizeibeamte lächelnd, indem er den Offizieren ein Zeichen machte. „Eure Herrlichkeit wollen uns nur verspotten und scheinen incognito hier zu sein.“

„Wenn ich das wirklich bin, so geziemt es meinen Unterthanen nicht, den Schleier dieses Incognito lüften zu wollen. Genug, man arretire mich, man sprenge in der Stadt aus: der große Herodes ist arretirt worden, und Sie werden die Folgen dieses Ereignisses schon sehen.“

„Nun, wenn Sie das so dringend wünschen,“ sagte der Polizeibeamte, „so kommen Sie nur mit mir. Ich will Eure Herrlichkeit arretiren, ich will Sie in ein Gefängniß setzen, wo es Ihnen gefallen soll, und ich will ferner in der ganzen Stadt die Nachricht verbreiten, daß der große Herodes als ein Martyrer der Freiheit festsitze.“

„Das wird sie glücklich machen,“ entgegnete der Andere, indem er seinen Hut einigermaßen gerade schob. Dann raffte er sich auf und blickte stolz um sich; er schien im Zweifel zu sein, wem er die Hand zum Kusse darreichen solle, fand aber vielleicht keinen würdig genug zu dieser Gunst, weßhalb er sich finster und stumm umwandte und dem Polizeibeamten folgte, der ihn freundlichst unter dem Arme nahm und in Begleitung zweier Musketiere mit ihm von dannen ging.

Der wachthabende Lieutenant Schmauder schien verdrießlich, daß diese Arrestation nicht besser geendigt; er hatte schon bei sich überlegt, wie hübsch sich dieser Vorfall morgen

früh auf seiner Meldung an die Commandantur ausnehmen
würde. Rapport von der Hauptwache: ein sehr gefährliches
und begabtes Individuum eingefangen, das durch begeisterte
Reden eben im Begriffe war, das Volk zum Tumult aufzureizen.

„Ja, ja, das muß man schon zugeben," sagte lachend
der Husaren-Offizier, „die öffentliche Macht hat in den
letzten Tagen Unglück; ein Schneider, ein Schreiber und
ein Narr!"

Alles lachte, mit Ausnahme des Lieutenant Schmauder,
der ziemlich blutgierig drein schaute.

Der Unteroffizier von der Wachtstube öffnete jetzt die
Thüre und meldete, daß die Patrouille vom Fort Nr. 4
zurückgekommen sei; hier sei Patrouillen-Zettel und Antwort.
Der erstere war bereits in aller Eile vom Unteroffizier der
Hauptwache ausgefüllt und unterzeichnet worden, das andere
Schreiben wurde von Lieutenant Schmauder begierig ent-
faltet und vorgelesen.

„Mein liebes Bruderherz!

(So schrieb der Wachthabende vom Fort Nr. 4, ein
wohlbestallter Vice-Bombardier.)

„Ich erhielt Dein Schreiben per Patrouille und muß
gestehen, zu meinem nicht geringen Schrecken. Ein solches
Unternehmen gegen die praktischen und heilsamen Regeln des
Wachtdienstes ist ganz unerhört; eine Patrouille ist doch
wahrhaftig kein Briefträger und wurde nicht erfunden, um
Privatcorrespondenzen zu besorgen. Doch genug davon!
Erlaß mir aber die spezielle Beantwortung Deines Schreibens.
Du muthest mir Grausames zu. — Oh! — oh! meine
beiden Kanoniere können Dir morgen bezeugen, daß ich fast
geweint habe. Kein Wort mehr darüber; Du kennst mich.
Uebrigens bin ich wie immer   .

„Dein wohlmeinender Freund, College und Mitbediensteter
Friedrich Wilhelm Hornemann,
Vice-Bombardier in Sr. Königl. Maj. 7. Ar-
tilleriebrigade und Wachthabender in des Forts
Nr. 4 wallumgränzten Mauern."

Nachſchrift. Wenn Du die chriſtlichen Abendſtunden mit auf Wache haſt, ſo ſchicke ſie mir durch die nächſte Patrouille. Das könnte vielleicht nicht verboten ſein. Was unſern würdigen Commandanten der Hauptwache anbelangt, ſo merk Dir meinen Leibſpruch:

> Spiele nicht mit Schießgewehr,
> Denn es fühlt wie du den Schmerz;

10¼ Uhr Nachts.“

So las der Lieutenant Schmauder, und dann ſchaute er der Reihe nach die Kameraden an, während er ſagte: „Ich glaube, der Wilhelm Friedrich Hornemann iſt ein verfluchter Kerl, auf den man ein Auge haben ſollte.“

Der Huſaren-Offizier, der durchaus keine Luſt hatte, dem beizupflichten, zuckte ernſthaft die Achſeln.

Ebenſo machte es der Dragoner, und Lieutenant Robert ſagte: „Es gibt in der That ſolch' merkwürdige Naturen.“

„Ich habe einen Bombardier der Artillerie gekannt,“ ſagte der lange Eduard ruhig und bedächtig, „den verkannte die ganze Batterie. Er war nie zu Hauſe, kam immer nach dem Zapfenſtreich, und doch ſah ihn Niemand in einem Wirthshauſe; das war ein Räthſel für alle ſeine Kameraden und für die Offiziere. Er hieß Peter Schmitz und war überhaupt eine träumeriſche Natur; pünktlich in ſeinem Dienſt, war er in ſeinen Freiſtunden beſtändig verſchwunden. Man fing ſchon an, ihm allerhand böſe Geſchichten unterzuſchieben, man hielt ihn für unfähig, ein verfluchter Kerl zu ſein, wie Sie vorhin den Friedrich Wilhelm Hornemann, und endlich . . .“

„Nun denn, was war's?“

„Endlich erfuhr man, womit Peter Schmitz ſeine Freiſtunden zubrachte. Er lernte Hunde ſcheeren und brachte es darin zu einer ſolchen Vollkommenheit, daß er nicht blos für die Lieutenants, ſondern auch für den Hauptmann ſcheeren burfte. Das iſt eine ganz wahre Geſchichte, und der Peter Schmitz lebt noch.“

Damit war der lange Eduard aufgestanden, hatte seine
Schärpe zurecht gezogen und setzte die Pickelhaube auf. Er
blinzelte aus dem linken Augenwinkel dem Cavallerie=Offizier,
sowie Robert zu, worauf sich der Letztere plötzlich dieser son=
derbaren Geschichte zu erinnern schien und beistimmend mit
dem Kopfe nickte.

Darauf erhoben sich die Gäste, um nach Hause zu
gehen.

Der Unteroffizier der Wache nahm den Brief und den
Patrouillenzettel, wickelte Beides zusammen und schickte es
zu dem Commandanten des E.... Thores. Hätte er nur
den Patrouillenzettel etwas genauer angesehen, so würde er
in der Ecke desselben die artige Zeichnung eines Jelänger=
jeliebers mit sechs Blättern gefunden haben, und besagte
Blume heißt in der Wachtstuben= und Kasernen=Blumen=
sprache: „Hol' mich der Teufel, wenn ich nicht pünktlich
komme!“

Die vier Offiziere gingen übrigens langsam durch die
Straßen, und Lieutenant Robert sagte: „Ich hätte nicht
übel Lust, ein wenig nach der bewußten Straße zu gehen
und das Ständchen mit anzuhören; denn ich bin fest über=
zeugt, daß es doch mit allem Glanze vor sich gehen wird.“

„Man muß sich nicht in Sachen mischen, die einen
nichts angehen,“ entgegnete der lange Eduard. „Wir werden
doch bald in schwere Zeiten hinein kommen, meine Herren!
dann, glaubt mir, fällt es keinem der jungen Menschen mehr
ein, über die Schnur zu hauen; denn vor dem Feinde
werden sie tapfer sein, wie die Löwen, davon bin ich
überzeugt. Darum laßt ihnen heut noch diese Grille. —
Gute Nacht!“

Die Vier waren auf einem Kreuzwege angekommen, wo
sich ihre Wege trennten. Sie wünschten sich gegenseitig gute
Nacht, und Jeder ging nach Hause. —

Auf die Discretion aller unserer Leser bauend, wollen
wir ihnen anvertrauen, daß das besprochene Ständchen in
der That mit allem Glanze stattfand. Es wurden schöne

Lieder dabei gesungen, und zum Schlusse nahm es sich sehr
gut aus, als sich eine kräftige Baritonstimme mit Brumm-
chor-Begleitung und sehr beziehungsweise hören ließ:

> Steh' ich in finst'rer Mitternacht
> So einsam auf der stillen Wacht,
> So denk' ich an mein fernes Lieb,
> Ob mir's auch treu und hold verblieb.

Fünftes Kapitel.

Vorbereitungen zum Feldzuge und Wachtstuben-Abenteuer, aus
welchen wir erfahren, daß Juno keinen Anstand hatte und Jupiter
betrunken war.

Schon einmal folgte uns der freundliche Leser in einige
der kleinen Wachtstuben, wie sie die um eine bedeutende
Festung liegenden kleinen detachirten Forts bieten. Damals
aber war es Winter, die Mauern des Forts ragten dunkel-
grau aus der weißen Schneedecke empor, welche die kleine
Festung rings umgab: von der volkreichen Stadt bemerkte
man nichts, als den Glanz einiger Lichter, und allenfalls
den Posten vor dem Gewehr, wenn er einen Augenblick stille
stand, ein eigenes Summsen und Rauschen, wie man es in
der Nähe großer Städte hört. Damals war die Wachtstube
recht einsam; zwei Kanoniere saßen um den Ofen, der wachthabende Bombardier lag auf einer Bank ausgestreckt, und
rings herum war es so still und ruhig, daß man den Schnee
von draußen knirschen hörte, wenn die Schildwache auf und
ab schritt, und daß man das Sausen des Nachtwindes vernahm, der mit den kahlen Aesten der Birken und Ulmen
spielte.

Daran denke, lieber Leser, und du wirst finden, daß,
wenn auch der Ort derselbe geblieben ist, sich doch Alles wie
mit einem Zauberschlage verändert hat.

Es ist Frühling geworden, verschwunden das weiße
Leichentuch, das die Erde bedeckte, und im saftigen, neu auf-
sprossenden Grün liegt das Fort mit seinen gewaltigen
Mauern in einem kleinen Walde, der in dieser Zeit anfängt,
sich auf's Wunderbarste zu beleben. Zweige der Bäume,
noch vor wenigen Tagen kalt und nackt, so daß man das
Fort in ihrer Mitte deutlich erkennen konnte, fangen, von
Weitem gesehen, an, sich mit einem leichten Dufte zu beklei-
den. Dieser Duft gleicht zuerst einem grauen, durchsichtigen
Schleier, der aber allmählig dichter wird und die Farbe
wechselt. Heute spielt das Grau in's Röthliche, morgen be-
kleidet es sich mit einem violetten Schimmer; dieser dunkelt
täglich mehr zusammen und verschwindet endlich in einer
Schattirung von Blau und Grün, — zwei Töne, die mit
einander zu kämpfen scheinen, und von denen endlich der
letztere die Oberhand behält; Grün ist Sieger — Grün das
Zeichen des Frühlings. Und diesen Sieg schmettern unzäh-
lige Lerchen, wenn sie empor steigen aus den dampfenden
Feldern, in die Luft empor, und sagen es all' dem kleinen
gedrückten Volke an, das sich bis jetzt ängstlich erwartend
verbarg unter der Schnee- und Eisdecke. Wie purzeln nun
die Blätter im Jugendfeuer aus der umschlingenden dunklen
Knospe; in Einer Nacht haben sie sich gestreckt und gedehnt,
haben das dürre Holz bedeckt und das alte graue Fort mit
einem grünen Schleier umzogen.

Da liegt es nun vor uns im freien Felde, und über
den Bäumen empor ragt der Hauptthurm mit seinen Zinnen
und der Fahne, die lustig im Winde flattert. Da liegt es,
auf den flammenden Horizont, wo die Sonne eben untergeht,
schwarz und massenhaft abgezeichnet; da liegt es, nicht mehr
still und einsam wie damals, todt, vergessen, sondern voll
Leben und Getreibe, voll lustiger Bewegung.

Es ist etwas Zauberhaftes um so eine zwischen Grün

versteckte Festung. Wie in einem Parke schlängeln sich die Wege friedlich und harmlos hinan, und erst beim „Wer da?" der Schildwache fährt der Unbekannte zusammen und sieht erschreckt, daß er sich einem verbotenen Terrain genähert. Aber wir, der Leser und der Erzähler, dürfen hinein, wir sind ja alte Bekannte.

Der Posten am Ende des Glacis, ein reitender Artillerist, dieses Mal aber zu Fuß, hat den Säbel leicht im Arme, die Pickelhaube kühn auf das Ohr geschoben und macht ein martialisches Gesicht. Gehen wir weiter, wir werden schon erfahren, weßhalb er mit so viel militärischem Stolz seinen Posten versieht. Dort liegt der Hof der kleinen Festung vor uns, aber nicht mehr in der alten Einsamkeit, leer und öde, sondern der erstaunte Blick bemerkt acht Feldgeschütze in einer Reihe stehend, feldkriegsmäßig verpackt, sogar das Futter auf die Protze gebunden. Auch hier ein Posten, der wo möglich mit noch größerer Wichtigkeit auf und ab marschirt, und der häufig zu den Fenstern empor schaut, wo die Kameraden in lustigem Geplauder auf die Kanonen sehen. Die Schildwache späht namentlich aufmerksam, ob sich zwischen den lachenden Köpfen dort oben nicht ein verdächtiger Tabaksdampf herausringelt; — das Tabaksrauchen ist nämlich heute streng verboten, denn die Protzen der Stücke im Hofe sind mit scharfer Munition beladen.

Verlassen wir den Hof wieder und gehen hinter das Fort, so bemerken wir auf tausend Schritt weiter in das Land hinein, und also um so viel ferner von der Stadt, ein kleines graues Gebäude, dessen Dach mit einem hohen Blitzableiter versehen ist, und um das sich rings hohe Rasenwälle erheben — ein Hauptpulvermagazin und Laboratorium. Heute ist es umgeben von bunten Uniformen, und da es nun Feierabend ist, schwärmen die Artilleristen aus der engen Oeffnung hervor, wie die Bienen aus ihrem Korbe. Auch Wagen werden von zwei Pferden gegen das Fort geführt, lange blaue Fahrzeuge mit hohen Rädern, Cartouche- und Granatwagen, die dort verpackt wurden. Auf dem Glacis des Forts steht schon eine hübsche Anzahl derselben, auch Vorraths- und Packwagen aller Art, Alles feldkriegsmäßig verpackt; daneben sogar die Feldschmiede, ein bis jetzt fast fabelhaftes Geräth; denn man sah sie nur in dem Batterie= magazine oder beim Unterrichte. Auch ist Alles hier so neu und glänzend, so ungebraucht und frisch, wie das lederne Schurzfell des Batterieschmiedes, der Kohlen in die Behält= nisse packt und und den großen Blasbalg einschmiert, damit er seiner Zeit recht brauchbar sei. Die verschiedenen Unter= offiziere und Geschützführer sehen die Cartouche= und Kugel= wagen nochmals an und rütteln an den einzelnen Schüssen, ob sie auch recht fest im Werge liegen.

Eine lange, uns wohlbekannte Gestalt steht zu demselben Zwecke auf den Speichen eines Rades und überblickt prüfend die hübschen Granaten, wie sie so zierlich neben einander liegen, die Zünderköpfe auf's beste gerichtet, die weißen Kreuze überall sichtbar, und von der Kugel selbst nur eine kleine schwarze glänzende Fläche. — „Das ist die Poesie des Militärstandes," sagt die lange Person und breitet eigen= händig die schützende Decke über die Munition, schließt den Deckel des Wagens und springt auf die Erde herab.

Der Leser wird uns erlauben, daß wir ihm in dieser langen Gestalt unseren alten Bekannten, den nunmehrigen Feuerwerker Dose, vorstellen. Er ist als solcher bei der Bat= terie eingetheilt worden und hat die große Ehre, der reiten= den Batterie erste Haubitze zu kommandiren.

Feodor Dose hat den Säbel in der Koppel festgehängt und in den Bügel seiner Waffe einen Schlüsselbund befestigt, den er nun ablöst und den Granatwagen schließt. Dann nimmt er den Säbel unter den Arm, instruirt nochmals den Posten und geht in das Innere des Forts zurück.

Wir brauchen wohl nicht erst zu sagen, daß die reitende Batterie des Hauptmanns Stengel hier in dem Fort con= centrirt wurde, um morgen mit dem Frühesten abzumarschiren, nicht zu einem friedlichen Manöver, sondern zu Kampf und Sieg. Die Soldaten haben ihre Mantelsäcke gepackt, haben

zurückgelassen und verabschiedet, was ihnen für einen Feld=
zug mitzuführen zu beschwerlich ist: überflüssige Kleidungs=
stücke, überflüssige Wäsche — überflüssige Geliebten. Diese
drei Artikel verlassen nach einem traurigen Abschiede das
Fort, und die letzteren ziehen sich schluchzend nach der Stadt
zurück. Was von Unmilitärischem zurückbleibt, ist vielleicht
eine alte Mutter oder ein alter Vater, die ihren Sohn mit
sich hinausziehen bis dahin, wo das Glacis aufhört und die
weite Ebene anfängt. Hier setzen sie sich neben einander hin
zwischen die aufkeimenden Blumen und schauen lange, ohne
ein Wort zu sprechen, weit, weit hinaus, bis wo sich am
Horizont einige Bäume abzeichnen. Dort liegt das heimat=
liche Dorf, wo vielleicht im gleichen Augenblicke thränen=
erfüllte Augen nach dem im Nebel verschwindenden Fort
blicken.

Du bist nun einmal Soldat," sagte der alte Vater
nach einem längeren Stillschweigen, "und hast deinem König
Treue geschworen, und du weißt deßhalb, was du zu thun
hast. Deine Sache ist, blindlings dem Kommandoworte zu
gehorchen; das ist deine Pflicht, ohne weiteres Nachdenken,
ohne Grübelei. Und wer seine Pflicht thut, dem wird Gott
helfen."

Mit diesen Worten steht der Alte auf, schüttelte seinem
Sohne die Hand und geht ohne Weiteres von dannen, und
der Soldat schleicht über das Glacis nach dem Fort; er
blickt noch ein paar Mal rückwärts, doch bleibt er nicht lange
trübe gestimmt. Lachend empfangen ihn seine Kameraden,
lustig schmettert die Trompete, denn von der Stadt herüber
rollt dumpf der Trommelschlag des Zapfenstreiches.

Feuerwerker Dose hatte seine Geschäfte beendigt; sein
Mantelsack war so in vollkommenster Ordnung, daß man
ihn zum Muster in irgend einem militärischen Museum hätte
aufhängen können. Da fehlte nichts, von der Montirung
Nr. 2 an bis zum Näh=Apparat und Verbandzeug. Letzteres
hatte Feodor mit einem wehmüthigen Gefühle zusammen=
gepackt; denn als Mann von Phantasie dachte er sich: Wenn

diese kleinen Röllchen einstens abgewickelt werden, so ist wahr=
scheinlich die Zeit vorbei, wo du in diesem irdischen Jammer=
thale Gedichte machtest.

Aus früheren Kapiteln wissen wir bereits, daß Dose
nicht in den Fall kam, von einer Geliebten Abschied nehmen
zu müssen; auch was den Vater Dose oder die Mutter Dose
anbelangte, so können wir nichts davon berichten und sind
nur durch das Dasein Feodor Dose's überzeugt, daß dem=
selben einst ein elterliches Dosenpaar gelebt. So war Feodor
einsam und allein, und wir haben ihn oft sagen hören, wenn
zufällig die ganze Welt ausstürbe, würde er nach der gesetz=
lichen Erbfolge nicht einen rothen Heller erhalten.

Am heutigen Abend nun wandelte er durch das Thor
der kleinen Festung in den Hof, und hier summte es noch
wie in einem Bienenschlage. Dose begriff am allerbesten
diese Aufregung; denn auch er verspürte am Vorabend des
wichtigen Ausmarsches nicht die geringste Lust zum Schlafen
und hätte um Alles in der Welt sein kleines Zimmer noch
nicht aufsuchen mögen.

Da es nun in dem Fort kein Wirthshaus gab, so
wandte sich der Feuerwerker nach dem einzigen Versamm=
lungsorte, wo man sich zu einem leichten Geplauder zusam=
menfand — der Wachtstube.

Lieber Leser! es ist dieselbe, die wir dir einst beschrieben
haben, das kleine casemattirte Gemach mit seinen grauen
Wänden und dem einzigen kleinen vergitterten Fenster —
eigentlich nur eine mit Glas versehene Schießscharte. Am
heutigen Abend aber hatte die Wachtstube etwas Heimliches,
Freundliches; die Thüre nach dem Hofe zu stand weit offen
und zeigte die acht Geschütze mit ihren blanken Rohren, die
auf und ab wandelnden Posten und die Artilleristen, welche
sich noch plaudernd hier und da auf dem Hofe umhertrieben.

Da, wie schon gesagt, mit allem Ueberflüssigen nun
aufgeräumt wurde, so verbrannte man in dem Ofen der
Wachtstube allerlei altes Holzwerk, was dem Gewölbe eine
angenehme Wärme gab, die man heute Abend leiden konnte;

denn trotzdem der Frühling anfing zu herrschen, waren doch
die Abende noch recht kühl.

In der Wachtstube war auserlesener Cercle. Die meisten
Geschützführer hatten sich eingefunden und saßen in einer
Reihe auf der Pritsche. Ja, der Wachtmeister verschmähte
es nicht, seine Cigarre zu rauchen, und sogar Lieutenant L.,
den wir in Gesellschaft des Hauptmanns Stengel kennen
lernten, stand am Eingange, hie und da an dem Gespräche
Theil nehmend.

Natürlich drehte sich dieses längere Zeit um den mor-
genden Abmarsch, um die wahrscheinlichen Ereignisse der
nächsten Zeit, um Kampf und Sieg. Wir müssen gestehen,
daß unter all' diesen Leuten nicht ein Einziger war, der
schon im wahren Sinne des Wortes Pulver gerochen oder
eine Kugel sausen gehört; dagegen brannten Alle vor Verlangen, bald einmal tüchtig in's Gefecht zu kommen, um im
Kriege zu zeigen, daß sie auf dem Exercirplatze etwas Tüchtiges gelernt.

Draußen vom Glacis herein hörte man die Schildwache
ihr: „Halt! wer da?" rufen, und das galt meistens herum-
streichenden Kameraden, die ebenfalls noch nicht Lust hatten,
in die engen Stuben zurück zu kehren; es wurde indeß heute
Abend darauf nicht so streng gesehen. Man merkte auch
meistens an dem Rufen des Postens, daß er gut wußte,
wen er vor sich habe, denn gewöhnlich klang ein leichtes
Lachen mit hindurch. — Jetzt aber mußte etwas Anderes
kommen, denn der Ruf war fester, gemessener, auch wiederholte er sich in kurzer Zeit zweimal. Bald darauf hörte man
Pferdegetrappel und bemerkte zwei Reiter, die in den Hof
ritten. Es waren der Hauptmann der Batterie und Lieutenant Robert; Ersterer Behufs einer kleinen Inspektion, Letzterer, weil er ebenfalls sein Quartier in dem Fort hatte und
heute, an dem Tage vor dem Abmarsch, gleich nach dem
Zapfenstreich dort sein sollte, wie es der Batteriechef ge-
wünscht.

„Mir scheint," sagte der Hauptmann, „man ist bei

guter Zeit fertig geworden; die Geschütze stehen hübsch ran=
girt, ebenso draußen unser kleiner Munitionspark. So ein
Anblick thut doch dem Herzen wohl; werr weiß, wie sehr!"

Lieutenant L. verließ die Wachtstube und trat zu den
beiden anderen Offizieren, indem er ihnen einen guten Abend
wünschte. — „Herr Hauptmann!" meldete er darauf, „das
Munitions=Verpacken hat ungefähr bis acht Uhr gedauert;
jeder Wagen ist aber auch jetzt in der besten Ordnung, —
vortreffliche Munition, schön und fest verpackt!"

„Das glaube ich wohl," erwiederte ernst und stolz der
Hauptmann; „habe ich mir doch auch die Sache sehr an=
gelegen sein lassen, und was die Verpackung anbelangt, die
mußte famos ausfallen, denn an Flickmaterial fehlt's nicht,
und ich kenne meine Unteroffiziere. — Was macht Dose?
Wie hat er seinen Granatwagen besorgt?"

„Vortrefflich, Herr Hauptmann. Der Feuerwerker ist
ein wahrer Schatz für die Batterie; er sah überall nach,
half an allen Fahrzeugen und ist wohl Ursache, daß wir so
früh fertig geworden."

„Hoho!" sagte der Hauptmann, „das freut mich, werr
weiß, wie sehr! Hab' eine glückliche Hand in solchen Dingen,
kenne meine Leute; ich glaube überhaupt, daß die Batterie
mit ihren Unteroffizieren gut versehen ist, und das ist eine
große Hauptsache, meine Herren! Werr weiß, wie sehr! —
Nun, halten Sie Alles hier außen in Ordnung, Lieutenant
von L.; ich muß noch zum Kommandirenden. Morgen früh
um Fünf steht die Batterie bespannt auf dem Glacis; ich
werde schon nach Vier herauskommen. Nun Gott befohlen!
Ah! heute Abend legen wir uns als Soldaten nieder —
werr weiß, wie bald! und stehen morgen als Krieger auf —
werr weiß, wie sehr!" — Damit wandte er sein Pferd und
ritt wieder zum Hofe hinaus.

Hauptmann von Stengel war überhaupt ein sehr freund=
licher Offizier, am heutigen Abend war er begreiflicher
Weise besonders wohl gelaunt. Er gab der Schildwache
draußen auf dem Glacis noch einige gut gemeinte Verhal=

tungsregeln, erinnerte sie daran, daß es schon halb und halb Krieg sei, und schärfte ihr ein sorgfältig und „werr weiß, wie sehr," auf Alles rings umher Achtung zu geben.

Die beiden anderen Offiziere gingen nach der Wacht-stube, wo ihr Eintritt einen allgemeinen Aufstand zur Folge hatte. Bald darauf waren die beiden einzigen Schemel für die Offiziere sauber abgewischt und der frischen Luft halber nahe an die Thüre gerückt. Alles ließ sich wieder nieder, doch wollte eine Conversation nicht gleich in Gang kommen.

Lieutenant Robert lehnte mit über einander geschlagenen Armen an der Mauer und dachte an jenen unvergeßlichen Abend, wo er seinen Freund Tipsel auf eben dieser Wacht-stube besucht, wie er dadurch so großes Unheil hervorgerufen und wie doch aus eben diesem Unheil die Bekanntschaft des Regierungsrathes und sein jetziges großes Glück entsprungen. Ja, großes Glück in der That; denn die Ermahnungen des alten Herrn hatten den damaligen Bombardier vermocht, eine außerordentliche Thätigkeit zu entwickeln, um etwas Rechtes zu lernen, und die Liebe zur kleinen Pauline, die ja erwie-dert wurde, hielt ihn aufrecht in mühevollen, drückenden Stunden und führte ihn zu dem ersten Ziele, das er sich vorgesteckt, zu den Epauletten. — Auch das zweite und schönere Ziel, der Besitz jenes liebenswürdigen Mädchens, mußte errungen werden, und bot nicht der bevorstehende Kampf hiezu die schönste Gelegenheit dar? Sieg oder Tod! war sein Wahlspruch.

Die Unteroffiziere auf der Pritsche verhielten sich schweig-sam und überließen ihre Offiziere dem Nachdenken. Auch Lieutenant L. blickte starr vor sich nieder; doch dachte er weniger an die kommende Zeit: er grübelte über sein Lieb-lingsthema nach, die Brandröhren für Granaten und Bom-ben, und die Bereitung eines neuen unfehlbaren Satzes.

Als Lieutenant Robert im Rundlauf seiner Betrach-tungen wieder in das Wachtlokal zurückkehrte, dachte er mit jener Zeit auch an den ehemaligen Kommandanten hier, Bombardier Tipsel, und natürlicher Weise an jenen Brief,

den ihm Dose gebracht, Dose, der gerade vor ihm saß und
den er, seit er wieder bei der Batterie war, nur flüchtig
gesehen.

„Ich hatte noch nicht einmal Zeit," sagte der Offizier
zu dem Feuerwerker, „Ihnen für den Brief zu danken, den
Sie mir von unserem gemeinschaftlichen Freund überbracht.
Tipfel ist und bleibt einer der närrischsten Kerle, die es gibt;
er schickt mir das Rezept zu einem neuen Gericht, das wir
vielleicht nächstens einmal versuchen können. Haben Sie dem
jetzigen Postsekretär vielleicht einige Zeilen geschrieben?"

„Zu befehlen, ja!" entgegnete Dose. „Ich meldete ihm
meine glückliche Ankunft, sowie auch, daß ich bei einer so
schönen Batterie als Feuerwerker eingetheilt wurde."

„Sie haben die erste Haubitze," sagte nachdenkend Lieutenant L., indem er mit der Hand sein Kinn streichelte.
„Thun Sie mir doch den Gefallen, Feuerwerker Dose, und
notiren mir vorkommenden Falles so genau wie möglich, wie
bei dem jetzigen Brandersatz Ihre Granaten platzen und
welche Unsicherheiten sich bei dem Werfen herausstellen."

„Er ist wahrscheinlich in der letzten Zeit noch dicker und
fauler geworden," fuhr Lieutenant Robert fort und meinte
den Postschreiber Tipfel.

„Unbedingt viel fauler," entgegnete Lieutenant L.; „man
muß ihn rascher machen, indem man weniger Kohlen und
mehr Salpeter zusetzt."

„Wem denn? unserem Freunde Tipfel?"

„Was geht mich Tipfel an? Ich spreche von den Brandröhren. — Also denken Sie an meinen Auftrag, Feuerwerker."

Dose versprach es lächelnd und der Wachtmeister, sowie
sämmtliche Unteroffiziere lachten still in sich hinein.

„Es ist mir doch gerade," meinte Lieutenant Robert
nach einer Pause, „als habe ich Sie in früheren Jahren
einmal gekannt, Feuerwerker Dose, als habe ich irgend eine
Expedition, ein Kommando unter Ihren Befehlen mitgemacht.
Erinnern Sie sich nichts davon?"

„O doch, Herr Lieutenant," entgegnete Feodor lächelnd. „Es sind aber das schon ein paar Jahre her, Sie kamen als Freiwilliger zur Fußbatterie Nr. 10, Sie hatten aus= exercirt und wünschten noch einmal dabei zu sein, wenn statt mit dem ledernen Pfropfen mit Cartouchen geschossen würde. Die Manöverzeit lag noch weit vor uns, und es fand sich bald eine herrliche Gelegenheit, Ihrem Wunsche zu willfahren."

„Richtig! Bei einer Feierlichkeit rückte Ihre Batterie zum Schießen aus."

„Abends auf der Rheininsel," erwiederte Dose. „Da wurden wir mit den Geschützen placirt und mußten das Dampfboot salutiren, welches mit Sr. Majestät auf dem prachtvoll erleuchteten Strome auf und ab fuhr. Der Haupt= mann Feind kommandirte damals unsere Batterie, und ich hätte fast um ein Haar wegen des Herrn Lieutenants meinen ersten Arrest bekommen; wir schmuggelten Sie zu unserem Geschütz — es war freilich dunkel, aber der Herr Haupt= mann Feind erkannte Sie doch — Sie hatten gerade zu Ihrem großen Vergnügen abgefeuert, und ich sehe noch deut= lich, wie unser Batteriechef die Hand unter 's Collet steckte und mit dem Fuße heftig aufzutreten begann, wie er that, wenn er sich erzürnte."

„Ja, ja, jetzt erinnere ich mich deutlich," sagte Lieute= nant Robert. „Doch legte im selben Augenblicke das könig= liche Dampfboot an die Insel, und Hauptmann Feind mußte zur Begrüßung an den Landungsplatz."

„Sonst saßen wir Beide fest in Nr. 7½."

„Bei des Rattenkönigs Majestät!" lachte Lieutenant Robert. „Ja, ja, es fielen damals starke Arreste."

„Das Fest auf der Rheininsel, von dem der Herr Lieutenant sprachen," versetzte schüchtern der Wachtmeister, „ist noch lange Jahre in der Erinnerung der Batterie ge= blieben. Dessen wird sich der Feuerwerker auch erinnern."

„Allerdings," entgegnete Dose. „Man hatte die Insel auf sonderbare Art dekorirt. Von Holz war eine große

halbrunde Halle erbaut worden; dieselbe sollte den Olymp
vorstellen und war deßhalb mit den Statuen sämmtlicher
Götter auf's schönste verziert. Zu diesen Statuen aber hatte
man die größten Leute eines der hier liegenden Infanterie-
Regimenter genommen; dieselben wurden weiß angezogen,
mit gesteiften Draperien versehen und mit weiß bemalten
Gesichtern auf die Postamente gestellt. Auf dem rechten
Flügel befand sich ein himmellanger Unteroffizier, der den
Herkules vorstellte und den Göttern zurief, sie sollten stille
stehen, so bald sich das königliche Dampfboot in der Ferne
zeigte. Das gab nun allerhand merkwürdige Geschichten im
Olymp; obgleich es streng verboten war, den Leuten etwas
zu trinken zu geben, so lange die Komödie dauerte, so hatte
sich doch so eine verfluchte Marketenderin in die Nähe geschlichen; wie der Unteroffizier Herkules einmal einen Augenblick auf die Seite ging, tranken sämmtliche Götter einen
Schnaps um den andern. Namentlich thaten sich Jupiter
und Venus hervor, und die Sache war noch lange nicht zu
Ende, so war die Venus so vollkommen betrunken, daß man
sie von hinten mit einem Strick an das Gerüst festbinden
mußte. Bei Jupiter ging es noch schlimmer; er behauptete,
ganz nüchtern zu sein und sich steif halten zu können, und
er hielt sich auch so steif und streckte sich so fürchterlich vorn
über, daß er auf einmal von seinem Postamente herab auf
die Nase fiel. Dabei war aber am allerkomischsten die Gestalt vom Herkules, der mit krampfhaft verzogenem Gesicht
auf dem rechten Flügel stand, die Augen furchtbar links
verdreht, um seine Mannschaft überblicken zu können, und
den Göttern nun halbleise zurief, in der Richtung zu bleiben
und vor oder zurück zu kommen. Der Unteroffizier Herkules
nahm die Sache haarscharf und schimpfte dabei wie ein Rohr-
spatz; da hieß es z. B.: Soll doch ein Donnerwetter den
Kerl, den Merkur, erschlagen! Kann er nicht die Nase in
der Höhe halten? — Pluto! Halt' Er das Ding nicht wie
eine Mistgabel! Er steht ja nicht auf seines Vaters Dung-
grube. — Und Er, Juno! streck' Er seinen Bauch nicht so

vor! ich glaube, man hat die miserabelsten Kerle heraus=
gesucht, um den Olymp vorzustellen; lauter so lange, schlappe
Lappander! Jetzt aufgepaßt!   Da kommt das königliche
Dampfboot wieder."

„Und mußten die armen Teufel den ganzen Abend da
stehen?" fragte Lieutenant L., der endlich seine Brandröhren
fahren ließ.

„O nein!" antwortete Dose, „sie durften sich häufig
rühren; nur wenn das Dampfboot dicht vorbei fuhr, mußten
sie still stehen. Auch war eine halbe Stunde Pause, da konnten
sämmtliche Götter austreten und bekamen einen Schoppen
Wein und ein Butterbrod mit Käse."

„Ja, ja, ich erinnere mich jetzt deutlich," sagte Lieute=
nant Robert; „auf der Rheininsel befand sich ein Pavillon,
wo die höchsten Herrschaften später ein Souper einnahmen,
und die Ueberreste dieses Soupers erhielt die auf der Insel
beschäftigte Mannschaft."

„Leider Gottes!" seufzte Feodor Dose. „Denn darauf
war es in der That unmöglich, die Mannschaft ohne Ex=
cesse in die Kaserne zurück zu bringen; die Götter des Olymps
wurden auf der Insel selbst ausgezogen, aber in dem all=
gemeinen Wirrwarr hatte man nicht entdeckt, daß der be=
trunkene Jupiter fehlte. Ihn fanden später, als die Infan=
terie schon abmarschirt war, die Kanoniere an einem Orte,
den ich nicht nennen mag. Dort saß dieser wahnsinnige
Bursche und sang: „Hier sitz' ich auf Rasen mit Veilchen
bekränzt." Und er konnte nichts Unpassenderes thun, denn
von Veilchen war wahrhaftig keine Spur zu entdecken. Dann
ermunterten ihn die Artilleristen so gut wie möglich und
nahmen ihn in seinem Costume mit nach der Stadt. Der
Kerl mußte vorausmarschiren und gewährte einen greulichen
Anblick: denn er sah aus wie ein Gespenst, das zufälliger
Weise in den Koth gefallen ist." —

In diesem Augenblicke rief der Posten draußen auf dem
Glacis ein überlautes: „Halt, wer da?" Dann hörte man
Schritte auf der Brücke, der Posten im Hofe rief ebenfalls

an, und eine Gestalt, die im Thore erschien, gab sich als gut Freund zu erkennen und fragte dann nach dem Lieute= nant Robert.

Als diese Gestalt näher kam, bemerkte man, daß es ein Bedienter sei, der einen Brief in der Hand trug. Bei seinem Anblicke sprang der junge Artillerie=Offizier rasch in die Höhe und eilte hinaus dem Boten entgegen.

Sechstes Kapitel.

Von dem Hause auf dem Petriplatz. Eine alte Geschichte, doch bleibt sie immer neu. Die reitende Batterie marschirt ab und singt ein bekanntes Lied.

Wir müssen gestehen, daß Lieutenant Robert den Brief, den er soeben erhielt, schon während des ganzen Abends sehnlichst erwartet hatte. Es war eigentlich kein Liebesbrief, sondern ein Geschäftsbrief, doch schlug er in's Fach der Liebe. Robert ging in dem Hause des Regierungsrathes aus und ein, als wie schon zur Familie gehörig; auch konnte Niemand, der ihn und Paulinen sah, daran zweifeln, daß die beiden jungen Leute sich innig liebten; dabei war es aber bis jetzt stehen geblieben. Der Regierungsrath, der den jungen Offizier gern hatte, traute seiner Tochter und drückte bereitwilligst beide Augen zu; eine Erklärung hatten alle Drei bis jetzt vermieden. Dem Lieutenant Robert däuchte es unpassend, in seiner Eigenschaft als einfacher Lieutenant ohne großes Vermögen um die Hand des reichen jungen Mädchens anzuhalten. Er hoffte, worauf? das wußte er oft selbst nicht, vielleicht auf ganz unvorhergesehene Ereig= nisse, die ihm rasch irgend eine andere Stellung anweisen

könnten. Da bewölkte sich plötzlich der politische Horizont;
man stand auf einmal, um uns eines gangbaren Ausdruckes
zu bedienen, am Vorabende großer Ereignisse, und Lieutenant
Robert, der das bekannte Lied: „Heute roth, morgen todt,“
im Munde eines tapferen Offiziers — und das war er —
für nicht bedeutungslos hielt, meinte, es sei ihm an diesem
Vorabende wohl erlaubt, seine Liebe zu erklären und um
eine glückliche Lösung derselben zu bitten, wenn ein freund=
liches Schicksal sich ihm vielleicht geneigt zeigen würde. Von
der Liebe Paulinens überzeugt, hatte er dem Regierungsrath
einen salbungsvollen, vier Seiten langen Brief geschrieben,
den obigen Gegenstand betreffend, worin er um eine Ent=
schließung bat, ob im glücklichen Fall etwas für ihn zu
hoffen sei.

Der junge Offizier nahm also den Brief aus den
Händen des Bedienten und hielt sein Glück oder Unglück
einen Augenblick zwischen seinen Fingern, ehe er sich ent=
schließen konnte, das Siegel zu öffnen. Dem geneigten Leser
ist es gewiß in ähnlichen oder anderen Fällen auch schon so
ergangen. Robert näherte sich endlich tief athmend einer
der Laternen, welche den Hof erhellten, riß das Couvert ab
und entfaltete den Brief. Es waren nur vier Zeilen und
in der ersten leuchteten ihm die Worte entgegen: „unnöthigen
und ganz überflüssigen Geschichten.“ Gegen vier Seiten nur
vier Zeilen könnten Jeden entmuthigen; entweder ist eine
solche Antwort ganz gut oder ganz schlecht. Glücklicher
Weise war für Robert das Erstere der Fall, denn er las
entzückt: „Warum, lieber Freund, diese unnöthigen und ganz
überflüssigen Geschichten, warum einen Brief von vier Seiten,
wenn man sich mündlich aussprechen kann? Ich habe keine
Zeit, eine ähnliche Correspondenz zu führen, und schreibe
Ihnen deßhalb nur: kommen Sie — noch heute Abend, selbst
wenn es spät ist.   Ihr väterlicher Freund.“

Robert schob diesen köstlichen Brief mit zitternden
Fingern in seine Tasche, vertraute seinem Kameraden, dem
Lieutenant L., an, er habe noch ein wichtiges Geschäft in der

Stadt abzumachen; dann ließ er sein Pferd satteln, schwang
sich hinauf und galoppirte über das Glacis hinweg nach
dem H ... Thore, das übrigens schon geschlossen war. Die
paar Minuten, die der Unteroffizier brauchte, um das Gitter
zu öffnen, däuchten dem Reiter eine Ewigkeit. Endlich drehte
es sich auf knarrenden Angeln aus einander, der Offizier
gab seinen Namen an und trabte in die Stadt.

Es mochte zehn Uhr sein, die Straßen lagen schon ziemlich stille. Die ereignißvolle Zeit, der Abmarsch der Truppen
morgen ließen nicht wie sonst ein vergnügtes Leben gedeihen;
nur die Wirthshäuser waren noch geöffnet, und in einem
derselben, wo er bekannt war, stellte der Artillerie-Offizier
sein Pferd ein, dann begab er sich nach dem Petriplatze.

Sein Herz schlug ihm fast hörbar, als er jetzt denselben
erreicht hatte und vor sich das Haus sah, das die Erfüllung
seiner süßen Wünsche verbarg. Ach, wie lebhaft dachte er
jenes Abends, wo er, ein einfacher Bombardier, an den
erhellten Fenstern hinauf geschmachtet und dann hinaus gegangen war, um den dicken Bombardier Tipfel als Liebes-
boten zu gebrauchen! Vorbei war sie, jene dunkle und doch
lustige Zeit, und er trat rasch an das Haus und zog die
Klingel. —

Pauline befand sich mit ihrer Tante in dem uns wohl-
bekannten Zimmer; nur hatte die alte Dame dießmal den
Platz vor dem Kamine eingenommen, und die kleine blonde
Nichte saß in der Ecke des Sopha's, doch nie auf lange
Zeit: jeden Augenblick sprang sie in die Höhe, bald um an
das Fenster zu eilen, bald um einen Gang durch das Zimmer zu machen. Ihr Gesicht war ein wenig blaß, und sie
athmete schwerer als gewöhnlich.

„Es ist weit hinaus bis zu dem garstigen Fort," sagte
das Mädchen nach einer Pause, „und der Christian wird
alt und kann nicht mehr so geschwind herein laufen."

„Alles geht seinen gewiesenen Weg," versetzte die Tante
mit melancholischem Tone. „Was für uns bestimmt ist, das
trifft uns auch, früh oder spät."

„Ach, Tante," antwortete Pauline, „Sie sprechen heute
Abend so theilnahmlos! Ich weiß nicht, Sie wollen mich
ängstigen." — Dabei drückte sie ihre linke Hand fest auf
das Herz.

„Ich dich ängstigen?" erwiederte die alte Dame schein=
bar erstaunt. „Nein, was dich um mich ängstigt, sind die
Zeitverhältnisse. Uebrigens," setzte sie mit scharfem Tone
hinzu, „wenn man es nun einmal nicht anders thut und sich
am Vorabend eines Krieges verlobt, da muß man sich wahr=
haftig nicht wundern, daß einen trübe Gedanken anwehen.
Krieg und Tod, das liegt nahe bei einander."

„Das ist wahr," entgegnete Pauline mit tonloser
Stimme. „Aber Sie sollten mir das nicht so bitter sagen;
ich hoffe, und ich bin froh, daß ich hoffen kann."

„Ich hoffe auch," sagte finster die Tante. „Aber un=
sere Hoffnungen treffen nicht zusammen."

„Wie schon oft, liebe Tante!"

„Ja, wie schon oft," entgegnete die so oft ge=
täuschte alte Jungfer mit heftiger Stimme, „und ich hoffe,
daß der liebe Gott wieder einmal auf feurigen Wolken
daher fährt in Gestalt des Krieges, um ein bischen Rache
zu üben an dem falschen, meineidigen, miserablen Männer=
geschlecht."

Trotz dieser heftigen Rede der ältlichen Dame überflog
doch ein leichtes Lächeln die Züge Paulinens. „Tante!
Tante!" sprach sie, „ist es auch recht, daß Sie, um einen
Einzigen zu bestrafen, Wehe über das ganze Geschlecht herab
rufen? Oh! Sie sollten das nicht thun!"

„Einen einzigen?" fragte die Tante und erhob sich ernst
und streng. „Ich denke wahrhaftig an keinen Einzelnen und
denke nur an das Allgemeine, an all das Unglück, das durch
sie in die Welt gekommen. Und Strafe muß sein; aber wen
sie trifft — mir ist es gleich viel."

„Pfui, Tante," erwiederte das junge Mädchen. „Aber
der liebe Gott wird Sie nicht hören, er ist mild und gut
und barmherzig, und wird nicht einmal die Schuldigen be=

strafen. Ueberhaupt," setzte sie mit ganz leiser Stimme hinzu, „gehen — die Auditeure nicht mit in die Schlacht."

Mochte nun die Tante diese Worte verstanden haben oder nicht, genug, sie ließ sich wieder in ihren Fauteuil nieder und nahm ein Buch von dem Kaminsimse herab, schwarz eingebunden mit Goldschnitt, worin sie einen Augenblick las, um im anderen Augenblicke schwärmerisch an die Decke empor zu blicken, nach einer Richtung hin, wo über dem zweiten Stock, dem Dachboden und dem Dache der glänzende Nachthimmel, aber für sie unsichtbar, strahlte.

In diesem Moment ertönte die Hausglocke.

Pauline blieb plötzlich stehen, lauschte einen Augenblick, und als sie drunten eine Stimme vernahm, sagte sie kaum hörbar: „Tante, er ist's!"

„Meinetwegen," entgegnete die alte Dame.

„Aber, Tante," fuhr Pauline dringend fort, „Papa ist nicht da."

„Wie immer, wenn was Wichtiges vorgeht," versetzte die Dame in ihrem Fauteuil.

„Und ich kann es ihm doch nicht selbst sagen, um was es sich handelt. O, liebe Tante, seien Sie so gut, vertreten Sie ein wenig Mutterstelle bei mir."

„Gott soll mich bewahren!" versetzte hartnäckig die alte Jungfer. „Ich habe früher in gewissen Beziehungen nicht bei dir Mutterstelle vertreten dürfen, sonst wäre Manches anders gekommen. Und jetzt habe ich keine Lust, es zu thun, du hast ohne mich eingebrockt, jetzt speise auch allein."

Damit öffnete sich die Thüre, und der junge Mann, von dem man so eben gesprochen, trat herein; doch blieb er überrascht auf der Schwelle stehen, als er bemerkte, daß die Tante im Fauteuil ihm den Rücken bot, und daß Pauline vor ihm stand, die Hände auf die Brust gedrückt, bleich und zitternd.

„Guten Abend, meine Damen!" sagte Robert und setzte kopfschüttelnd hinzu: „Um Gottes willen! was ist denn hier vorgefallen."

„Gar nichts," versetzte trocken die Tante.

„Gar nichts? Und Ihre Bestürzung, Pauline?"

„Gar — nichts — Schlimmes — —" erwiederte das Mädchen. „Gar — nichts — Schlimmes." Und dabei seufzte sie tief auf, und es war, als müsse sie jedes Wort sich wie einen Stein vom Herzen wälzen.

„Der Papa hat mir geschrieben, und ich bin hier."

„Der Papa — hat ihm — geschrieben, Tante — und er ist hier," sagte das arme Mädchen und wandte sich bittend gegen den Fauteuil.

„Ja, er hat geschrieben und ist nicht hier," antwortete kalt wie vorhin die ältere Dame.

„Sollte sich vielleicht seine Ansicht gegen mich geändert haben?" fragte erschrocken der Offizier.

„Nein! nein!" rief jetzt heftig und wie aufwachend Pauline, indem sie ihm entgegeneilte und ihre beiden kleinen lieben Hände darreichte. „Nein! nein!" fuhr sie fort, und ihr Auge glänzte, „er hat seine Ansicht nicht geändert — aber es wurde mir schwer, Ihnen dieses zu sagen. — Ich bat die Tante, — aber — nun, warum soll ich es Ihnen nicht selbst sagen können! — Die Freude, die mein Herz erfüllt, Robert! — Ja, ich weiß, daß Sie mich lieben, Papa weiß es auch, — Papa hat Amen dazu gesagt — und nun bin ich Ihre Braut."

Diese Worte hatte das Mädchen anfänglich langsam, dann mit steigender Schnelligkeit und Heftigkeit gesprochen. Aber je schneller sie sprach, desto unsicherer wurde ihre Stimme, desto heftiger erzitterte ihr Körper, und als sie sagte: „nun bin ich Ihre Braut," stürzten ihr die Thränen aus den Augen, und sie fing an zu weinen und wäre vielleicht niedergestürzt, wenn der junge Mann sie nicht in seinen Armen aufgefangen hätte.

Da er sie nun einmal in seinen Armen hielt, so drückte er sie recht fest an sich und beugte sich hernieder, um die Thränen von ihren Augen zu küssen.

Die Tante blickte bei dieser Scene nur ein einziges Mal

halbverstohlen nach dem Paare um, und als sie die vielver-
sprechende Haltung desselben bemerkte, machte sie abermals
eine kleine Wendung mit ihrem Fauteuil und las halblaut
aus ihrem Buche:

> Der Sinne Lust und Schmerz
> Rührt leider unser Herz.
> Reißt uns mit starkem Triebe
> Zu schnöder Sündenliebe!
> Und wer vermag's zu zählen,
> Wie oft wir vor dir fehlen?

Der Regierungsrath war ein sehr guter Vater, aber
er liebte es auch, die Leute in Verlegenheit zu bringen.
Deßhalb trat er erst in diesem Augenblicke händereibend
und lächelnd in's Zimmer und sagte ziemlich laut: „Ei, guten Abend!"

Doch das junge Mädchen, die würdige Tochter ihres
Vaters, hatte ihr Gleichgewicht vollkommen wieder gefunden;
sie nahm den Offizier bei der Hand, schritt graziös in die
Mitte des Zimmers, und als sie sich so aufgestellt, daß sie
sowohl von dem Regierungsrath, wie auch von der Tante
gesehen werden konnte, machte sie einen sehr tiefen Knix und
sprach lustig lachend:

> „Herr Lieutenant Robert
> und
> Fräulein Pauline B.
> empfehlen sich einem verehrlichen Publikum
> als Verlobte."

Das Haus an dem Petriplatze war an dem heutigen
Tage eines der wenigen in der Stadt, wo es lustig und
vergnügt herging. Die Familie soupirte unter sich, und es
gelang endlich auch den Neckereien des Bruders, die Schwester
der Heiterkeit wieder zuzuwenden. Wie es von jeher der
Brauch war, durften auch der Bediente und die Magd zur
Gratulation herauf kommen. Letztere war noch dieselbe, die
damals in der Küche gesungen:

> Ei, so komm doch ꝛc. —

die den Bombardier Tipfel verläugnet und großes Unglück
hätte herbeiführen können, und auch wirklich herbeigeführt
hatte.

Pauline war ausgelassen wie eine junge glückliche Frau.
Als das Dessert aufgetragen war, holte sie aus dem Neben=
zimmer eine kleine Brieftasche hervor, nahm daraus ein ver=
gilbtes Papier und entfaltete es, indem sie ihr kleines Näs=
chen auf die possirlichste Art von der Welt rümpfte. Dann
las sie unter allgemeinem Lachen:

„Da ich Ihre Rechnung vom 1. v. M. unglücklicher
Weise verlegt habe, so muß ich um eine neue bitten, ehe ich
die kleine Summe bezahlen kann. Zugleich bitte ich, dem
Ueberbringer zwei Flaschen Rüdesheimer und drei Pfund west=
fälischen Schinken mitzugeben. Er wird Ihnen den Betrag
dafür einhändigen.   Bombardier R.“

„Notabene. Da es mir schon einige Male passirte, daß
die Kanoniere von dem Geld, was man ihnen mitgab, ver=
loren, so bitte ich, mir morgen früh die Rechnung zu schicken,
wo ich alsdann nicht ermangeln werde —“

Als Lieutenant Robert zu später Nacht= oder vielmehr
zu früher Morgenstunde den Familienkreis verließ, zeigte sich
schon ein heller Streifen im Osten. Es bedurfte einiger Mühe,
um den Hausknecht des Gasthofs zu wecken, wo er sein Pferd
eingestellt. An der Thorwache war es außergewöhnlich still;
der Posten ging schläfrig auf und ab, in der Offizier=Wacht=
stube zuckte ein ersterbendes Licht, und aus der Thüre des
Zimmers für die Mannschaft hörte man taktmäßiges und
tiefes Geschnarche. Selbst der alte Unteroffizier, der das
Gitter öffnete, hatte ein verschlafenes Gesicht, und als er
aufschloß, sagte er: „Ich habe auch ein bischen Nachtruhe ge=
sucht, um meinen Kummer zu verschlafen; es ist ein wahres
Unglück, unser Bataillon bleibt hier. Nun — wie die Her=
ren wollen! Aber die Füseliere vom ...sten Regiment hätten
sich auch nicht schlecht geschlagen. — Guten Morgen, Herr
Lieutenant!“

Der Artillerie-Offizier sprengte nach dem Fort zurück, stieg im Hofe vom Pferde und ließ dieses von Einem der Wachtmannschaften in den Stall bringen. Hier fing es schon an lebendig zu werden, und auch in den Kasematten und auf den Gängen hörte man Säbel klirren und lustige Lieder singen.

Feodor Dose, der ebenfalls die Nacht wenig geschlafen, kam mit seinem Schlüsselbund am Säbel von den Munitions-wagen herein; er hatte dort noch einmal Alles untersucht. Er grüßte seinen Offizier und sagte: „Es ist doch heute ein anderes Gefühl, Herr Lieutenant, als wenn man blos zu einem Manöver marschirt. Sie werden hören, die Wagen und Protzen merken es auch schon, daß sie was Anderes im Leibe haben, als lumpige Manöver-Cartouchen. Das wird artig auf dem Pflaster dröhnen und rasseln, darin ist doch wirkliche Poesie."

„Ja, ja," entgegnete der Offizier lachend. „Aber, um von Poesieen zu sprechen, führen Sie Ihre Gedichte wieder bei sich im linken Pistolenholfter, wie gewöhnlich?"

„Allerdings, Herr Lieutenant," versetzte würdevoll der Feuerwerker; „ich habe ja Platz in dem linken Pistolenholfter, denn ich bin ein mäßiger Mann, der keine Schnapsflasche bei sich führt."

In diesem Augenblicke hörte man in der Stadt an allen Ecken die Reveille blasen und schlagen. Der Trompeter im Fort fiel lustig mit ein, die Posten auf dem Glacis wurden abgelöst, und bald darauf ritten die Fahrer, die in den be-nachbarten Dörfern mit ihren Pferden lagen, in das Fort ein, um Kanonen und Wagen zu bespannen. Ein wenig später erschien auch der Hauptmann Stengel in einem dicken, war-men Waffenrock, lustig und guter Dinge.

Lieutenant Robert änderte ebenfalls in der Geschwindig-keit seine Toilette, zog dicke Stiefel und schwere Reithosen an, bestieg ein anderes Pferd, als das, welches ihn heute Nacht getragen, und ritt zur Batterie hinaus, die vom Hauptmann Stengel draußen in zwei Linien aufgestellt wurde.

Es war eine prächtige Batterie, diese reitende, die Geſchütze im vortrefflichſten Zuſtande, die Pferde geſund und kräftig, und die Mannſchaft bereit, dem Teufel auf den Leib zu gehen.

Der Hauptmann jagte auf ſeinem langſchweifigen Rappen vor die Front, hob ſich in den Bügeln empor und hielt ſeinen Leuten eine kräftige Rede — werr weiß, wie ſehr! und werr weiß, wie bald! Er verſicherte ihnen, er wolle ſie beſtens führen, und ſie hätten nichts zu thun, als beſtens und ſchnellſtens zu gehorchen; ruhig im Zielen, ſchnell in Bewegungen, ſagte er am Schluſſe, und ſo nahe heran, wie möglich. — Jeder von Euch hat gewiß den beſten Willen — an Flickmaterial fehlt's nicht, und wir wollen der ſiebenten Artillerie-Brigade und unſerem König alle Ehre machen.

Darauf wurde vom rechten Flügel abgebrochen, die Offiziere ließen Geſchütz und Wagen an ſich vorbei ziehen, und der Hauptmann von Stengel rief ihnen zu: „Natürlicher Weiſe darf nicht geraucht werden, aber wenn ihr Luſt habt, zu ſingen, ſo ſoll mich's recht freuen.“

Der Morgen war ſchön, die Luft friſch und klar, von Staub nicht viel zu ſpüren, und deßhalb konnte man den Kehlen ſchon etwas zumuthen. Kaum hatte man die letzten Häuſer im Rücken, vor ſich die lange Chauſſee, die nach dem Oberrhein hinauf führt, als die Reiter und Fahrer nach einer kurzen Verſtändigung das Lied anſtimmten, mit dem ſie gewöhnlich zum Manöver ausrückten. Doch es war, als wollten ſie die Reden ihres Hauptmanns beantworten, denn ſie fingen mit dem zweiten Verſe an und ſangen:

> Was einſt wir beſchworen
> Mit Herz und Mund und Hand,
> Zu ſterben für König,
> Für Gott und Vaterland —
> Gehalten ſei's,
> Wie auch der Feind uns trotzt,
> Wir halten ja den Schwur —
> Luſtig abgeprotzt!

Siebentes Kapitel.

Worin der geneigte Leser ohne Gefahr einem ziemlich hitzigen Gefechte beiwohnt. Feuerwerker Dose wirft Granaten, und der Dragoner-
Offizier findet, daß dieselben schauerlich eingeschlagen.

Das Leben Feodor Dose's hatte an dem Tage, als er
in den Krieg zog, drei große Ereignisse aufzuweisen, nach
welchen er die verlebten Jahre einzutheilen pflegte; das war
erstens seine Geburt, in so fern wichtig, als sie ihn in dieses
Jammerthal warf, zweitens der Tag, an welchem er unter
das Militär trat, drittens endlich jene verhängnißvolle Stunde,
wo ihm nebst seinem Abschiede auch die Aussicht auf eine
Civilstelle zu Theil wurde. Kleinerer Unterabtheilungen, als
die erste Hose, das erste Taschengeld, die erste stille Neigung,
der erste Arrest oder die ersten goldenen Tressen, wollen wir
gar nicht erwähnen. Es folgte das in chronologischer Ordnung auf einander, wie es in der Welt und beim Militär
der Brauch ist.

Jetzt aber stand der würdige Feuerwerker an dem vierten
Hauptabschnitte — die Geburt ausgenommen, wohl dem wichtigsten für ihn — dem Gefecht. Und als Dose zum ersten
Male in's Feuer kam, da hatte er, wie bei so manchen anderen Gelegenheiten, wirkliches Glück. Nicht als ob er mit
seinem Geschütze Wunder der Tapferkeit hätte thun können
oder einer großen Schlacht beigewohnt hätte — nein, Dose's
erster Kampf war ein kleines harmloses Gefecht zwischen weniger Infanterie und Cavallerie und ein paar Hundert Mann
Freischaaren mit einigen Geschützen. Das war bei † an einem
schönen Sommertage, in einer reizenden Gegend mit Berg
und Thal, Gebüsch, Wiesen und fließenden Bächen. Dose's
Herz war voll Freude; in der Aufstellung, die man ihn mit
einer Haubitze nehmen ließ, lag für ihn so außerordentlich
viel Poesie. Sie befanden sich an der Biegung einer Schlucht,

die in ein größeres Thal mündete, in welchem auf einer
kleinen Anhöhe malerisch schön ein Dorf lag, über das eine
alte finstere Schloßruine gebietend herab blickte. Zwischen
Dorf und Ruine, etwas seitwärts, befand sich ein schönes
Herrenhaus von weißem Stein, hellleuchtend zwischen den
tiefgrünen Bäumen hervorsehend. Auf dem ziemlich flachen
Dache dieses Hauses flatterte eine rothe Fahne. Dem guten
Feuerwerker erschien das anfänglich so gar nicht kriegerisch,
so vollkommen manöverhaft. Die frischen grünen Wiesen vor
den Geschützen, auf welchen der Sonnenstrahl spielte, wo bunte
Schmetterlinge einander jagten, wo das Wasser so klar und
glänzend hindurch rieselte, dann die Berge zu beiden Seiten,
die, mit Baum und Strauch bewachsen, in den mannigfaltigsten Farben prangten, der Gesang eines Vogels dazwischen, das
alles war wie der tiefste Friede.

Es war noch früh am Tage und der Befehl zum Angriff noch nicht gegeben. Wenn Dose an die Biegung der
Schlucht trat und rückwärts schaute, dann sah er seine Be-
deckungs-Mannschaft, etwas Dragoner und einen Zug Infanterie, die mit der größten Gemüthlichkeit zusammenstanden
und plauderten. Wir brauchen nicht zu sagen, daß Dose
eigenhändig Protze und Lafettenkasten geöffnet, Kugeln und
Munition selbst gelockert und Alles auf's sorgfältigste nach-
gesehen. Den Platz für sein Geschütz hatte er sich auf's genaueste ausgesucht; er stand, wie gesagt, gerade an der Biegung der Schlucht; die Bergwand, welche diese bildete, streckte
sich wie ein niedriger Damm noch ein paar Schritte weit
vor ihm hin und bedeckte so die Haubitze. Seinen Kanonieren
hatte er die besten Anordnungen gegeben über das Verhalten
im Gefechte und hatte ihnen namentlich unerschütterliche Ruhe
und Kaltblütigkeit anempfohlen, was sehr leicht ist, d. h. das
Anempfehlen, wogegen aber die Ausführung immer etwas zu
wünschen übrig läßt.

Die Soldaten saßen an der Bergwand und verzehrten
das Frühstück, das sie sich mitgebracht, und selbst die Pferde
thaten ganz beruhigt, senkten ihre Köpfe und suchten von

dem saftigen Grase zu ihren Füßen etwas zwischen Stange
und Zunge durchzubringen. Dose saß auf einem alten
Baumast; sein Herz von erhabenen Gefühlen angeschwellt,
hielt er Schloß, Dorf, sowie das Haus mit der rothen Fahne
im Auge.

Auf dem rechten Flügel der Gefechtsaufstellung fiel jetzt
plötzlich der erste Kanonenschuß, und das Echo rollte diesen
Klang donnerähnlich durch die Berge und Schluchten fort.
Ihm folgte ein zweiter, dritter, dann mehrere nach einander;
drüben wurde ebenfalls geantwortet, das klang dumpfer und
hohler; dazwischen hörte man einige Zeit später das eigen=
thümliche Knallen der Büchsen und zuweilen einen lustigen
Ton aus irgend einem Jägerhorn, dann das Knattern der
Gewehrsalven, einzelne Trommelwirbel, und somit hatte die
Sache ihren Anfang genommen.

Augenblicklich war bei der Mannschaft in dem kleinen
Wiesenthale alle sorglose und nachlässige Haltung verschwun=
den, das Eßbare aller Art wurde bei dem ersten Kanonen=
schusse schleunigst zur Seite gesteckt, und wo noch ein paar
Backen im heftigsten Kauen begriffen waren, da beeilte man
sich und wirkte hinunter, daß es eine Freude war; die Pickel=
haube wurde auf dem Kopfe fest gedrückt, die Glieder for=
mirten sich ohne Befehl, und Alles wartete gespannt und war
auf den Kampf begierig. Die Kanoniere waren wahrhaftig
nicht die Letzten, die sich an ihr Geschütz begaben, sie stan=
den da wie auf dem Paradeplatze, Wischer und Handspeiche
in den Händen, und concentrirten ihr sämmtliches Gefühl
auf die Gehörwerkzeuge, um nicht das leiseste Wort ihres
Geschützführers zu überhören. Dose's Brust war zum Zer=
springen voll von Erwartung und Kampflust; er übersah
mit einem raschen Blicke noch einmal die Stellung seiner
Protze und der Pferde, und als er Alles gut gedeckt aufge=
stellt sah, lockerte er zum Ueberfluß seinen Säbel in der Scheide,
blies die Backen auf und meldete sich bei sich selbst als voll=
kommen fertig.

„Hören Sie, Feuerwerker," sagte Lieutenant L., der den

Haubitzenzug kommandirte, „ich brauche Ihnen keine Ruhe und Besonnenheit anzuempfehlen; aber wenn es Ihnen mög= lich ist, so vergessen Sie mir nicht, wenigstens von einigen Würfen ruhig die Sekundenzahl abzuzählen, von dem Mo= ment des Losfeuerns, bis die Granate einschlägt. Sie wissen: eins — zwei — drei — vier — Pulsschlag!"

„Zu Befehl, Herr Lieutenant," entgegnete der Feuer= werker, ohne recht bei der Sache zu sein; denn er horchte ängstlich auf den Kanonendonner, der sich leider zu entfernen schien. Er bemerkte das auch gegen seinen Offizier, der aber kopfschüttelnd meinte:

„Seien Sie ganz ruhig, wir bekommen hier genug zu thun. Das sind heimtückische Bursche, die wir vor uns haben! Wette ich doch Hundert gegen Eins, das Dorf und Schloß da vor uns steckt voll Mannschaft und Geschütze. Bemerken Sie dort die rothe Fahne auf dem weißen Hause?"

„Ich habe schon lange darauf Achtung gegeben," ant= wortete der Feuerwerker.

„Bemerken Sie sonst nichts da droben? Sie haben doch scharfe Augen."

„Es liegt dies alles im Schatten. Doch warten Sie einen Augenblick, Herr Lieutenant; Sie bemerken doch die Gartenmauer, die um das Haus herumläuft?"

„Allerdings."

„Hinter dieser Gartenmauer," fuhr Dose fort, indem er mit der Hand seine Augen beschattete, „meine ich immer etwas Glänzendes zu entdecken."

„Ganz recht."

„Eins — zwei — drei — vier glänzende Punkte."

„Geschütze, Feuerwerker — Geschütze. Da wette ich eine schön gefüllte Granate gegen eine Flintenkugel — vier Ge= schütze, wahrscheinlich Zwölfpfünder."

„In der That, es ist möglich."

„Da sitzen sie, hinter ihren Mauern lauernd; wir haben da vor uns das Centrum ihrer ganzen Aufstellung und stehen vor der Hand verflucht schwach dagegen."

Mittlerweile war auch der kommandirende Dragoner=
Offizier, unser Freund, längs der Bergwand näher geritten,
um sich ebenfalls vorn ein wenig umzuschauen.

„Nun, Feuerwerker," sagte er zu Dose, „bekommen wir
bald was von Ihnen zu hören?"

„Ich warte nur auf Befehl," antwortete Dose lächelnd.
— „Doch hören Sie —" fuhr er heiter fort, und sein Ge=
sicht überfuhr ein freudiges Lächeln, — „der Spektakel vom
rechten Flügel kommt wieder näher."

„Recht nahe," sagte der Dragoner=Offizier. „Gebe Gott,
daß auch wir eine kleine Arbeit bekommen."

„Ich wüßte was für euch," entgegnete lachend Lieute=
nant L., „paßt auf!"

„Nun denn, sprechen Sie!"

„Feuerwerker, wie weit schätzen Sie das Haus mit der
rothen Fahne?"

„Nach meiner Berechnung sind es zweitausend Schritt,
eher etwas mehr als weniger."

„So wollen wir vor der Hand die beiden Haubitzen
dahin richten lassen."

„Achtung!" kommandirte Dose. — „Mit Granaten ge=
laden! — zweitausend Schritt auf das weiße Haus!"

„Sieben Achtel Pfund Ladung!" rief Numero vier, „und
zwanzig Grad Erhöhung!" Behutsam legte Numero zwei
seine Pulversäcke in das Geschütz, der Bombardier setzte die
Granate sorgfältig ein, den Quadranten einen Augenblick
auf — — eine halbe Minute lang waren sämmtliche Kano=
niere um das Geschütz in Bewegung, dann sprang Jeder
wieder an seinen Platz, und Alles war fertig.

„Nun, und meine Arbeit?" fragte lachend der Dragoner=
Offizier seinen Kameraden, der dem Gewühl um das Geschütz
behaglich zuschaute.

„Das ist einfach," entgegnete der Artillerie=Offizier.
„Die Himmelsakermenter da oben werden sich hinter ihrer
Mauer ziemlich lange halten. Sie scheuen nur die blanke
Waffe; wenn wir also mit Gottes Hülfe ihnen ein paar

hübsche Granaten in ihren Garten geworfen haben, so wird
die Infanterie zum Sturm vorrücken, und dann geht ihr mit
oder vielmehr voraus. Mich soll der Teufel holen, wenn da
ein Dragonersäbel nicht ein eben so gutes Stück Arbeit macht,
wie ein ehrliches Bayonnet."

„Der Teufel ja!" entgegnete der Dragoner-Offizier,
und sein Gesicht glänzte vor Vergnügen, „so werde ich's
machen. Freilich sind wir zu eurer Deckung da, aber wenn
die ganze Geschichte vorwärts geht, da wollen wir auch
nicht dahinten bleiben. Doch ihr müßt uns entbehren
können."

„Lieber Freund," versetzte der Artillerie-Offizier mit
großem Selbstgefühl, „das sind zwei reitende Geschütze die
kommen überall durch, werden auch, wenn es vorwärts geht,
nicht weit hinter euch bleiben. — Hab' mir auch schon links
von dem Hause eine kleine Aufstellung angesehen, von da werde
ich sie mit Kartätschen bedienen."

„Gehen wir ein paar Schritte näher," meinte der Dragoner, indem er sein Pferd antrieb; „ich muß doch sehen,
wo man am besten da hinauf kommt." — Und damit ritt
er einige Schritte vorwärts.

„Nehmen Sie sich in Acht, Herr Lieutenant," warnte
der Feuerwerker, „das Grobzeug da oben schießt mit seinem
gestohlenen Pulver herunter, sowie es eine ehrliche Uniform sieht."

Und Dose hatte Recht. Kaum hatte sich der Dragoner-
Offizier ein paar Pferdelängen vorgewagt, so blitzte es an
dem weißen Hause auf, eine Rauchmasse qualmte empor,
und zu gleicher Zeit sauste eine zwölfpfündige Kugel herüber
riß über dem Kopfe des Offiziers einen starken Ast weg,
schlug einige Schritte weiter auf den Boden nieder und
ricochetirte darauf in zierlichen, immer kleineren Sätzen durch
das Wiesenthal dahin.

Der Offizier warf sein Pferd herum und zog sich hinter
die Bergwand zurück.

„Die Kugel war Ihnen schon nahe," sagte Lieutenant L.

„Ein Zwölfpfünder," meinte Dofe. „Sie hatten vorhin
vollkommen Recht, Herr Lieutenant."

„Augenscheinlich haben sie droben keine Haubitzen," ent=
gegnete dieser, sonst könnten sie uns warm machen. Aber
jetzt, da sie uns angegriffen, will ich mich den Henker geniren,
und nun wollen wir ihnen einige artige Granaten zusenden.
— Richtung und Erhöhung genau?"

„Alles in Ordnung, Herr Lieutenant!"

„Nun, dann geben Sie Feuer!"

„Erstes Geschütz — Feuerrr!"

Mit dem ihr eigenthümlichen klingenden Schlag sandte
die Haubitze ihre Granate in die Höhe, und athemlos blickte
Alles zu der Kugel empor, die jetzt plötzlich in der Luft
sichtbar wurde und sich nun zierlich und funkensprühend her=
abneigte.

„Famos!" rief der Lieutenant von der Artillerie und
machte einen Luftsprung. — Die Kugel war hinter der
Gartenmauer verschwunden und man hörte sie dort ex=
plodiren.

„Zweites Geschütz — Feuerrr!"

Diese Granate nahm dieselbe Richtung und konnte mög=
licher Weise eine noch schlimmere Wirkung üben, denn sie zer=
platzte, ehe sie über den Rand der Gartenmauer hinabsank.

Einen Augenblick blieb man droben die Antwort schuldig;
dann aber krachten zwei der Geschütze und sandten ihre zwölf=
pfündigen Kugeln mit ziemlicher Genauigkeit herüber.

„Bemerken Sie wohl," rief Feuerwerker Dofe, indem er
der Richtung seines Geschützes nachsah, „nur die beiden Ge=
schütze vom rechten und linken Flügel droben haben geant=
wortet. In der Mitte müssen unsere Granaten außerordent=
lich gewirkt haben."

„Richtig! richtig! — Aber halten Sie nur um Alles in
der Welt immer fest auf die Mitte! Solche Würfe, wie die
vorherigen zwei, sind nicht zu bezahlen. — Feuerrr!"

Abermals entluden sich die Haubitzen, und wenn auch
eine der Granaten nicht mit demselben Glücke hineinflog,

denn sie fiel vor der Gartenmauer nieder, so schlug doch die an=
dere in das Dach des Hauses; man sah die Ziegel umherfliegen.

„Bravo! bravo, ihr Leute!" rief der Artillerie=Offizier,
„haltet euch wacker! Jetzt antworten auch die mittleren Ge=
schütze. — — — Donnerwetter! das war gut gezielt!"

Eine zwölfpfündige Kugel riß den Ansatzkolben von
der Wischerstange ab. Numero eins, die sich übrigens sehr
brav hielt, erbleichte ein klein wenig.

Dose war aber auch in diesem Moment ein großer
Mann — ganz Feldherr. — Er schnallte nicht nur eigen=
händig den Vorrathswischer los, sondern er ging auch uner=
schrocken drei, vier Schritte vorwärts, ganz in's Freie, um,
wie er sagte, nachzusehen, ob man an der Richtung nicht
noch etwas ändern könne, in Wahrheit aber, um seinen
Leuten zu zeigen, daß man sich wegen so ein paar lumpiger
Kugeln nicht zu fürchten brauche. Und das that seine gute
Wirkung. Die Kanoniere schossen brav, ruhig und kaltblütig,
und schon nach einer Viertelstunde antworteten von den vier
Geschützen droben nur noch zwei.

Mittlerweile war das Gefecht auf dem rechten Flügel
näher und näher gekommen; man sah überall zwischen dem
Laubholz und den Tannen Rauch emporsteigen, die Büchsen=
schüsse knallten stärker und stärker, und es dauerte keine
Viertelstunde mehr, da bemerkte man am Fuß des Berges,
auf dem die Ruine stand, zwischen diesem und dem Dorfe
ein Gewimmel von Gestalten, die immer feuernd, aber eilig
sich hinter die Häuser zurückzogen. Das stille Wiesenthal
wurde nun mit Einem Male lebendig: von der Anhöhe herab
drangen lustig und wohlgemuth ein paar Züge Jäger, setzten
in vollem Lauf durch das Thal und erkletterten unter freu=
digem Hurrahrufen die jenseitige Anhöhe, um, einigermaßen
durch die Bäume gedeckt, stürmend gegen das weiße Haus
vorzudringen. Aus der Tiefe des Thales kamen in raschem
Trabe sechs reitende Geschütze, geführt von dem Hauptmann
v. Stengel, der sich belobend über die schöne Aufstellung der
Haubitzen und über das bisher Geleistete aussprach.

Welch' Leben war jetzt wie mit einem Zauberschlage so plötzlich zwischen den engen Bergen entstanden! Das knatterte und rasselte und krachte durcheinander. Dazwischen lärmten die Hörner von nah und fern und wirbelten die Trommeln auf allen Seiten.

Das Gesicht des Artillerie-Hauptmanns glänzte vor Kampflust und Freude. „Sie haben da ein braves Stück Arbeit gemacht!" rief er dem Feuerwerker zu, indem er sein Pferd parirte; „das da oben scheint mürbe zu sein, werr weiß, wie sehr! Noch ein paar tüchtige Würfe, und sie laufen auf der ganzen Linie."

„Ich würde den Herrn Hauptmann um Erlaubniß bitten," sagte Lieutenant L. eifrig, „noch ein paar Hundert Schritte vorzugehen; hier links um die Bergwand ist ein herrliches Plätzchen, wir sind jetzt doch zu weit von ihnen ab."

„Richtig! richtig!" entgegnete der Hauptmann. „Lassen Sie aufprotzen und vorwärts! Wir wollen ihnen frei auf der Ebene die Zähne weisen, werr weiß, wie bald!"

Sogleich stellten die Haubitzen ihr Feuer ein, protzten auf und jagten gegen den Hügel, auf welchem das weiße Haus stand. Das Plätzchen, das sich der Lieutenant L. ausgesucht hatte, war allerdings vortrefflich gelegen, und kaum hatten die Haubitzen und Kanonen Stellung gefaßt, so wurde der Befehl gegeben, mit Kartätschen zu laden, und in wenig Augenblicken sauste es über die Gartenmauer hinweg, daß Jedem das Herz im Leibe lachte.

Der Feind, obgleich im ersten Momente bestürzt über die Nähe der Batterie, fuhr indessen mit seinen Geschützen nicht so schnell ab, wie man das diesseits wohl erwartet. Seine Stellung war auch außerordentlich fest und haltbar; sie hatten sich in die Gartenmauer ordentliche Schießscharten gemacht und wurden jetzt von dem Kartätschenfeuer weniger belästigt, als vorhin von den Wurfgeschossen, wogegen sie mit ihrem schweren Caliber die fast frei dastehenden Geschütze mit einem wahren Hagel von Eisen überschütteten. Dies war das schlimmste Moment des ganzen Tages; die feindlichen Kugeln schlugen zwischen die Geschütze und Pferde und verwundeten manchen braven Kanonier. Aber da man sah, daß die Freunde siegreich von allen Seiten vordrangen, so achtete man ein paar leichte Schrammen und Löcher nicht besonders.

Dose hatte bei seinem Geschütze ein erschossenes Pferd, das er augenblicklich ausspannen und beseitigen ließ.

„Das ist ja wie ein Gewitter mit eisernen Schloſſen," rief ihm ein Bombardier zu, nachdem er, allerdings ein wenig heftig, von der Richtmaschine zurückgewichen, denn eine Kartätschkugel hatte ihm die Aufsatzstange fast unter der Nase entzwei gerissen. — „An der ist nichts mehr zu halten."

„Desto beſſer!" versetzte Dose, „hervor mit dem Quadranten! Hol' der Teufel die Kartätschen! Das ist ohnedies ein unwürdiges Geschoß für eine Haubitze; paßt mir auf, meine Jungen! Wir wollen einmal vom allgemeinen Befehl abweichen und ihnen in der Geschwindigkeit noch ein paar Granaten zusenden. Aber das muß bei euch pünktlich gehen und schnell wie ein siedendes Donnerwetter. — Geladen! — Sechshundert Schritt auf die Gartenmauer. — He da! Schabel! wisch mir nur gehörig aus; ich will dir was sagen, mein Sohn, dein Herumblinzeln verjagt keine Kugel. — So! fest drin gehalten. — Prrrdautz! was Teufel ist das? Schießen die Hallunken wieder zur Veränderung mit Vollkugeln!"

„Am linken Vorderrad der Protze hat es zwei Felgen mitgenommen, das Rad wackelt," meldete ein Kanonier.

„Es soll in's Teufels Namen wackeln, wenn es nur hält bis wir fertig sind," entgegnete Dose. „Ist die Granate eingesetzt? — Genau! — So! — Geschütz — Feuerrr!"

Die Granate schlug herrlich ein. Sie mußte fast auf eines der feindlichen Geschütze gefallen sein und war in der gehörigen Distanz geplatzt. Wenige Sekunden nachher, welche Dose dazu anwandte, auf's Neue zu laden, bemerkte man ein Durcheinanderlaufen in dem Hofe, dann wurden die Geschütze zurückgezogen und verschwanden hinter dem Hause.

„Bravo! bravo, Feuerwerker!" rief Hauptmann v. Stengel,
der herbeigeeilt war, „ein famoser Wurf, ein sehr schöner
Wurf; werr weiß, wie sehr!"

„Dank, Herr Hauptmann," sprach ruhig Dose. „Habe
noch einen zweiten auf der Pfanne." — Damit warf er
einen Blick auf das weiße Haus, hinter welchem sich der
Feind eiligst zurückzog. „Noch eine Achtelpfund = Ladung
drauf!" rief er dann heiter, „wenn es auch ein Bischen
aufhält. Jetzt auf tausend Schritt hinabgeschraubt, und nun
Feuerrr!"

Bei diesem letzten Worte ließ Dose sein Geschütz im
Stich und sprang einige Schritt weit den Hügel hinauf, um
die Wirkung des Schusses besser zu sehen. Ah! dieser kam
zur rechten Zeit, um die regellose Flucht des Feindes hinter
dem weißen Hause, die Straße abwärts, noch toller zu machen.
Trog den Feuerwerker nicht sein Auge, so war ein tüchtiges
Stück der gesprungenen Kugel zwischen zwei Pferden hinein=
geschlagen und hatte ein Geschütz in den Graben gelegt.
Doch war im nächsten Augenblick nicht viel mehr zu sehen;
die Batterie mußte ihr Feuer einstellen, um nicht die eigenen
Jäger zu treffen, die jetzt in wilden Sprüngen gegen das
Gehöft stürmten, aus dessen Fenstern und hinter der Garten=
mauer her der Feind noch ein tüchtiges Gewehrfeuer unterhielt.

Der Dragoner=Offizier, der lange hinter der Batterie
gehalten, hatte sein Vorhaben nicht vergessen. Als er den
Feind auf dem rechten Flügel so unaufhaltsam fliehen sah,
und als auch keine Befürchtung für die Batterie mehr da
war, ließ er sie unter dem Schutze des Zuges Infanterie,
der nicht weit von ihr stand, drang mit seinen braven Reitern
durch einen Waldweg über eine dicht bewachsene Höhe gegen
das weiße Gebäude und langte mit den Jägern vor dem=
selben an. Hier aber gewann er mit seinen Reitern einen
Vorsprung; das Terrain ging sanft ab= und aufwärts, und
ohne sich lange um das feindliche Gewehrfeuer zu beküm=
mern, warf er sich mit seinen Dragonern aus dem Gehölze
hinaus und stürmte, den Säbel in der Faust, das Gehöft.

Die Feinde, die hinter ihrer sicheren Deckung wahrscheinlich noch lange hervorgeschossen hätten, waren beim Anblick der anstürmenden Reiter, des blanken hochemporgeschwungenen Säbels und bei dem Hurrahrufe derselben bestürzt geworden. Die Meisten verließen Fenster und Mauer, und nur die Keckſten unter ihnen thaten noch ein paar wohlgezielte Schüſſe; dann verſuchten auch ſie ihr Heil in der Flucht.

Der Dragoner-Offizier hatte es aber nicht im Sinn, ihnen dieselbe so gar leicht zu machen; er schwenkte mit ſeinen Reitern um den Garten herum, bis an ein hinteres Thor, wo er mit den Fliehenden faſt zu gleicher Zeit ankam. Da, beim Anblick der Reiter, prallten die feindlichen Schützen erschrocken auf und flüchteten nach dem Hause zurück. Doch hatten ſie ſich kaum wieder hineingeworfen, als die Jäger von der andern Seite schaarenweis über die Gartenmauer ſprangen und ebenfalls in das Haus ſtürmten, um den Feind, der ihnen manchen Kameraden verwundet, niederzumachen. Vergeblich ſprang ein Jäger-Offizier zu gleicher Zeit mit ihnen die Treppen hinauf und ſuchte die erhitzte Mannſchaft von unnöthigem Blutvergießen abzuhalten. Die beiden Parteien waren ſo erbittert auf einander, daß man keinen Pardon verlangte und gab, daß man ſich vielmehr in Zimmern und Gängen herumschlug; dazwiſchen kamen zuweilen Schüſſe und ſchallte wildes Geſchrei in den Garten hinaus.

Der Dragoner-Offizier warf ſich vom Pferde, nahm einige ſeiner beſten und ruhigſten Leute und drang mit dieſen zu Fuß ebenfalls in das Haus. Hier fand er Alles in der größten Verwirrung, in einem wilden, wüthenden Kampfe. — „Warum ergebt ihr euch nicht?" rief er einem feindlichen Infanteriſten zu, der oben an der Treppe ſtand, mit der linken Hand ſein Gewehr hielt und ſich mit der rechten an einem Pfoſten feſtklammerte. Statt aller Antwort blickte dieſer den Kavallerie-Offizier mit einem ſchauerlichen Blicke ſtarr an, zuckte dann leicht mit den Achſeln, ſtieß einen tiefen Seufzer aus und ſank in die Kniee, worauf er todt die Treppen hinabrollte.

Die Dragoner stürmten eilig in den ersten Stock, traten eine Thüre ein und kamen zeitig genug, um ein Dutzend feindlicher Schützen vor den anstürmenden Jägern zu retten und zu Gefangenen zu machen.

Lieutenant v. W. ließ sie durch seine Reiter hinabtransportiren und untersuchte dann mit den Jäger-Offizieren das Haus. Sie fanden überall Todte und Verwundete, namentlich in einem größeren Zimmer des Erdgeschosses, wo Dose's zweite Granate durchgeschlagen hatte. Dieser Saal war durch eine spanische Wand in zwei Theile getheilt, hinter dieser Abscheidung vernahm der Dragoner-Offizier leises Schluchzen. Auf einer Matraze vor derselben lag ein schwer verwundeter junger Mann, der matt den Kopf herumdrehte und seinen Feind fragend ansah.

„Sie werden sogleich Hülfe erhalten," sagte der Dragoner-Offizier. „Ich werde augenblicklich nach einem Arzte schicken. — Sind Sie schwer verwundet?"

„Ich glaube wohl," entgegnete matt der Andere, worauf er schmerzlich die Lippen auf einander biß. „Das Stück einer Granate hat mir schwer die Seite verletzt. — Sind alle unsere Leute geflüchtet?" fragte er nach einer Pause.

„Wir haben vielleicht einige zwanzig zu Gefangenen gemacht," erwiederte Lieutenant v. W.

„Zu Gefangenen?"

„Allerdings; Sie glauben doch wohl nicht, daß wir einen wehrlosen und eingeschlossenen Feind niedermachen? Ich bin überzeugt, Sie glauben das nicht."

Hinter dem Verschlage hörte man einen tiefen Seufzer.

Hiedurch aufmerksam gemacht, fuhr der Dragoner-Offizier fort: „Wenn sich auch dort noch einige Ihrer Leute verborgen halten, so mögen sie ruhig hervor kommen; es ist mein Grundsatz, an dem ich fest und heilig halte: Schutz den Wehrlosen und Verfolgten, wo ich sie finde."

In diesem Augenblicke verwandelte sich der Seufzer hinter der spanischen Wand in einen leichten Aufschrei — einen Ton, der den Offizier beben machte.

„Es sind zwei Damen," sprach der Verwundete.

Lieutenant v. W. trat rasch hinter den Verschlag. Wir wollen eingestehen, daß sein Herz heftiger schlug, als vorhin bei der Attaque auf das Haus; er sah vor sich eine alte Dame, die in einem Lehnstuhle saß, zu ihren Füßen kniete ein junges schönes Mädchen, welches die beiden Hände der alten Dame gefaßt hielt.

Das junge Mädchen hatte lange blonde reiche Flechten und Locken, die wahrscheinlich von der Aufregung los gegangen waren und ihre Schultern und Brust bedeckten. Sie wandte dem eintretenden Offizier mit einem seltsamen, erwartungsvollen Ausdruck ihr schönes Gesicht entgegen, das sich plötzlich mit einer tiefen Röthe bedeckte.

Lieutenant v. W. blieb eine kleine Weile wie festgebannt vor dieser Gruppe stehen, dann verneigte er sich vor den beiden Damen und wiederholte nur die drei Worte: „Schutz den Verfolgten", drei einfache Worte, die aber das Mädchen mit dem blonden Haar auf's Tiefste zu erschüttern schienen; denn ihr Gesicht, vorher noch so roth, wurde jetzt farblos und blaß, dann senkte sie plötzlich ihren Kopf in die Hände der alten Dame.

„Womit kann ich Ihnen dienen?" fragte Lieutenant v. W. nach einer Pause. „Wollen Sie hier in dem Hause bleiben, oder wohin befehlen Sie?"

Die alte Dame sah dankbar zu dem feindlichen und doch so überaus artigen Offizier auf; dann richtete sie das Mädchen in ihrem Schooß in die Höhe und erhob sich selbst, indem sie sagte: „Beruhige dich, Sophie." Dann wandte sie sich mit den Worten an den Offizier: „Ich danke Ihnen, mein Herr, für die Artigkeit, mit der Sie Ihre Feinde behandeln; doch wenn wir auch durch die seltsame Lage, in der wir uns befinden, zu Ihren Gegnern gehören, so werden Sie doch meinen Worten glauben, daß wir Ihres Schutzes in keiner Beziehung unwerth sind. Das Schicksal bestimmt den Menschen, das unsrige war hart und traurig; der Verwundete, mit dem Sie vorhin sprachen, ist mein Sohn, der Bruder dieses armen Mädchens."

Lieutenant v. Werder verbeugte sich leicht.

„Sie sind Sieger für Ihre Sache," fuhr die alte
Dame stolz fort; „wir sind für die unsrige, die wahrhaftig
nicht schlechter ist, leider unterlegen."

„Mama!" sagte das junge Mädchen mit bittendem
Tone.

„Aber Sie sind ein edler Sieger; ich danke Ihnen,
und wenn Sie uns nicht als Gefangene zu behalten wünschen
— ich weiß ja nicht, wie streng Ihre Befehle sind — so
bitte ich Sie, mich nach * . . bringen zu lassen; es ist ein
Landgut, eine halbe Stunde von hier, und unsere eigentliche
Wohnung."

„Sie sind vollkommen frei, meine Damen," versetzte der
Dragoner-Offizier, „und wenn ich Sie, um mich Ihres Ausdruckes zu bedienen, nach * . . bringen werde, so geschieht
es nur, um Sie durch meinen Schutz vor allenfälligen Unannehmlichkeiten zu bewahren."

„Ich danke Ihnen," entgegnete trocken und ernst die
alte Dame. „Aber mein Sohn — was wird mit ihm?"

„Ich erwarte nur den Bericht des Arztes, ob er zu
transportiren ist, und in dem Falle kann er Sie begleiten
und hat nur sein Ehrenwort zu geben, daß er ohne vor-
herige Anzeige das Landgut nicht verlassen wird."

Die alte Dame warf einen schmerzlichen Blick gen Himmel, dann sagte sie mit leisem, aber bitterem Tone der
Stimme: „Seien Sie unbesorgt, Ihre Kugel hat zu gut
getroffen; mein unglückliches Kind wird jenes Landgut lebend
nicht verlassen. — Oh!" fuhr sie in Thränen ausbrechend
fort, „könnte ich nur meinen schwersten Fluch auf das Haupt
desjenigen schleudern, der jene niederträchtige Kugel herüber
gesandt!"

So unangenehm der Dragoner-Offizier auch von dem
Schmerze der Mutter berührt war, so konnte er sich doch
nicht enthalten, in seinem Geiste Ursache und Wirkung zusammen zu stellen. Dort den langen Feuerwerker Dose in
seinem Diensteifer, in seinem Glück über den schön gelunge-

nen Wurf, hier den verwundeten jungen Mann, vielleicht
der Stolz seiner Familie, in den schönsten Jahren des Lebens
niedergeschmettert. — „Ah, der Krieg ist ein hartes Hand=
werk," sprach er halblaut vor sich hin. Worauf die alte
Dame die Zähne zusammenbiß und ihm das junge Mädchen
einen dankenden Blick zuwarf.

Der Arzt der reitenden Batterie war schnell auf dem
Platze, er untersuchte die Verwundeten, zuckte bei dem jungen
Manne die Achseln und sagte leise zu dem Dragoner=Offi=
zier: „dem wird ein Transport nicht viel mehr schaden."
Eine Tragbahre wurde in dem Hause gefunden, und man
legte den jungen Mann darauf, nachdem seine schwere Wunde
so gut wie möglich verbunden war. Einige Knechte, die man
in den Ställen und Kellern gefunden, faßten die Tragbahre
an und verließen mit derselben das Haus. Die Mutter
hatte die Hand ihres Sohnes erfaßt und ging neben ihm
her, das junge Mädchen folgte.

Lieutenant v. W. nahm zwölf Mann seiner Dragoner
und hielt es für seine Pflicht, die Gefangenen nach dem
nahen Landhause zu begleiten. Er ging an der Seite des
jungen Mädchens und ließ sein Pferd folgen, dessen Zügel
er um die rechte Hand geschlungen hatte. Rasch schritten
die Träger voran, und nachdem man den Garten verlassen,
wandte man sich zwischen die Berge hinein, ließ das Schlacht=
feld hinter sich und war in kurzer Zeit von dem dichten
frischgrünen Walde umfangen, von der ruhigen, stillen Natur,
und hätte es leicht vergessen können, daß noch vor einer
halben Stunde diese Berge wiederhallten vom Gewehrfeuer
und Kanonendonner. Dort unten im Thale war der Krieg,
hier der Friede. Wenn vorn die Träger, was öfters vor=
kam, an einer Biegung des Weges auf Augenblicke verschwan=
den, so überließ sich der junge Offizier seinen Phantasieen
und träumte sich in eine ganz andere Zeit und Umgebung
hinein. Da war er allein mit dem jungen Mädchen unter
den hohen Buchen und Eichen, sie machten einen harmlosen
Spaziergang, und er vergaß völlig den heutigen Morgen, dachte

nicht mehr daran, daß er erst vor Kurzem den hochge-
schwungenen Säbel in die Scheide gesteckt.

So leichten Herzens er einige Zeit neben der schönen
Sophie dahin schritt, so schwer wurde es ihm, ein Gespräch
mit ihr anzuknüpfen. Der blutige Tag däuchte ihm kein
passendes Terrain, ebenso wenig die Erinnerung an jene
Nacht. Glücklicher Weise gedachte er des Landhauses am
Rhein und des langen Eduard, und auf die Erzählung dieses
würdigen Freundes fußend, sprach er von dem andern Tage
jenes Balles, von seinem Glücke, durch jene Einquartierung
eine Nachricht von ihr erhalten zu haben, eine Nachricht, die
ihn ganz entzückt, da er daraus entnommen habe, man zürne
ihm, dem Unbekannten, nicht wegen seiner verwegenen Handlung. Wenn er auch dem, was er sagen wollte, auf einem
großen Umwege näher geschlichen war, so erröthete und erblaßte das Mädchen doch abwechselnd und beeilte ihre Schritte,
um die Vorausgegangenen einzuholen.

„Seien Sie nicht so grausam gegen mich!" bat der
Dragoner-Offizier; „uns hat das Schicksal zweimal auf so
eigenthümliche Art zusammengeführt, daß man wahrhaftig
glauben könnte, es habe dies nicht ohne Absicht gethan. Und
leider bedarf ich für beide Male Ihre Verzeihung, mein
Fräulein, und nur darum bitte ich."

Das Mädchen erhob den Kopf und sah ihn mit ihren
glänzenden dunkeln Augen eine Sekunde fest an. — „Ich
habe Ihnen nichts zu verzeihen," sagte sie nach einer Pause.
— „Damals, das war eine unüberlegte Handlung, und
heute — — nun, ich könnte es fast für ein Unglück halten,
daß Sie uns feindlich gegenüber stehen."

„Ah! wenn Sie das wenigstens für ein Unglück halten,
so bin ich schon zufrieden, und ich danke Ihnen herzlich für
dieses Wort."

Sophie sah ihn treuherzig an, dann versetzte sie rasch:
„Ich danke Ihnen recht sehr, daß Sie sich meines Bruders
und unserer so edelmüthig angenommen. Wir befanden
uns in dem Hause nach dem unglücklichen Ausgange des

Gefechts in einer tödtlichen Angst, — als ich Ihre Stimme erkannte . . ."

„Ah! Sie erkannten meine Stimme?"

„Jene Worte," sagte das Mädchen leicht erröthend, „da fühlte ich, daß wir gerettet seien."

„Sie fühlten das, Sophie?"

„Ja, ich fühlte es," antwortete das Mädchen und blickte den jungen Offizier mit einem unnennbar weichen Ausdrucke an, „und sagte zu mir: wir sind gerettet."

„Also Sie gedachten meiner? Ja, Sie mußten meiner gedacht haben, wenn Sie die Stimme oder die Worte wieder erkannten!"

„Ja, — — ich dachte vielleicht hie und da an Sie, und wohl nicht an Sie; ich dachte an etwas Wesenloses, an etwas, das ich nie gesehen, ich dachte an drei Worte, an den Klang jener Stimme."

„Und als ich nun vor Sie hintrat und jene drei Worte aussprach, war ich Ihnen fremd, oder wurde es Ihnen leicht, den Klang meiner Stimme mit meiner Person zu vereinigen?"

„Sie waren unser Retter," antwortete kaum hörbar das Mädchen, und ich fühle mich nicht unglücklich, daß Sie gerade es waren. — — — — Doch endigen wir diese sonderbare Unterhaltung; auch sind wir am Ziele; dort vor uns liegt das Landhaus. Nehmen Sie nochmals meinen Dank, und lassen Sie mich eilen, meine Mutter ist schon weit voraus."

„Aber ich werde Sie wieder sehen, Sophie," sagte drängend der Dragoner=Offizier, indem er eine ihrer Hände ergriff, „gewiß, ich werde Sie wieder sehen. Wir bleiben drüben ein paar Tage liegen, und mein Pferd trägt mich in einer kleinen Viertelstunde hieher."

Lieutenant v. W. glaubte von den Fingern des jungen Mädchens einen leichten Druck zu fühlen; doch als er ihrem Blick begegnen wollte, war dieser fest nach dem Landhause gerichtet, und ohne sich umzuwenden, sprach sie: „Leben Sie

wohl. — Sie müssen Alles vergessen. Denken Sie an den
Krieg und daß wir Feinde sind; vor Allem aber merken
Sie auf meine Worte: wagen Sie sich nie allein und unbe=
sonnen in diese Berge." — Damit riß sie ihre Hand los
und sprang den vorausgeeilten Trägern nach.

„Ei!" sagte der Dragoner=Offizier nach einer Pause,
während er ihr nachblickte, da sie so leicht und schlank da=
hinschoß wie ein Reh, „ei der Tausend, so leicht gibt man
ein solches Abenteuer nicht auf!" — Damit ordnete er das
Sattelzeug seines Pferdes, schwang sich hinauf und trabte,
von den Dragonern gefolgt, nach dem weißen Hause zurück.

Achtes Kapitel.

Handelt vom Bivouakiren im Allgemeinen und zeigt, wie man in
Friedenszeit seine Wache verlassen und doch ein braver Bombardier
sein kann.

Der Feuerwerker Dose hatte einen glorreichen Tag ver=
lebt; er war zum ersten Male im Feuer gewesen, er hatte
sich mit seinem Geschütze tapfer geschlagen, und man konnte
nicht läugnen, ein kleines Lorbeerblatt des Siegeskranzes ge=
bührte ihm. Dagegen waren die Verluste, die er und das
Geschütz erlitten, nicht außerordentlich groß. Außer dem
Stangen=Handpferde, das getödtet worden, war nur eines
der Bedienungsmannschaften ziemlich verletzt, dann hatten
drei Kanoniere nicht gerade bedeutende Schrammen erhalten,
ihm selbst aber hatte eine Kartätschkugel die Parirstange des
Säbels zertrümmert und ihn an der Hüfte verletzt. Von
einigen Lafettensplittern und einem zerschmetterten Wischer

wollen wir gar nicht reden. Wichtiger waren die verletzten Felgen des Protzrades, und hierbei zeigte sich Dose auf dem Schlachtfelde in seiner ganze Größe. Er war von jeher ein Freund von allen manoeuvres de force gewesen, und hier fühlte er sich ganz glücklich, das Erlernte praktisch anwenden zu können.

Während die übrige Batterie abfuhr, um sich am Bivouakplatze aufzustellen, blieb Dose allein zurück, beschiente die zersprungenen Felgen und umwand sie so sauber und fest mit Stricken, daß es eine wahre Freude war, die fertige Arbeit zu sehen.

Dose hatte an dem Tage Glück; denn als Alles in Ordnung war und er sich auf das Pferd schwang, um gegen das Dorf hinab zu reiten, begegnete er einem Trupp glän= zender Offiziere, hohen und höchsten Generalen und Com= mandeuren. Der Feuerwerker meldete dienstmäßig die Ur= sache seines verspäteten Einrückens, und die Haubitze war augenblicklich von einem Kreise aufmerksamer Zuschauer um= geben, welche die entstandenen Schäden und ihre kunstvolle Ausbesserung in Augenschein nahmen. Der vornehmste und erste der Offiziere, ein schöner Mann mit einer hohen Ge= stalt, freundlichem Gesicht und prachtvollem blondem Schnurr= barte, ließ den Namen des Feuerwerkers notiren, der darauf seelenvergnügt seinen Weg fortsetzte.

Auch Hauptmann von Stengel empfing Dose'n freund= lich, werr weiß, wie sehr! und versicherte ihm, er werde auf seine Beförderung antragen, werr weiß, wie bald!

Sämmtliche Truppen hatten sich unterdessen um das Dorf zusammengezogen und theils in demselben Quartiere erhalten, theils bivouakirten sie rings umher. Das Haupt= quartier wurde in jenes weiße Haus verlegt, von dessen Er= stürmung wir Zeuge waren; es war ein gut eingerichtetes, großes Gebäude, lag, wie schon bemerkt, auf einem Hügel, weßhalb man von ihm aus die Gegend rings umher über= schauen konnte. Von hier nun nahmen sich die Bivouaks und Lagerplätze der Soldaten, die Artillerieparks, die Ka=

valleriepikets außerordentlich gut aus; jeder Truppentheil
bildete einen eigenen, abgeschlossenen Theil, eine zahlreiche
Familie, die eben anfing, sich häuslich einzurichten.

Die Infanterie ordnete ihren Lagerplatz am schnellsten;
denn sie brauchte nur den Tornister abzuschnallen und ihn
in Reihe und Glied zu legen, und hatte alsdann die voll=
kommenste Muße, ihr Holz, ihr Wasser und ihre Lebensmittel
zu fassen. Bei ihr qualmten auch zuerst die Feuer, wurden
zuerst die großen Kessel übergehängt und eine gute Suppe
gekocht.

Die Kavallerie brauchte längere Zeit, um Pflöcke ein=
zuschlagen, die Fouragierleinen herum zu ziehen und die
Pferde mit den Stricken daran zu binden.

Die Artillerie mit ihren Kugeln= und Granatwagen war
genöthigt, länger zu marschiren und sich entfernter aufzu=
stellen. Nachdem dieß mit großer Genauigkeit und ziemlicher
Umständlichkeit geschehen, wurde die Deichselspitze durch einen
in den Boden geschlagenen Pfahl befestigt, die Pferde an
die Deichsel und hinter das Geschütz und die Wagen gebun=
den und darauf abgesattelt. Wenn auf diese Art die Ar=
tillerie auch am längsten gebraucht, ehe sie zur Ruhe kam,
so bot dagegen auch ihr Lager den malerischsten Anblick.
Die Geschütze standen da ernst und düster in langer Reihe,
um sie herum die schüttelnden und schnaubenden Pferde,
hinter ihnen die dunkeln Wagen, und zwischen all' dem das
Gewühl der Kanoniere, die, nachdem sie Sattel und Zeug
abgelegt, zu einander hinliefen, um sich über die Erlebnisse
des Tages zu unterhalten. Ein anderer Theil beschäftigte
sich an den Kochherden, die in ziemlicher Entfernung von
der Batterie angelegt waren, oder umstanden neugierig die
Feldschmiede, die von dem Batterieschmied in Thätigkeit ge=
setzt wurde und deren großer Blasbalg auf und ab ächzte.

Diese Einzelheiten bemerkte man freilich aus der Ent=
fernung nicht; doch bot dafür, von Weitem gesehen, die ganze
Ebene ein reges, lebendiges Bild. Das Grün der Wiesen
hie und da mit den dunkeln, wimmelnden Gestalten bedeckt,

große Flecken bildend, rings herum die ernsten Waldungen, vorhin so lebendig und bewegt, jetzt in tiefem Schweigen, kaum unterbrochen durch den Schrei eines Raubvogels, das Dorf in der Mitte, beglänzt von der Abendsonne, mit seinen spitzigen Giebeldächern und unzähligen Schornsteinen, aus denen bläulicher Rauch empor qualmte, und über Alles die alte Schloßruine, die so finster und grämlich auf dieses Treiben hinabzuschauen schien.

Die mannigfaltigsten Klänge belebten dieses kriegerische Bild: der Jubelruf der Soldaten, ein in der Entfernung gesungenes Lied, das scharfe Rasseln einer Trommel, irgend ein Horn- und ein Trompetensignal, und endlich die Klänge einer prächtigen Militärmusik, die hell und lustig von dem weißen Gebäude her über das Feld dahin schallte.

Das weiße Haus war übrigens der Mittelpunkt des ganzen Lagerlebens; mit seinem weiten Hofraume und Garten war es ein Bild im Kleinen von dem, was das Feld draußen im Großen war. Auch hier lagerte Infanterie, Kavallerie und Artillerie, theils als Bedeckung des Hauptquartiers, theils als Reserve einer vorgeschobenen Feldposten-Kette.

Wenn wir den geneigten Leser in den Hofraum dieses Hauses führen, so geschieht es, um dem Titel unseres Buches: „Wachtstuben = Abenteuer" einigermaßen getreu zu bleiben. Wenn auch hier von keiner Wachtstube die Rede war, so doch von einer Wache im großartigsten Style, von der Wache einer Compagnie Garde = Landwehr und Linien = Infanterie, welche heute die spezielle Bedeckung des Hauptquartiers bildeten. So lange es Tag war, hatte diese Wache nicht viel Bemerkenswerthes: die Soldaten saßen auf den Treppen des Hauses oder lagerten ermüdet unter den großen Bäumen des Hofes, die Offiziere dagegen befanden sich bei ihren Kameraden oder im Hause, plauderten über allerlei Vorgefallenes und vernahmen mit Interesse die Rapporte der verschiedenen Truppentheile über die Erlebnisse des Tages. Als es aber Abend geworden war, als man hörte, wie aus jedem

Theile des Bivouals die Retraite geschlagen und geblasen wurde, als es immer mehr dunkelte und man auf der Ebene nichts mehr erkennen konnte, als die Feuer der Soldaten und einzelne Lichter aus den Häusern des Dorfes, da begann auch der weite Hof eine ganz andere Gestalt anzunehmen. Die Soldaten hatten Feuer angezündet für sich und die Offiziere, und als die Flammen hoch empor loderten, die Wände des Hauses mit rothem magischem Schein bedeckten und die Bäume auf eigenthümliche Art zu beleben schienen — denn die hell angestrahlten Blätter zitterten durch einander bei jeder Bewegung der Flamme, und die Schatten an den weißen Mauern wehten in seltsamen Formen hin und her, wie dunkle Gespenster, — da belebte sich der Hof, man verließ die dunkeln unfreundlichen Zimmer und gruppirte sich um die Wachtfeuer plaudernd im Kreise.

Um eines derselben finden wir unsere Freunde wieder: den Dragoner-Offizier v. W., den Husaren-Offizier, der Adjutantendienst im Hauptquartier verrichtete, Lieutenant Robert, der die Geschütze der Feldwacht kommandirte, und den langen Eduard, der sich hier als Wachthabender befand. Letzterer saß an einen Baumstamm gelehnt und machte in seiner ernsten und würdigen Weise die Honneurs des Wachtfeuers, d. h. er vertheilte die Plätze an demselben, er sah darauf, daß fleißig Holz nachgelegt wurde, er hatte eine große Feuerzange neben sich, mit der er glühende Kohlen zum Anzünden der Pfeifen und Cigarren herumreichte, und wenn er die Hand hinter dem Baum ausstreckte, an dem er saß, so gab ihm sein Bursche eine Flasche rothen Wein in die Hand, die er alsdann in zeitgemäßen und richtigen Pausen im Kreise umhergehen ließ.

Die meisten der Offiziere befanden sich in der Mütze und ohne Waffen; nur der lange Eduard und der Dragoner-Offizier waren dienstmäßig gekleidet. Letzterer stand aufrecht neben dem Feuer, hatte beide Hände auf seinen Säbel gestützt und blickte nachdenkend in die rothen Flammen.

„Zu allem dem, was du heute erobert, gehört auch

dein außerordentliches Glück," sagte der Husaren-Offizier. „Alle Wetter! so was blüht unser einem nicht. Kommt da mit seinem Zuge und kann an der Erstürmung eines verschanzten Hauses Theil nehmen. Wem Gott wohl will, dem gibt er's im Schlafe."

„Unberufen," antwortete ernst der Andere.

„Und die Eroberung, die er gemacht hat!" mischte sich der lange Eduard in das Gespräch. „Ich habe mir die Sache erzählen lassen; doch möchte ich sie von dir hören, es liegt noch ein gewisses Düster darüber. Haben wir Hoffnung, daß du uns dasselbe aufklärst?" — Bei diesen Worten blinzelte er dem Freunde aus dem Augenwinkel zu.

„Die Geschichte ist sehr hell und klar," gab der Dragoner zur Antwort. „Ich fand hier eine Mutter mit ihrer Tochter und einem auf den Tod verwundeten Sohne. Da wir keine Weiber zu Gefangenen machen, so ließ ich alle drei nach einem nahe gelegenen Landgute bringen."

„Doch hätte dir bald diese ritterliche That eine artige Nase eingetragen," sagte Lieutenant Robert; „ich mußte drinnen im Dorfe ein paar Pferde requiriren und kam gerade dazu, wie sich der General v. H. über dieses Thema ausließ."

„Nun?" fragten die Offiziere.

„Madame, die hier im Hause gefunden wurde, ist die Frau des Gutsbesitzers D., die Eigenthümerin dieses Landguts und eine entschiedene und gefährliche Anhängerin der anderen Partei. Der Gemahl ist in Geschäften abwesend, und sie soll die Vertheidigung auf diesem Punkte fast ganz allein geleitet haben."

Der Dragoner-Offizier blickte achselzuckend in die Höhe.

„Aber sie hat eine Tochter," bemerkte ruhig der lange Eduard, „mit sehr schönem blondem Haar und ultra-konservativen Gesinnungen. Diese Tochter hat mit dem Kampfe nichts zu thun, denn sie ist erst seit Kurzem vom Mittelrhein gekommen, wo sie sich Vergnügens halber aufgehalten."

„Kennen Sie dieselbe?" fragte der Husaren-Offizier.

„Ich habe euch schon einmal erzählt, daß ich nach einer denkwürdigen Nacht bei einem lustigen Demokraten im Quartier lag, wo wir guten Wein aus seinem Keller probirten und mit drei hübschen Mädchen binirten."

„Meidinger!" warf halb ärgerlich der Dragoner=Offizier dazwischen. Die anderen Offiziere lachten, und der lange Eduard fuhr ruhig fort:

„Es ist nicht ganz Meidinger, denn ich glaube, es wird noch Fortsetzungen haben, die für uns in der That recht neu und überraschend sind."

Der Dragoner=Offizier pfiff statt aller Antwort irgend eine Melodie und stieß mit seiner Säbelscheide auf die glühenden Holzstücke, daß Myriaden von Funken umherstoben.

Der Lieutenant Eduard streckte die Hand hinter den Baum und brachte eine neue Flasche zum Vorschein, die er rechts herumgehen ließ.

„Das war doch heute ein recht angenehmer Tag," meinte der Husar, nachdem er getrunken und sich den Schnurrbart mit der Hand abgewischt. „Habt ihr bei der Infanterie viel Verluste gehabt?"

„Unbedeutend!" entgegnete der lange Eduard, „wenige Leute sind verwundet und sehr leicht. Der Einzige, dem es schlimmer ergangen, ist der arme Lieutenant Schmauder; der Mann hat kein Glück; er führte die Plänklerkette, und einer der ersten Schüsse, die drüben losgehen, schickt ihm eine Kugel in die linke Seite."

„Der arme Schmauder!" sagte der Husaren=Offizier. „Erinnert ihr euch noch des Punsches, den wir mit ihm auf der Hauptwache in C. tranken, wenige Tage vor dem Ausmarsch?"

„Es ist gut, daß ihr mich daran erinnert," rief Lieutenant Robert. „Bei der Fußartillerie hatten sie heute ebenfalls einen Verlust, der mit jenem Abend zusammenhängt. Ihr erinnert euch gewiß der Geschichte mit den Patrouillenzetteln!"

„Versteht sich," erwiederte der lange Eduard: „die Correspondenz der beiden Wachthabenden mit einander."

„Allerdings."

„Nun, der eine dieser Correspondenten, der Comman=
dirende auf dem Fort draußen, Hornemann hieß er, hat sich
heute bei der Bedienung seines Geschützes auf's außerordent=
lichste hervorgethan; die Details weiß ich nicht ganz genau,
aber so viel ist gewiß, daß dieser brave junge Mann tüchtig
befördert worden wäre — wenn er nicht —"

„Nun, wenn er nicht —?" fragten die Offiziere.

„Wenn er nicht," fuhr Lieutenant Robert sehr ernst fort,
„neben seinem Geschütze gefallen wäre. Es war eine lustige
heitere Soldatenseele, fröhlich und wohlgemuth, hat sich aber
geschlagen, wie einer der Besten."

„Das thut mir in der That leid," versetzte der Dra=
goner=Offizier. „Armer junger Mensch! sieht die Seinigen
nicht wieder. Wer weiß, welch treues Herz in diesem Augen=
blicke an ihn denkt! Ja, das ist der Krieg."

„Und der Lieutenant Schmauder," warf der Husaren=
Offizier dazwischen. „Gott gebe ihm seinen Frieden! Aber
davon bin ich überzeugt, wenn die Beiden sich jenseits treffen,
so bekommt der arme Bombardier doch noch einen Verweis,
daß er einstens seine Wache verlassen."

Der lange Eduard hatte die Flasche von der linken
Seite zurück erhalten; er hielt den Rest zwischen seinem
Auge und dem Wachtfeuer, so daß sein Gesicht röthlich an=
gestrahlt wurde, und sprach nach einer Pause: „Ich habe
euch ja damals schon gesagt, daß die jungen Leute, wenn
sie auch im Uebermuthe und in Friedenszeiten im Stande
wären, ihre Wache zu verlassen, sich brav und tüchtig beneh=
men würden, wenn es einmal gegen den Feind ginge. Der
hier hat's bewiesen; ich trinke den Rest da auf sein An=
denken; möge es ihm drüben gut werden!"

„Möge er seinen Frieden finden!" fügte Lieutenant
Robert hinzu.

„Obgleich er hier auf Erden einmal seine Wache verlassen."

„Um einer Geliebten willen," sprach nachdenkend der
Dragoner=Offizier.

Worauf der lange Eduard den Rest der Flasche aus=
trank und sie dann hinter sich an die Mauer warf, daß sie
in tausend Stücke zersplitterte.

Neuntes Kapitel.

Der Dragoner=Offizier untersucht nächtlicher Weile die Vorposten,
sieht eine buntfarbige Correspondenz mit dem Feinde und faßt
seinen Entschluß, da er eine Verrätherei ahnet.

Noch eine Zeit lang hatte ein lebhaftes Gespräch und
die Erinnerung an den vergangenen Tag den Schlaf von
den Augen der Offiziere verscheucht, die um das Wachtfeuer
saßen. Als aber die Elf=Uhr=Ablösung vorbei war, entschul=
digte sich einer nach dem andern und schlich langsam davon,
dem Hause zu, um dort in irgend einem Winkel ein Bund
Stroh oder eine Matratze zu finden. Selbst der lange
Eduard blickte oft Minuten lang, ohne zu sprechen, in's
Feuer, dann wurde sein Blick unsicher, die Augenlider sanken
ihm zu, sein Kopf vornüber, und erst, als das Kinn auf die
Brust aufstieß, gab er einen Ton von sich, schrak in die
Höhe und sagte lächelnd, indem er die Augen weit aufriß:
„Was ich da geträumt, war ungeheuer Meidinger.“

Der Dragoner=Offizier war der Letzte, der am Feuer
stehen blieb; doch endlich drückte auch er seinen Helm fest,
hakte den Säbel an der Koppel los und reichte dem Wacht=
habenden zum Abschied die Hand.

„Wo hast du dein Quartier?“ fragte ihn der lange
Eduard. „Drunten im Dorf? Oder gehst du in's Bivouak?“

„Für heute Nacht finde ich nirgendwo etwas, wo ich

mein Haupt hinlegen kann," entgegnete der Andere; „ich
habe es für Lieutenant D., der ein wenig unwohl iſt, über-
nommen, die Feldwachen abzureiten, bin alſo im Dienſte ſo
gut wie du."

„Da habe ich aber einen kleinen Vortheil," verſetzte der
Lieutenant der Infanterie; „ich werde mir in der Ecke des
Hofes, wo die alte Linde ihren Schatten recht dicht hinwirft,
ein Bund Stroh ausbreiten laſſen, das ich ausfindig gemacht, um ein paar Stunden zu ſchlafen. Wenn du von
deinem Ritte zurückkommſt, weck' mich auf. Ich brauche nur
ſehr wenig Schlaf, um mich zu reſtauriren. Dann machen
wir uns einen Kaffee und erwarten den Morgen."

„Meinethalben, ich werde kommen, beneide dich auch
um deine Ruhe nicht," ſagte der Kavallerie=Offizier. — —
„Mir iſt mein Ritt recht lieb, ich würde die Nacht doch nicht
gut ſchlafen. — Alſo auf Wiederſehen!"

„Gute Nacht!"

Damit traf der lange Eduard alle Anſtalten, um ein
wenig auszuruhen; er poſtirte einen Unteroffizier und ein
Dutzend von der Wachtmannſchaft um das Feuer, zog ſich
in den Schatten zurück und wickelte ſich dort in ſeinen Mantel,
um den Schlaf des Gerechten zu ſchlafen.

Der Dragoner=Offizier ging in den Garten des Hauſes,
wo ſich von ſeinen Leuten einige an einem Feuer aufhielten.
Er ſagte einem alten Unteroffizier leiſe ein paar Worte,
dieſer legte die Hand an den Helm, winkte ſeinen Reitern
hinweg und verſchwand mit ihnen im Dunkel des Gartens.
Gleich darauf hörte man aber das leiſe Wiehern und Schütteln von Pferden, ſowie das Klirren von Säbelſcheiden, die
an Sattelwerk und Sporen ſchlugen. Dann tauchte aus
dem Schatten ein Dragoner mit einem Handpferde hervor;
Lieutenant v. W. ſchwang ſich leicht auf und ritt zu dem
Hofthore hinaus, gefolgt von einem Trupp von ungefähr
zehn Reitern.

Wie war die Nacht ſo ſchön und ruhig! Auf der Ebene
ſchienen die meiſten Wachtfeuer erloſchen zu ſein, nur hie

und da bemerkte man noch einen röthlichen Schein zwischen einer dunkleren Gruppe: wahrscheinlich Soldaten, die dort noch saßen und zusammenplauderten. Der Offizier ritt mit seinen Dragonern den Hügel hinab, den er am Morgen hinaufgestürmt war; bald kam er an die Stelle, wo die Geschütze zum letztenmal gehalten; rechts hatte er den Wald, der in tiefem, geheimnißvollem Schweigen neben ihm lag. Nicht der geringste Laut unterbrach die Stille, kein Flüstern des Blattes, kein Lispeln des Windes; es war eine ruhige, warme Sommernacht. Immer tiefer ritt er hinab und kam jetzt auf den Grund des Wiesenthales, wo Dose die ersten Granaten geworfen und wo ihm die zwölfpfündige Kugel so nahe gekommen war. In das enge Thal ritt er hinein und man hörte auf dem nassen, bethauten Wiesenboden keinen Tritt der Pferde; kein Klirren der Waffen unterbrach die Ruhe; es war oftmals so still, daß man das Rieseln des Baches hörte, wie seine Wellen über die glatten Kiesel dahin schliffen. Vor ihnen lag die mit Laub- und Nadelholz be= wachsene Anhöhe, welche das kleine Wiesenthal absperrte, und weil hier unten Alles in so tiefer Nacht begraben lag, so bemerkte man um so deutlicher dort den hellen glänzenden Nachthimmel im weißblauen Lichte, auf dem sich die dunklen Tannen scharf und zierlich abzeichneten. Der Mond begann aufzusteigen.

Ein schmaler, sandiger Weg führte aus dem Wiesenthal auf jene Anhöhe, welche über die Vorpostenkette lief. Je höher die Reiter empor stiegen, desto klarer leuchtete ihnen der Himmel entgegen. Bald hatten sie den Bergkamm er= reicht, und der Lieutenant v. W. blieb einen Augenblick über= rascht stehen, denn er blickte vor sich in das weite Rheinthal voll phantastischer Nebel= und Schattengestalten. Gewaltige silberdurchwebte Schleier bildeten das Mondlicht und die auf= steigenden Dünste. Baumgruppen standen dazwischen, wie gespenstige schattenhafte Wesen mit lang ausgestreckten Armen, die jetzt plötzlich im wilden Tanze eingehalten und regungs= los bastanden, als der Blick eines Sterblichen auf sie her=

nieder fiel. Hell und glühend erhob sich drüben die Mond-
scheibe, das Gesicht der Nachtgöttin, die all' diesen Spuk
hervorruft, und auf ihrem Haupte schienen jene flatternden
Schleier zu beginnen, die das ganze Thal überwallten und
erst weit in der Ferne endeten in einem langen, breiten
silbernen Streifen. Das war aber in Wirklichkeit der Rhein,
der dort ruhig und majestätisch durch die Ebene floß.

Der Offizier legte seinem Pferde die Zügel auf den
Hals und blickte entzückt rings um sich her. Er war sehr
empfänglich für Naturschönheiten, namentlich aber in der
heutigen Nacht, wo sein Herz aufgeregt war und heftiger
schlug, wenn er an die Begegnung von heute Morgen dachte.
Dort in der Mitte des stillen Waldes lag jenes Landhaus,
umgeben von den kleinen Thälern, die sehnsüchtig auf den
Kuß des Mondes zu harren schienen, um auch in ihrem
Schooße ein mitternächtiges Leben entstehen zu lassen. Es
ist so schön, wenn man es mit ansieht, wie sich der erste
Mondstrahl durch Schluchten und Bäume hineinschleicht in
die stillen Waldgründe, wie dann plötzlich das Wasser er-
glänzt und aufzujauchzen scheint, wie sich rings umher lichte
Gestalten erheben und über die strahlenden thaubenetzten
Wiesengründe dahin zu schweben scheinen. Es ist so be-
ruhigend, dabei eines geliebten Wesens zu gedenken, das
vielleicht in diesem Augenblicke träumerisch die Augen öffnet
und hell erwacht, wenn es das weiße Licht sieht, wie es vor
den Fenstern Einlaß begehrt, um Botschaft zu bringen von
dem, der dort auf der Höhe hält, dessen Haar im Abend-
winde flattert und der die Hand auf das Herz preßt, versunken in tiefe, selige Gedanken. — Ja, diese Gedanken sind
es, die auf Mondstrahlen hinüberziehen und die hier und
dort gleichen Gedanken erwecken; es ist ein magnetischer
Rapport, der sich herstellt zwischen zwei Wesen, die, beide
zugleich an einander denkend, in die helle Scheibe des
Mondes blicken.

Der Bergkamm, auf dem jetzt die Dragoner ritten, lief
in einer Schlangenlinie, und auf den äußersten Punkten

standen die Schildwachen. Hier waren es Cuirassiere, und
so ein einzelner Reiter, wie er da hielt, unbeweglich auf
seinem Pferde im weißen Mantel mit dem strahlenden Helm
und Harnisch, gewährte einen phantastisch schönen Anblick.
Scharf spähte er umher, doch nur mit dem Auge. Die
linke Hand hält fest den Zügel, während die rechte mit dem
kurzen Carabiner auf dem Sattelknopfe ruht. Jetzt spitzt
das Pferd die Ohren und schnaubt oder wiehert leise, darauf
wird es plötzlich von dem Reiter zusammengefaßt, wendet sich
in der Geschwindigkeit gegen die Ankommenden, und helle
Blitze stieben während dieser Bewegung von dem blanken
Brustharnisch.

„Halt! wer da?"

Lieutenant v. W. ritt ein paar Schritte vorwärts, dann
gab er Parole und Feldgeschrei; der Cuirassier antwortete,
und die Dragoner ritten vorüber.

Der nächste Reiterposten war durch das Anrufen schon
aufmerksam geworden und ritt den Kameraden eine kurze
Strecke entgegen. Dann rief auch er und antwortete eben=
falls, nachdem er das Feldgeschrei gehört.

So zogen die Dragoner eine halbe Stunde über den
Bergkamm dahin, und alle die Reiterposten, bei denen sie
vorbei kamen, waren aufmerksam und auf ihrer Hut. Der
letzte befand sich ungefähr gegenüber der alten Ruine, die
man aber nicht sehen konnte, weil das Thal und der Wald
dazwischen lagen. In der Schlucht, die zu jener hinanführte,
hatten Jäger die Wache und befanden sich hier so versteckt
wie möglich. Der Erste, auf den die Patrouille stieß, lehnte
an einer dicken Eiche und war vom Stamme kaum zu unter=
scheiden; er hielt die Büchse sorgfältig an die Brust gedrückt,
die rechte Hand unter dem Schlosse, die linke oben an dem
Lauf, — ein energischer kleiner Kerl, und als er „Halt,
wer da?" rief, hob sich der Kolben empor und der Lauf
senkte sich, weßhalb sich der Dragoner=Offizier auch möglichst
beeilte, das Erkennungswort zu geben. Mit so einem blut=
dürstigen Jäger ist nicht zu spaßen, da heißt es: schnelle

Antwort oder leerer Sattel; auch brummte er ein Weniges, nachdem die Reiterpatrouille vorüber gezogen war.

Langsam stieg diese wieder das Thal hinab, wurde überall von den Posten angerufen und fand somit Alles in der besten Ordnung. Da, wo die Artillerie bivouakirte, er- reichten die Dragoner mit ihrem Führer den Thalgrund. Hier schien sich fast Alles, mit Ausnahme der Wachen, dem süßen Schlafe zu überlassen; nur etwas abseits bei der Feldschmiede war es noch lebhaft und lebendig. Da seufzte der Blasbalg, und auf dem Kohlenherde sprühten die Funken empor. Mehrere Kanoniere waren an einem Rade beschäf- tigt, und eine lange Gestalt stand dabei und schien die noth- wendigen Befehle zu ertheilen — der Feuerwerker Dose. Er mochte nicht eher ruhen, als bis sein zusammengeschosse- nes Protzrad wieder so hergestellt war, daß es den ganzen Feldzug aushalten konnte. Der Wagner der Batterie hatte die Felgen vortrefflich geschient, und darauf wurden eiserne Bänder herumgezogen. Man war eben damit beschäftigt, das letzte zu schmieden, als die Patrouille heran ritt. Dose wandte sich augenblicklich um und griff aus übergroßer Vor- sicht nach seinem Säbel.

„Lassen Sie nur stecken!" rief lachend Lieutenant v. W. „Was Teufel! arbeiten Sie noch so spät mit Feuer und Eisen?"

„Ah! Sie sind es, Herr Lieutenant," antwortete der Feuerwerker. „Ja, ich bin hier noch immer beschäftigt, mein Rad zu flicken, was mir die verfluchten Kerle zusammen- geschossen. Morgen früh muß Alles in Ordnung sein, ich habe selbst einen neuen Wischkolben geschnitzt, und wenn wir abmarschiren, kann ich getrosten Muthes melden: Bei meiner Haubitze ist Alles in Ordnung."

„Bravo! bravo!" versetzte der Dragoner-Offizier. „Sie sind immer bei der Hand. Man muß das dem General melden."

Dose stieß einen leichten Seufzer aus. „Sagen Sie mir lieber," fragte er nach einer Pause, „wie es droben in

dem weißen Hause aussah, als Sie hinein ritten. Ich wäre
ebenfalls gern hinauf gelaufen, aber der Dienst — der
Dienst!"

„Nun, über das Schicksal Ihrer Kugeln können Sie
sich beruhigen," sagte Lieutenant v. W.

„Meiner Granaten," entgegnete ihn verbessernd der
Feuerwerker. „Ja, ich möchte wohl wissen, was aus ihnen
geworden ist. — Sehen Sie, Herr Lieutenant, so eine Granate geht einem vom Herzen weg, das ist, ich möchte sagen,
ein verständiges Geschöpf, nicht gefühllos, wie so eine dumme
Vollkugel. So eine Granate will erzogen, ja gebildet sein,
man reinigt sie, man probirt sie, sie wird mit Liebe und
Sorgfalt gefüllt, man setzt vorsichtig den Zünder ein, rektifi-
zirt sie auf's Genaueste, und ehe sie aufsteigt, gibt ihr jeder
brave Geschützführer den Kugelsegen."

„Pfui, das ist ja heidnisch!"

„Aber nothwendig, Herr Lieutenant, sehr nothwendig
für den gemeinen Mann. Wenn wir Unteroffiziere nicht
das Ding mit einer wahren Verehrung anfassen, so beküm-
mern Sie sich den Teufel darum, ob die Zündmasse gehörig
aufgekratzt und die weißen Kreuze gerade liegen."

„Lieber Dose, Sie sind ein tiefer Denker!"

„Bitte, Herr Lieutenant, das nicht; ich betreibe nur
meine Kunst mit einiger Poesie. — — Und meine Granaten?"

„Ueber das Schicksal Ihrer Granaten können Sie sich
beruhigen," erwiederte der Offizier, „die haben bei den Ver-
theidigern Unheil genug angerichtet; eine derselben, die,
welche durch das Dach in das Haus schlug, kostet wahrscheinlich einem jungen Menschen von guter Familie das Leben."

„Bah! bah!" versetzte der Feuerwerker, indem er sich
die Hände rieb, „von guter Familie! Kann das von guter
Familie sein, was nicht seinem Herrn und Fürsten dient?"

Der Dragoner-Offizier biß sich auf die Lippen.

„Meine Granate," fuhr Dose fort, „ist ein treues Geschoß und hat also seine Schuldigkeit gethan. Ja, es geht

nichts über eine ruhige Geschützbedienung. Ordnung, Ord=
nung und Ordnung, wie der selige Oberst von T. zu sagen
pflegte. Schade, daß der Mann den heutigen Tag nicht
erlebt hat; ich glaube, er wäre mit seiner Artillerie ein
Bischen zufrieden gewesen."

„Na, gute Nacht, Feuerwerker!" rief der Dragoner=
Offizier, dessen Pferd unruhig zu treten begann. „Legen
Sie Ihren letzten Felgenring fest und sich dann selbst für
ein paar Stunden auf's Ohr. Morgen früh wird marschirt."

„So wie meine Arbeit beendigt," sagte Dose, „und es
dann noch der Mühe werth ist, werde ich Ihrem Rathe folgen."

Damit grüßte er den Offizier militärisch und blickte ihm
einen Augenblick nach, wie dieser sein Pferd in scharfen Trab
setzte und über die Ebene dahin ritt.

Obgleich die Reiterschaar vom Mondlicht beleuchtet war,
so verschwand sie doch nach und nach zu undeutlichen Um=
rissen und flog zuletzt nur noch wie ein dichter Nebel dahin.

Lieutenant v. W. hatte den östlichen Kreis der Vorposten
abgeritten und wandte sich jetzt westlich in das Thal zwischen
der alten Ruine und dem Dorfe hinein, um da ebenfalls
die Aufmerksamkeit der Schildwachen zu untersuchen. Er
fing nicht ohne Absicht auf dieser Seite an; denn er kam
auf diese Art zuletzt in jene Gegend, wo das Landhaus lag,
welches er am Morgen besucht hatte.

Da auf dieser westlichen Seite, die der Reitertrupp jetzt
durchritt, fast ununterbrochen dichter Wald war, wenigstens
sehr coupirtes Terrain, wie gemacht zum Beschleichen und
Ueberfallen der Schildwachen, so war hier eine dreifache
Postenkette aufgestellt, und die einzelnen Wachen standen
immer zu zwei und drei — nur Infanterie, und so dicht bei
einander, daß der Dragoner=Offizier in einem wahren Hecken=
feuer von „Halt! wer da?" ritt. Da Einer auf diese Art
deutlich den Ruf des Anderen hörte, so war die ganze Kette
im Augenblick allarmirt, und Jeder befand sich so auf seinem
Posten und in Bereitschaft, so daß es einem Hasen kaum
möglich gewesen wäre, unbemerkt durchzuschlüpfen.

Lieutenant v. W. rückte langsam vor und befand sich
bald wieder in der Höhe des weißen Hauses, nur auf der
entgegengesetzten Seite von der, wo er abgeritten.

Jetzt senkte sich der Weg, dem er gefolgt, zu einer
Schlucht und einem Hohlwege hinab, den wenige Schritte
weiter eine breitere Straße kreuzte, die das nun links von
dem Dragoner = Offizier gelegene Dorf mit der nicht fernen
Chaussee in Verbindung setzte.

Hier befand sich eine stärkere Feldwacht; und der kom=
mandirende Unteroffizier meldete die Anzahl seiner Mann=
schaft, und daß sich hier und auf dem Posten nicht viel
Neues zugetragen.

„Nicht viel Neues?“ entgegnete fragend Lieutenant
v. W. „Also doch etwas!“

„Wie man will,“ sagte der Wachthabende; „eigentlich
nichts, was zur Postenkette gehört, denn es liegt außerhalb
derselben.“

„Und was ist außerhalb derselben vorgefallen?“

„Daß etwas vorgefallen sei, glaube ich dem Herrn Lieu=
tenant nicht gemeldet zu haben,“ antwortete ernst und steif
der wachthabende Unteroffizier.

„Nun,“ fragte der Offizier ungeduldig, „haben Sie
sonst etwas gehört?“

„Nichts gehört, Herr Lieutenant, aber gesehen.“

„Und was denn?“

„Wollen der Herr Lieutenant nicht ein paar Schritte
vorreiten, so will ich mich bemühen, das deutlich zu machen,
was ich gesehen!“

Lieutenant v. W. folgte auf diese Aufforderung dem
Unteroffizier bis zur nächsten Krümmung des Hohlweges, wo
das Terrain flacher wurde und eine freiere Aussicht bot.
Hier wuchsen wenig hohe Bäume, und der Boden war nur
mit niederem Gestrüpp bedeckt. Da der Mond noch keine
Lichtstrahlen hieher sandte, sondern erst am Horizont der
höheren östlichen Berge anfing, durch die schwarzen Tannen zu
glitzern, so war Alles in tiefen nächtlichen Schatten gehüllt.

„Sehen Sie dort hinauf," fagte der Infanterie=Unter=
offizier nach einer kleinen Paufe. „Sie werden dort auf der
vorgefchobenen Anhöhe eine dunklere Maffe entdecken."

„Ah! ein Landhaus."

„Ich glaube, ja, es ift ein Landhaus, Herr Lieutenant."

„Und ift es von uns befetzt?" fragte Lieutenant v. W.
mit einigem Herzklopfen.

„Das glaube ich gerade nicht," antwortete der Unter=
offizier. „Ich bin fogar gewiß, daß es nicht befetzt ift."

„Nun, und was ift's mit jenem Haufe?"

„Es hat dort nach dem flachen Lande hinaus Fenfter,
die wir aber jetzt nicht fehen können, da fie nicht erleuchtet
find."

„Begreiflicher Weife!"

„Die fich aber während der Nacht oftmals erleuchtet
haben — — — — Geben Sie Achtung, Herr Lieutenant
— — — — fo wie jetzt!"

„Ah!" machte der Dragoner=Offizier und fchaute über=
rafcht auf das bis jetzt dunkle Gebäude.

Ein Fenfter, ungefähr in der Mitte, wurde plötzlich
erleuchtet, als betrete Jemand das entfprechende Zimmer mit
einem gewöhnlichen Lichte. Diefes Licht fchien fich dem
Fenfter zu nähern und dann plötzlich zu erlöfchen. Aber
kaum eine halbe Sekunde nachher entzündete fich auf derfel=
ben Stelle ein anderes, glänzendes Licht von prächtiger, tief=
grüner Farbe, das eine kurze Zeit brannte, dann in ein
glühendes Roth überging, fich endlich in einen bläulich weißen
Stern verwandelte und darauf erlofch.

„Der Teufel auch!" verfetzte der Offizier. — „Und das
haben Sie fchon mehrmals beobachtet?"

„Es ift das fechstemal diefe Nacht, Herr Lieutenant,
das fechstemal nämlich, daß ich es bemerke. Doch ging ich
erft vor zwei Stunden zufällig auf diefen Platz, was früher
gefchehen, weiß ich natürlich nicht."

„Grün, Roth und Weiß," fprach der Dragoner=Offizier
nachdenkend.

„Die Farben blieben sich nicht immer gleich," entgegnete der Andere. „Doch habe ich mir das genau aufgeschrieben. Zuerst kam Roth allein, dann einigemal Grün und Weiß, dann wieder, wie Sie es eben gesehen haben."

„Ich danke Ihnen für Ihre Beobachtungen. Haben Sie vielleicht bei Ihrer Wache einen Mann, der den Weg dort hinauf genau kennt und mich führen könnte?"

„Ich glaube nicht," antwortete der Unteroffizier. „Aber die äußere Postenkette, die der Herr Lieutenant von unserer Wache aus verfolgen können, geht kaum einen Büchsenschuß bei dem Hause da oben vorbei, natürlich auf der anderen Seite, sonst hätten Die das Feuerwerk auch sehen müssen."

„Ich werde Ihren Bericht weiter melden," versetzte der Dragoner=Offizier freundlich, indem er sein Pferd umwandte und durch den Hohlweg zurück ritt. Dann folgte er einem Waldwege, der rechts zur Höhe hinaufführte. —

Was konnten jene Feuer bedeuten? — Offenbar eine Correspondenz des Feindes. Aber wenn es auch vielleicht Zeichen waren, welche oben in dem Landhause von jener alten demokratisch gesinnten Dame gemacht wurden, welchen Zweck konnten sie haben? Etwas zu melden, das drüben im Bivouak vorging, war aus dem einfachen Grunde unmöglich, weil die Dame selbst nichts wußte und durch die gutbewachte Postenkette keine Nachricht zu erhalten im Stande war. — Den heute so nachdrücklich geschlagenen Feind zum Ueberfalle ermuntern? — Ah! das wäre ein wahnsinniges Unternehmen! — Unglaublich. — Und doch mußte das Feuerwerk irgend einen Zweck haben, einen Zweck, den zu ergründen vielleicht von Wichtigkeit war. — So dachte der Dragoner=Offizier, während er die Anhöhe hinanritt, und sprach zu sich selber: Ich habe zufällig dieses Spiel mit den farbigen Lichtern ge=sehen, verdächtig ist die Sache jedenfalls, und da ich nun einmal mit hinreichender Macht in der Nähe bin, um die Sache untersuchen zu können, so ist es meine Pflicht, dies zu thun. — Abgemacht!

Lieutenant v. W. war also entschlossen, das Landhaus

droben zu untersuchen. Was man gern thut, dazu entschließt
man sich leicht.

Die Posten waren auch hier alle aufmerksam und in
Bewegung, doch hatte keiner etwas Außerordentliches bemerkt;
der letzte stand ungefähr auf demselben Platze, wo am Morgen der junge Offizier von dem Mädchen Abschied genommen.

„Nichts Neues auf Posten?" rief ihm Lieutenant v. W. zu.

„Nichts Außerordentliches!" war die Antwort. „Da
vor mir liegt ein Haus, im Hof ist ein Hund, der zuweilen
bellt und heult, meistens ist dort Alles dunkel, nur zuweilen
ist hie und da ein Fenster erleuchtet."

„Mit einem gewöhnlichen Lichte?"

„Ganz gewöhnlich, Herr Lieutenant. Es ist gerade, als
wenn Jemand dort in einem Zimmer etwas sucht und dann
wieder fort geht."

„Und man tritt nie mit dem Lichte an's Fenster? Weißt
du, mein Freund, so ungefähr, um irgend wohin ein Zeichen
zu geben; man thut das im Kriege so — du begreifst mich?"

„Allerdings, Herr Lieutenant; aber so was kommt nicht
vor. — Donnerwetter! ich wollt' ihnen Zeichen geben! Man
ist kein Rekrut mehr und steht nicht umsonst mit dem gela-
denen Gewehr auf Vorposten."

„Du hast Recht," sagte der Dragoner-Offizier. „Aber
das Haus ist mir verdächtig; ich habe von der anderen Seite
dergleichen Zeichen bemerkt, von denen ich vorhin sprach. Ich
will hinreiten und ein wenig untersuchen; ich lasse zwischen
dir und dem Thor einen Dragoner, den behalte mir im Auge."

„Zu Befehl, Herr Lieutenant!" entgegnete die Schildwache und schulterte ihr Gewehr.

Lieutenant v. W. ritt mit seinen Leuten bis an das
Hofthor, welches verschlossen war. Ein Hund, der frei um
die Gebäude lief, stürzte mit wüthendem Bellen bis an das
Gitterthor, und dann erschien an der Thüre des Hauses ein
Mann mit einem Lichte, der vorsichtig in den dunkeln Hof
hinaus leuchtete, um zu sehen, was es dort gebe.

„Hollah! mein Freund!" rief der Offizier, „hieher und aufgemacht! Es ist nothwendig und dringend."

Einen Augenblick schien sich der Mann mit dem Lichte zu besinnen, ob es nicht gerathener sei, wieder zu verschwinden und die Thüre hinter sich zu verschließen; doch mochte er wohl das Leuchten der Helme und Säbel bemerken und allen Widerstand für unnütz halten, — genug, er setzte die Lampe auf die Schwelle der Thüre und ging vor, um das Gitterthor zu öffnen.

Die Patrouille ritt in den Hof und die Lampe auf der Thürschwelle, deren Flamme in dem Luftzuge stark hin und her flatterte, erlosch plötzlich.

Zehntes Kapitel.

Worin der Dragoner-Offizier seinen Entschluß ausführt und alsdann findet, daß er sich geirrt. Er sieht die Lichter in der Nähe und befindet sich in der Dunkelheit.

Die Dragoner, im Voraus instruirt, besetzten stillschweigend die Hausthüre, ritten um das Gebäude herum, welches isolirt in dem Hofe lag, und vertheilten sich auf allen vier Seiten desselben, so daß weder zu einer Hinterthüre, noch zu einem Fenster Jemand herein oder heraus konnte. Lieutenant v. W. befahl dem Manne mit der Lampe, dieselbe wieder anzuzünden und ihm in's Haus zu leuchten. Dieser gehorchte, nur als er mit dem Lichte wieder erschien, bat er den Offizier, so leise als möglich aufzutreten, denn man habe einen schwer Verwundeten im Hause, der seit ungefähr einer Stunde eines sanften Schlafes genieße.

„Wo befindet sich der Verwundete?" fragte der Dragoner-Offizier.

„Hier unten im Erdgeschoß," antwortete der Mann mit dem Lichte — ein Diener des Hauses, nachdem er die Hausthüre weit aufgezogen hatte und Beide eingetreten waren. „Dort ist das Zimmer, die letzte Thüre links."

„Er wurde bei dem Gefechte drunten verwundet?"

„Ja, Herr, durch das Stück einer Kugel in die Seite — sehr gefährlich."

„Und er befindet sich in diesem Augenblicke besser?"

„Gott sei gedankt, ja! Vor einer halben Stunde hat ihn der Arzt aus H. verlassen; derselbe ist voll Hoffnung weggegangen und meinte, Ruhe und sorgfältige Pflege könnten die starke Natur noch einmal durchreißen. — Jetzt schläft er, wie gesagt," fügte der alte Diener mit einem bittenden Blick auf den Offizier hinzu.

„Unbesorgt, mein Freund!" entgegnete Lieutenant v. W. „Wir kommen eigentlich nicht als Feinde, darüber können Sie sich beruhigen."

„Aber der Reitertrupp, gnädiger Herr!"

„Soll euch durchaus keinen Schaden bringen, wenn wir hier Alles in Ordnung finden."

„Aber was wollen Sie in Ordnung finden in einem einsamen Hause, in welchem Jemand auf den Tod verwundet liegt?"

„Lieber Freund, das Fragen ist an mir," sagte lächelnd der Dragoner-Offizier, „und wenn ich hier so schonend und ruhig auftrete, so geschieht es nur, weil ich Ihre Herrschaft zufällig kennen lernte."

„Ah!"

„Ich will Ihrer Aufrichtigkeit zu Hülfe kommen," fuhr Lieutenant v. W. fort, „indem ich Ihnen sage, daß ich der Offizier bin, der heute Morgen jenen verwundeten jungen Mann, seine Mutter und Schwester hieher geleitete."

„Ah! das ist was ganz Anderes!" rief freudig der Diener aus; „das macht mich ganz glücklich. Ew.

Gnaden sind gewiß so edelmüthig und kommen, nach uns zu sehen."

Man wußte in diesem Augenblicke nicht, ob das flackernde Licht der Lampe einen so seltsamen Ausdruck über das Gesicht des alten Mannes zeichnete, oder ob ein leichtes Lächeln über dasselbe zuckte. Genug, der Dragoner-Offizier bemerkte eine Aenderung in diesen Zügen und entgegnete ziemlich kurz und bestimmt: „Sie irren, mein Freund, mich führt nur mein Dienst hieher, und deßhalb hoffe ich, daß alle meine Fragen auf's Genaueste und Aufrichtigste beantwortet werden."

„Gewiß; wir haben keine Geheimnisse. — Aber wollen der Herr Lieutenant nicht einen Augenblick in eines dieser Zimmer treten? Ich kann nicht die Hausthüre und Alles geöffnet lassen. — Ein Ruf, und Ihre Reiter sind da," setzte er mit leiserer Stimme hinzu.

„Schließen Sie meinetwegen die Hausthüre," sagte der muthige junge Offizier und trat rasch in das geöffnete Zimmer.

Lieutenant v. W. überzeugte sich alsbald, daß er sich in einem vornehmen oder wenigstens in einem reichen Hause befand. Es schien ein Bibliothekzimmer zu sein, das man ihm geöffnet. Rings an den Wänden befanden sich hohe geschnitzte Eichenholzschränke, mit Büchern angefüllt, in der Mitte stand ein Tisch, grün überdeckt, von der Decke herab hing eine große Carcellampe an schweren bronzenen Ketten. Ein Blick in's Nebenzimmer zeigte, daß sich dort ein Billard befand.

„Wollen Ew. Gnaden Platz nehmen!"

„Ich danke, es ist mir bequemer so. Jetzt zu unseren Fragen! — Wem gehört dieses Landhaus?"

„Dem Herrn D. aus H."

„Er bewohnt es das ganze Jahr hindurch?"

„Meistens nur während der Sommermonate."

„Mit seiner Familie?"

„Ja."

„Wie stark ist diese Familie?"

„Herr D., Madame D., Fräulein Sophie und der junge Herr, der heute Morgen verwundet wurde."

„Wem gehört das weiße Haus, wo er verwundet wurde?"

„Einer befreundeten Familie. Heute Morgen aber war es das Hauptquartier der Aufständischen."

„Ei, mein Freund," erwiederte lachend der Offizier, „der Aufständischen? Das sind ja bei euch die von der gerechten Sache!"

Der alte Diener zuckte die Achseln.

„Doch weiter!" fuhr Lieutenant v. W. fort. „Wo ist Herr D., der Eigenthümer des Hauses?"

„Wahrscheinlich in Frankfurt."

„Wie? Nicht bei dem Revolutionsheer?" fragte erstaunt der Dragoner-Offizier.

„Gewiß nicht, Ew. Gnaden. — Aber Madame war hier."

„Ah! Madame war hier? — Sie ist also fort?"

„Seit mehreren Stunden — sie hielt sich in Ihrem Hause nicht für sicher, weil . . ."

„Weil wir in der Nähe sind; ich verstehe. Doch war das unnöthige Furcht; wir führen mit Frauen keinen Krieg. — Also blieb nur der Verwundete zurück?"

Der Diener blickte den Offizier einen Augenblick forschend an, und dann sagte er zögernd: „Und Fräulein Sophie."

„Ah! — richtig!" entgegnete Lieutenant v. W., indem er tief athmete. „Sie blieb hier zur Pflege des Bruders?"

„Allerdings, und wenn Ew. Gnaden erlauben, will ich Sie bei Ihr anmelden."

„Wie? so mitten in der Nacht?"

„Fräulein Sophie ist oben im Salon mit einem der Hausmädchen; ich glaube, sie liest, so lange ihr Bruder schläft."

„Welche Lage hat dieser Salon, von dem Sie eben sprechen, mein Freund?" forschte der Offizier.

„Er befindet sich im ersten Stocke."

„Und man überblickt von ihm das weiße Haus drunten,
wo wir unser Hauptquartier haben, das Dorf, sowie die alte
Ruine?“ fragte gespannt der Offizier.

„Nein, Herr,“ entgegnete erstaunt der alte Diener, „er
liegt geradezu entgegengesetzt; von seinen Fenstern aus sieht
man die Umgebung von H.“

„Der Teufel auch!“ rief Lieutenant v. W. — „Und
in dem Salon befand sich während dieser Nacht Fräulein
Sophie?“

„Beinahe immer,“ versetzte der Diener.

„Nun denn, mein Freund,“ rief der Dragoner-Offizier,
indem er hoffte, eine plötzliche Anklage würde den alten Mann
verwirren, beunruhigen und vielleicht zu einem Geständniß
bewegen, „so ist es auch Fräulein Sophie, welche mit unseren
Feinden durch farbige Lichter gesprochen.“

Der alte Mann war durch dieses Wort wohl überrascht
aber nicht erschreckt. Er sah den Offizier erstaunt an und
fragte: „Und das haben Ew. Gnaden gesehen?“

„Es ist mir gemeldet worden, und deßhalb bin ich hier,
um die Sache zu untersuchen.“

„Das wird sehr einfach zu machen sein,“ sprach der
Andere, „denn Fräulein Sophie wird die farbigen Lichter
nicht abläugnen.“

„Ich finde das aber sehr unbesonnen, dergleichen in
der Nähe eines feindlichen Lagers zu treiben, und nur eine
offene Mittheilung über den Zweck jener Lichter könnte mich
vielleicht bewegen, rücksichtsvoll gegen die junge Dame zu
verfahren.“

„O, Herr Lieutenant!“ erwiederte der Andere, „Sie werden doch nicht glauben, daß Fräulein Sophie dem davonge-
laufenen Gesindel Zeichen gibt?“

„Und was wäre es denn sonst?“

„Eine einfache Botschaft an die abwesende Mutter über
das Befinden des Bruders.“

Lieutenant v. W. sah den alten Diener jetzt seinerseits
sehr erstaunt an. Doch überflog ein freundliches Lächeln

seine Züge; denn die Wahrheit des eben Gesagten sprach zu deutlich aus den Worten und dem Gesichte des alten Mannes. — „Es ist nicht unwahrscheinlich," sprach er nach einer Pause.

„Es ist gewiß so, Herr Lieutenant, und wenn Sie wollen, können Sie die Probe machen."

„Auf welche Art?"

„Folgen Sie mir leise in den ersten Stock, hören Sie, was ich unserer jungen Dame sage, und beobachten Sie, was darauf geschieht. Vorher aber will ich noch in das Zimmer des Herrn gehen, und mich nach seinem Befinden erkundigen. Ich bitte, mich nicht aus den Augen zu verlieren, damit Sie nicht vielleicht glauben, ich gebe droben Nachricht von Ihrer Anwesenheit."

Darauf eröffnete der alte Mann die Thüre gegenüber dem Billardzimmer, ließ sie weit aufstehen und drückte vorsichtig eine zweite auf, die in das Zimmer des Verwundeten führte.

Eine alte Frau kam dort hervor, der Diener winkte ihr und Beide traten zu dem Offizier in die Bibliothek, ohne vorher ein Wort gewechselt zu haben.

„Was macht der junge Hrrr?" fragte der Diener, als sie so nahe waren, daß der Dragoner jedes Wort verstehen konnte.

„Es geht ihm sehr gut," entgegnete die Frau. „Die günstigen Zeichen, die der Doctor vorher gesagt, treten alle ein; er fühlt wenig Schmerz in der Seite. Das Wundfieber ist nicht heftig; vorhin hat er zu trinken verlangt, und jetzt ist er wieder sanft eingeschlafen."

„Also gute Hoffnung und sanfter Schlaf," sagte bedeutsam der Diener, indem er sich an den Offizier wandte. — „Jetzt bitte ich Ew. Gnaden, mir zu folgen."

Die Frau ging in das Krankenzimmer zurück, und die beiden Männer traten auf den Gang und stiegen langsam die Treppen hinauf. Glücklicher Weise waren die Stufen mit Teppichen belegt und dämpften so jeden Schritt; auch

drückte Lieutenant v. W. seinen Säbel fest an sich, um ja
kein Geräusch zu machen. Droben öffnete der Diener ein
Zimmer, löschte behutsam ein Licht aus, das dort stand, und
bat den Offizier, im Dunkeln zu bleiben, weil er so am besten
in den anstoßenden erleuchteten Salon blicken könnte. Dort
hinein ging nun der alte Mann und ließ die Thüre absicht=
lich weit offen stehen.

Lieutenant v. W. blickte in die Tiefe eines sehr eleganten
Gemaches, und sein Herz klopfte stärker, nachdem er das,
was sich dort befand, mit forschendem Auge übersehen. Vor
einem Eck=Divan, hinter welchem ein ganzer Wald von Sträu=
chen und Blumen angebracht war, stand ein runder Tisch,
und neben demselben ein kleiner niederer Fauteuil. In die=
sem Fauteuil lag eine junge Dame in einfachem, fast hellem
Morgenkleide; sie stützte ihren Kopf auf die Hand, wodurch
man von ihrem Gesichte nichts bemerken konnte. Obendrein
war die Lampe mit einem tief herabreichenden grünen Schirm
versehen und ließ nur noch einen Lichtstrahl auf den violetten
Sammt des Fauteuils gleiten, beleuchtete aber dort eine glän=
zende blonde Haarflechte, die von dem Haupt des jungen Mäd=
chens herabgesunken war. Auf der anderen Seite des Tisches
saß eine Dienerin, scheinbar mit einem Strickstrumpfe be=
schäftigt; wir sagen: scheinbar, denn die Nadeln ruhten ohne
Bewegung in ihrem Schooße, und ihr Kopf, der auf die
Brust niedergesunken war, erhob sich jetzt plötzlich bei dem
Eintritt des alten Dieners.

„Was gibt es denn drunten, Hieronymus?" fragte die
junge Dame mit dem blonden Haar, indem sie sich ein wenig
in dem Fauteuil aufrichtete. „Habe ich denn nicht im Hofe
Reiter gehört, leise Stimmen und das Geklirr von Waffen?
— Was soll denn das bedeuten?"

„Seien Sie unbesorgt, Fräulein Sophie," entgeg=
nete der Diener, „es ist eine Streifpatrouille, wie sie es
nennen, die aber mehr zu unserem Schutze gekommen,"
setzte er mit eigener Betonung hinzu, „als um uns zu be=
lästigen."

„Also es sind Reiter?" forschte das junge Mädchen weiter. „So habe ich doch recht gehört — Husaren?"

„Nein, es sind Dragoner."

„Ah, Dragoner!" rief die junge Dame überrascht und erhob sich von ihrem Fauteuil. Und der Ton, mit dem sie das Wort „Dragoner" aussprach, machte auf den im Vor=zimmer stehenden und lauschenden Chef derselben einen gar seltsamen, höchst gefährlichen Eindruck.

Sophie war rasch an das Fenster getreten und blickte in den Hof hinab. „Da halten sie im Hofe," sagte sie nach einer kleinen Pause; „was das unheimlich ist! Ruhig stehen sie da wie Gespenster, und die Säbel und Helme glänzen. — Komm her, Christine und sieh!"

Das Dienstmädchen war aus seinem Schlafe erwacht und hatte mit großem Nadelgeklirre seine Strickarbeit wieder vor=genommen. Jetzt legte sie dieselbe auf den Tisch und trat schläfrig an das Fenster.

„Sind es Viele, Hieronymus?" fragte die junge Dame.

„Ich glaube ungefähr ein Dutzend."

„Und — und — und kein Offizier dabei?" forschte das junge Mädchen weiter und drückte, ohne umzusehen, ihr Ge=sicht an die Fensterscheiben.

„O doch, Fräulein Sophie; er hält — — — drunten an der Hausthüre."

Die junge Dame wandte sich rasch von dem Fenster ab und machte einen haftigen Gang durch den Salon. — „Will der Offizier etwas von uns?" fragte sie plötzlich, vor dem Diener stehen bleibend. Doch so unbefangen diese Frage klingen sollte, so kam sie doch erst nach einem tiefen Athem=zuge hervor.

„Er hat bis jetzt nichts gesagt," antwortete Hieronymus; „ich will ihn aber sogleich fragen. Ich bin eigentlich auch nur herauf gekommen," setzte er mit lauterer Stimme hinzu, „um Ihnen das Befinden des jungen Herrn zu melden."

„Ja, ich möchte wohl nach meinem Bruder einen Augen=blick sehen," versetzte einigermaßen verwirrt das Mädchen.

„Ich komme soeben von ihm; es geht ihm sehr gut: die
Wärterin hat die beste Hoffnung, und der Schlaf dauert ruhig
und sanft fort. Ich glaube, es könnte nichts schaden, Fräulein Sophie — —"

„Wenn ich Mama wieder eine Nachricht gäbe," entgegnete sie. „Das wollen wir geschwinde thun, und dann,
guter Hieronymus, will ich selbst wieder einmal nach meinem
Bruder sehen."

„Hm! hm!" machte der alte Diener und blickte verstohlen
nach der Thüre des Nebenzimmers.

Der Dragoner-Offizier in seinem Dunkel verschlang fast
mit den Augen die liebliche Gestalt des jungen Mädchens
und lauschte entzückt ihren Worten.

„Also Hoffnung und guten Schlaf?" fragte die Sophie;
„das ist Grün und Weiß. — Christine, gib das Kästchen her."

Der alte Hieronymus warf einen triumphirenden Blick
rückwärts.

„Grün und Weiß," wiederholte schläfrig das Dienstmädchen, worauf sie eine Blechschachtel öffnete und zwei
Hülsen herausnahm.

Der Dragoner-Offizier machte einen Schritt vorwärts
und hatte große Lust, sich in dem Salon zu zeigen. Doch
der alte Diener winkte ihm eifrig mit der Hand, er solle
zurückbleiben.

Christine hatte die Fensterflügel geöffnet, die eine Hülse
draußen befestigt und legte nun mit einer kleinen Lunte
Feuer an. Augenblicklich quoll das tiefgrüne Licht hervor,
und warf einen hellen Schein weit in die Nacht hinaus, gerade so, wie es Lieutenant v. W. schon drunten von der Feldwache aus gesehen hatte. Es brannte ein paar Sekunden,
und als es erloschen war, trat Sophie dem Fenster näher
und sagte: „Nun das weiße."

Das schöne Mädchen stand in diesem Augenblicke an
den Blumentisch gelehnt, und ihr edles Gesicht blickte durch
die Blüthen und die Blätter, die vor ihr standen. Als sich
nun hierauf draußen an dem Fenster der weiße Schein ent-

zündete und sie wie mit dem hellsten Mondlicht beleuchtete, da war sie so unbeschreiblich schön, daß sich der Offizier, der aus seinem dunklen Zimmer dieses liebliche Bild so recht sah, eines Ausrufes nicht enthalten konnte. Glücklicher Weise hustete der alte Hieronymus in diesem Augenblicke laut und heftig, und als sich Sophie plötzlich umwandte, ging er an die Thüre des Nebenzimmers, schloß dieselbe und trat dann zu der jungen Dame, um ihr mit einigen kurzen Worten zu melden, was sich drunten begeben, in welchem Verdachte man sie wegen der farbigen Lichter gehabt und wer sich im Vor=zimmer befinde.

Eilftes Kapitel.

Enthält einen Beitrag zur Feuerwerkskunde, und der geneigte Leser erlebt in demselben Einiges, was er sich zu Anfang dieser Geschichte nicht gedacht.

Der Dragoner=Offizier, der sich so plötzlich von dem Lichte und der Glückseligkeit ausgeschlossen sah, fuhr mit der Hand über die Stirn, um seine allzu wilden und glühenden Gedan=ken zu beruhigen. Dieselben schweiften in der kurzen Zeit, wo er hier stand, in einem Kreise von Monaten und Meilen umher. Jetzt, wo er sich so plötzlich in der Finsterniß be=fand, dachte er an den Grünen Baum und an Nr. 17, und es war ihm gerade wie damals, als höre er neben sich die Seufzer des unglücklichen Aktuars. In dem Salon vernahm er unterdessen eine Zeit lang die Stimme des Dieners, dann einen leichten Aufschrei der jungen Dame, und endlich wurde die Thüre wieder geöffnet, und Hieronymus ersuchte ihn, einzutreten.

Die Dekoration hatte sich einigermaßen verändert; das Fenster war geschlossen. Christine saß wieder an dem Tische und strickte, und über die Carcellampe, welche vor ihr stand, hatte man den großen grünen Schirm so weit herabgelassen, daß sich rings umher alles im Schatten befand, und folglich auch die junge Dame, welche neben dem Fauteuil aufrecht stand und ihre Hand auf die Lehne desselben stützte.

Der Offizier, der nun so plötzlich in diesen Kreis gezogen wurde, machte eine tiefe Verbeugung und sagte alsdann lächelnd: „Ah, mein Fräulein, Sie nehmen mir das Verdienst, etwas Wichtiges entdeckt zu haben. Ich hoffte schon, irgend einer interessanten Verrätherei auf die Spur zu kommen."

„Und da Sie mich so eben belauscht," entgegnete das Mädchen, „so sahen Sie, welch unschuldiges Spiel wir trieben."

„Aber ein gefährliches. Wenn ich mich auch von der Harmlosigkeit dieser bunten Lichter überzeugt zu haben glaube, so hätten Sie doch an einen anderen Beobachter kommen und dadurch viel Unangenehmes haben können."

„Aber es wird mir doch erlaubt sein, an mein Fenster ein paar bunte Lichter zu setzen?" fragte das Mädchen.

„In Kriegszeiten und in der Nähe eines Lagers nicht, mein Fräulein," erwiederte Lieutenant v. W. — „Doch, wie schon gesagt, wir wollen die Sache nicht so genau nehmen; nur bitte ich Sie, selbst dieses unschuldige Telegraphiren nicht fortsetzen zu wollen; es thäte mir wahrhaftig leid, wenn Sie oder irgend wer Ihres Hauses in weitere Ungelegenheiten kämen."

„Ich danke Ihnen sehr. Doch bin ich in der That dem Zufalle dankbar dafür, daß er gerade Sie zu unserem Schutze hieher geführt."

„Nur dem Zufalle? Ich möchte etwas so Zufälligem wie dem Zufall nicht allein das Verdienst zuerkennen, mich abermals in Ihre Nähe geführt zu haben."

„O, gewiß nur der Zufall," meinte das Mädchen mit leiser Stimme.

„Wenn Sie erlauben, Fräulein Sophie," sagte der Diener, „so gehe ich wieder hinunter auf meinen Posten." — Damit neigte er den Kopf und ging zur Thüre hinaus.

„Christine," sprach die junge Dame, „einen Stuhl für den Herrn Offizier." — Das Mädchen that wie ihm geheißen, dann nahm sie ihr Strickzeug und wollte sich ebenfalls entfernen. Ein Zeichen ihrer Herrin hielt sie jedoch im Zimmer zurück; aber sie setzte sich in eine ferne dunkle Ecke und begann mit großem Geplapper wieder zu stricken.

„Sie sind sehr freundlich," versetzte Lieutenant v. W., „daß Sie mir erlauben, einen Augenblick in Ihrer Nähe zu bleiben; doch will ich mit dieser Erlaubniß keinen Mißbrauch treiben. Sie werden ermüdet sein; Ihr Herr Bruder befindet sich, wie ich gehört, so gut es nur möglich ist, und deßhalb werden Sie sich jetzt auch einige Ruhe gönnen. — Vielleicht," setzte er lächelnd hinzu, „noch ein kleines Zeichen nach H. hinunter, daß der Feind in Ihre Wohnung gedrungen ist, und dann . . ."

„Sehen Sie," entgegnete Sophie, „Sie trauen mir immer noch nicht, Sie glauben immer noch, meine farbigen Lichter hätten eine andere Bedeutung."

„Im Allgemeinen gewiß nicht, ich habe mich ja davon überzeugt; aber Sie werden sich doch für den Fall vorgesehen und noch ein anderes Feuer in Reserve haben, vielleicht ein blaues, das anzeigt, der Feind sei da."

„Welcher Feind?" fragte sie scheinbar unbefangen.

„Nun, wir."

„Sie? Wenn ich Sie nun aber nicht als Feinde betrachte?"

„Ah! mein Fräulein — aber heute Morgen sind wir feindlich genug einander gegenüber gestanden."

„Vielleicht waren wir dazu gezwungen; ich kann Ihnen nur wiederholen, was ich eben gesagt: ich habe Sie, meine Landsleute, nie als Feinde betrachtet."

„Ich danke Ihnen für dieses Wort, fühle es aber dop=
pelt schmerzlich, daß sie sich so — ausgesprochen auf der an=
deren Seite befinden."

Das junge Mädchen schaute den Offizier einen Augen=
blick mit fast wehmüthigem Blicke an, dann senkte sie den
Kopf, ohne eine Antwort zu geben. — „Sie meinten vor=
hin," sagte sie nach einer Pause, „es sei nicht der Zufall,
der Sie hieher geführt, wie ist denn das möglich? Man
kann doch, wie mir Hieronymus gesagt, von der äußersten
Reihe Ihrer Vorposten nicht diese Seite unseres Hauses sehen,
man müßte denn aus dem Hohlweg dort unten absichtlich
heraustreten, um unser Haus zu überwachen. Und das
würde man nur alsbann thun, wenn man Verdacht auf
uns hätte."

„Es braucht nicht allein ein Verdacht zu sein, der vielleicht
Jemanden antreiben könnte, nächtlich Ihr Fenster anzusehen,
Fräulein Sophie," erwiederte träumerisch der Offizier.

„O, gewiß nur der Verdacht," entgegnete sie lebhaft,
hielt aber plötzlich inne, als sie den seltsamen Blick bemerkte,
mit dem der Offizier sie betrachtete. — „Gewiß nur der
Verdacht," setzte sie stockend hinzu.

„Und Sie glauben an keinen anderen Beweggrund, der
Jemanden veranlassen könnte, Nachts Ihr Haus zu umreiten
und zu Ihren Fenstern empor zu schauen?"

„Nein, ich glaube nicht, daß Jemand in der Nähe ist,
der hierzu einen Grund hätte."

„O, Fräulein Sophie," versetzte Lieutenant v. W., „Sie
sind schrecklich ungläubig. Sie nannten es auch vorhin Zufall,
was mich in dieser Nacht hieher geführt."

„Nun, denn, vielleicht Ihr Dienst," sagte sie mit leiser
Stimme.

„Nicht Zufall, nicht Dienst," entgegnete der junge Mann,
„ich kann beide Beweggründe nicht gelten lassen; suchen wir
einen anderen."

„O suchen wir lieber gar nicht," sprach ängstlich das
Mädchen und schaute in die Ecke des Zimmers, wo das Ge=

klapper der Stricknadeln längst aufgehört hatte. — „Wenn Sie
wollen, erzählen Sie mir lieber, auf welche Art Sie die bunten
Lichter an unserm Fenster bemerkten."

„Es ist das eine lange Geschichte, mein Fräulein. Aber
wenn es Sie interessirt …"

„Ja," sagte sie kaum hörbar.

„Aber, mein Fräulein," fuhr er dringender fort, „um
diese Geschichte erzählen zu können, muß ich in meinem Ge-
dächtniß um einige Monate zurück gehen. Erlauben Sie mir
das? — ich thu' es gern."

„Wenn es sein muß," antwortete sie mit kaum vernehmbarer Stimme.

„O Sophie," fuhr er plötzlich leidenschaftlich auf, „es
war das eine Nacht, die ich nie vergessen kann?"

„Wie die heutige," entgegnete sie ängstlicher, „die ich
auch nicht vergessen werde. Aber ich glaube wahrhaftig,
Ihre Geschichte ist für jetzt zu lang. Erzählen Sie mir sie
lieber ein ander Mal. — Horch! Haben Sie nichts gehört!
War das nicht wie ein Trommelwirbel?"

„Sie irren sich, mein Fräulein; es war nur das Schütteln und Schnauben eines Pferdes drunten oder das Rasseln
eines Säbels."

„Ah, Ihre Reiter sind unten im Hofe!"

„Und da Ihnen meine Gegenwart vielleicht lästig wird,
mein Fräulein," versetzte der Offizier einigermaßen mißstimmt
über die Abneigung des jungen Mädchens, seine Geschichte
zu hören, „so will ich mich endlich zurückziehen."

„Um wieder nach dem Lager zu reiten?"

„Das nicht. Ich werde in der Nähe Ihres Hauses bleiben, um Sie für vorkommende Fälle zu schützen; Sie kennen
ja meinen Wahlspruch," setzte er, sich verbeugend, hinzu: —
„Schutz den Verfolgten."

„Ja, ich kenne ihn," sagte sie eifrig und fügte leise bei:
„Ich will Sie gewiß nicht von hier vertreiben; wenn Sie
doch einmal in der Nähe bleiben wollen, so lassen Sie es sich
in diesem Zimmer und bei mir gefallen."

„O, Sie machen mich glücklich," entgegnete der Offizier und faßte ihre Hand, die er an seine Lippen drückte, worauf sie ihm aber wieder sanft entzogen wurde.

„Sie müssen eingestehen," sprach Lieutenant v. W. nach einer Pause, „wie seltsam es ist, daß wir uns jetzt dreimal auf so eigenthümliche Weise begegneten; das wollte ich in meiner Geschichte entwickeln, Fräulein Sophie, ich wollte nur sagen, daß, nachdem ich Sie heute Morgen wieder gesehen, ich Sie vollkommen ähnlich sah dem Bilde, welches ich mir von Ihnen gemacht."

„Ah, Sie hatten sich ein Bild von mir gemacht?"

„Gewiß, nach den Vorfällen jener Nacht, von denen ich nicht sprechen darf, ein schönes Bild, zusammengesetzt aus dem Klang Ihrer Stimme, aus dem . . ."

„Sie sind phantasiereich," unterbrach ihn eifrig das junge Mädchen. „Ich muß Ihnen gestehen, daß auch ich Sie heute Morgen wieder erkannte, aber an etwas Reellerem, an den drei Worten, die Sie mir — damals gesagt. Ach, dazwischen liegt für mich eine unendlich traurige Zeit!"

„Wie so, Fräulein Sophie? Erzählen Sie mir das."

Bei diesen Worten, die der Offizier sehr dringend aussprach, hatte er, wie im Eifer, etwas von ihren Verhältnissen zu erfahren, die Hand des Mädchens erfaßt und horchte nun mit einem unglaublichen Interesse auf ihre Worte.

„Es ist im Allgemeinen dieselbe Geschichte," sagte sie, „die in jüngster Zeit so viel Unglück herbeigeführt; was Brüder und Freunde trennte, ja, ganze Länder spaltete, drang auch verwüstend in unsere Familie. Doch damit Sie mich verstehen, muß ich Ihnen ein paar Worte von früher sagen."

„O, erzählen Sie!" entgegnete der Dragoner-Offizier eifrig. „Erzählen Sie sehr genau und sehr lang, Fräulein Sophie!" — Er hatte sich jetzt vollkommen ihrer Hand bemächtigt; und während er sie mit seiner Rechten festhielt, machte er mit der Linken den Versuch, ein goldenes Armband, das er unter den weißen Spitzenärmeln entdeckt, leise herum und wieder herum zu drehen, — an sich ein unschuldiges Vergnügen, das ihn aber nichts desto weniger leicht erbeben machte.

„Mein Vater," fuhr das junge Mädchen fort, „Guts-besitzer und Forstmann, war von jeher dem ganzen Treiben einer gewissen Partei abhold gewesen; da aber seine Stimme und sein Beispiel in gewissen Schichten des Volkes offenbar von großer Wirkung sein mußte, so that man alles Mög-liche, ohne ihn jedoch in seiner Unterthanentreue wanken zu machen; erreichte jedoch hierbei einen anderen Zweck, den, ihn zu compromittiren. Meine Mutter nun — ich muß es leider gestehen — hatte sich gleich zu Anfange der ganzen traurigen Geschichte auf die andere Seite begeben, sie, die doch eigent-lich gar nicht dort hingehörte."

„Ah, die Frauen!" sagte Lieutenant v. W.; „schrecklich! schrecklich!" Doch als wollte er die leichte Anklage, welche in seinen Worten lag, wieder gut machen, drückte er die kleinen weißen Finger an seine Lippen, welche ihm aber dafür ent-zogen wurden, und mit vollem Rechte, denn er hatte zerstreut mehr auf das Armband geschaut, als der Erzählung des Mäd-chens gelauscht.

„Von meiner Mutter durfte das Niemand erwarten; sie gehörte jenen Ständen an, die schon durch ihre Geburt be-vorzugt, durchaus keine Ursache haben, für Freiheit und Gleichheit zu schwärmen; sie war eine geborne Freiin v. C."

„Ah!" machte der Dragoner-Offizier; „von der Fa-milie C. aus H."

„Von derselben," erwiederte Sophie. „Sie kennen diese Familie wahrscheinlich; arm, aber vornehm."

„Sehr vornehm," sagte nachdenkend Lieutenant v. W. und rückte unmerklich mit seinem Sessel um eine halbe Linie zurück.

„Die erstgenannte Eigenschaft dieser Familie, die Ar-muth nämlich," fuhr die junge Dame fort, „war wohl schuld daran, daß die Mutter den Bewerbungen des Vaters, damals eines jungen, noch unbedeutenden Landwirths, nach-gab und seine Frau wurde. Sie hatte auch wohl geglaubt,

etwas vom Glanze ihrer Familie werde auf ihr neues Haus=
wesen übergehen und den bürgerlichen Namen ihres Gatten
vergolden. Aber sie hatte sich geirrt."

„Ah! sie hatte sich geirrt! ich kann mir das denken."

„Papa hatte den Bekannten und Verwandten der Mutter
damals noch kein Landhaus anzubieten, wie das, wo wir uns
jetzt befinden; er konnte auch keine Equipage in die Stadt
schicken, um Gäste auf den einfachen Hof zu holen, den die
Eltern damals bewohnten. Durch alles das fühlte sich die
Mutter zurückgesetzt, und sie, die früher in der sogenannten
Gesellschaft geglänzt, wurde jetzt kaum angesehen; es war ja
natürlich für Jene unmöglich, den Gatten des ehemaligen
Fräulein v. C., den einfachen Landmann einzuladen. O, es
hätte sich das nicht geschickt!"

„Leider! leider! so sind die Verhältnisse an manchen
Orten noch heut zu Tage; ich kenne das; es ist unglaublich,
aber wahr."

„Sehr wahr," erwiederte ernst das Mädchen; „und meine
Mutter, die ein lebhaftes Temperament hat, fühlte dies dop=
pelt, und statt Versuche zu machen, das verlorene Terrain
Schritt für Schritt wieder zu gewinnen, was ihr vielleicht
gelungen wäre, faßte sie einen Haß gegen Alles, was sich in
jenen Kreisen bewegte und schloß sich auf's Innigste den Be=
kannten des Vaters an. Ja, als der Vater im Laufe der
Zeiten ein wohlhabender, einflußreicher Mann wurde, und
man in der Gesellschaft nun anfing, ihm freundlich entgegen
zu kommen, wandte die Mutter allen diesen Versuchen stolz
den Rücken, und ich muß es gestehen, Vater und wir hatten
dadurch viel Unannehmlichkeiten — manche bittere Stunde.
Und der Haß gegen die Gesellschaft, den Mama lange still
verschwiegen in sich genährt, durchbrach nun beim Beginn
dieser unglückseligen Zeit alle Dämme ruhiger Ueberlegung
und riß den Vater, der, wie schon gesagt, durchaus keine
Neigung zu jener Partei hatte, eine Zeit lang mit fort —
aber nur eine Zeit lang; und der Vater, der wohl den Ab=
grund sah, dem alle diese exaltirten Menschen entgegen eilten,

machte viele Versuche, die Mutter zurückzuhalten, — unmög=
lich! Was konnte er weiter thun? Um nun nicht mitten hinein
in den Strudel gerissen zu werden, dem er ja allein unmög=
lich widerstehen konnte, folgte er der Bewegung Schritt für
Schritt, aber widerstrebend und die raschen Entschlüsse der
Mutter hemmend. Um jene Zeit wurde ich vom Vater an
den Mittelrhein zu Bekannten geschickt, um dort eine Zeit
lang zu bleiben."

„Wo ich Sie gesehen!" sagte Lieutenant v. W.

„Nein, wo Sie mich nicht gesehen," entgegnete lächelnd
das Mädchen. — „Doch ließ mich die Mutter bei den ernsten
Ereignissen, die von allen Seiten hereinzubrechen drohten,
nicht lange dort, sondern rief mich hieher zurück. Mein Bru=
der, der damals die Hochschule besuchte, exaltirt, wie so viele
seiner Bekannten, nahm thätigen Antheil an dem unglücklichen
Kampfe und wurde gestern, wie Ihnen bekannt ist, drunten
in dem weißen Hause schwer verwundet."

„Allerdings, ich weiß," versetzte ernst der Dragoner=
Offizier. „Aber wie konnte sich Ihre Mutter dorthin bege=
ben? Es ist ja ein wahres Wunder, daß Sie unverletzt ge=
blieben, daß nicht eine der hereinschlagenden Kugeln Sie
getroffen, daß Sie nicht bei dem Erstürmen verletzt wurden.
— O, mein Gott! Sophie, ich versichere Sie alles Ernstes,
ich bin dem Schicksal unendlich dankbar dafür, daß es mich
gestern bei dem Gefechte zugegen sein ließ."

„Auch mich hat es glücklich gemacht," sagte nach einer
Pause das junge Mädchen mit kaum vernehmbarer Stimme,
und setzte lauter hinzu: „Und ich danke dem Schicksal und
Ihnen." Dabei reichte sie dem Offizier, der vor ihr saß,
mit einem rührenden Ausdruck ihre beiden Hände, die er für
jetzt zu ergreifen sich begnügen mußte; doch wer weiß, was
weiter geschehen wäre, hätte sich nicht in diesem Augenblicke
die Thüre geöffnet, zu welcher der alte Hieronymus herein
trat. Christine in der Ecke erwachte mit einem lauten Seufzer
und fing augenblicklich wieder an zu stricken.

„Verzeihen Sie, Fräulein Sophie," sagte der Diener, „ich

komme nur, um meine Meldung zu machen: der junge Herr
befindet sich fortwährend sehr gut, und ich glaube, es könnte
nichts schaden, wenn Sie, ehe der Tag kommt, für Madame
noch ein beruhigendes Zeichen machten."

„Ist es schon so spät?" entgegnete hastig aufstehend
Sophie.

„Vielmehr so früh," versetzte lächelnd Hieronymus; „es
wird nächstens drei Uhr schlagen."

„Gott sei Dank," sprach sie, „so ist die Nacht bald
vorüber! — Also Alles geht gut? Dann wird es an einem
einzigen grünen Lichte genug sein."

„Und der Ueberfall des Feindes?" fragte lächelnd der
Dragoner=Offizier; „Hieronymus wird wissen, welche Farbe
man dazu braucht."

„Ich glaube in der That," antwortete der alte Diener,
„Madame hat den Fall vorgesehen und dafür blau be=
stimmt — Blau und darauf Roth, wenn wir Unannehmlich=
keiten erlitten, im anderen Falle aber Blau und Weiß."

„Ah! Blau mit Roth, oder Blau mit Weiß!" sagte
nachdenkend der Dragoner=Offizier und schaute das Mädchen
mit einem innigen Blicke an. Sie hatte den Schirm von
der Lampe abgehoben und stand jetzt zum erstenmal in vol=
lem Lichte vor ihm.

„Ich habe den Dragonern drunten einen Trunk ange=
boten, sprach der Hieronymus zu dem Offizier, „doch haben
sie ihn ausgeschlagen."

„Das will ich glauben in Feindes Land!" entgegnete
lachend Lieutenant v. W. „Sie kennen ihren Dienst."

„Aber eine kleine Erfrischung wird den armen Leuten
nichts schaden," meinte das junge Mädchen, „und wenn ich
Sie bitte, so werden Sie Ihre Erlaubniß nicht versagen."

„Gewiß nicht," erwiederte der Dragoner=Offizier mit
lauter Stimme, fügte aber leise hinzu: „Um so weniger, da
Sie mir dadurch gestatten, noch eine kleine Weile in ihrer
Gesellschaft zu bleiben." — Damit ging er an das Fen=
ster, öffnete es und befahl dem Unteroffizier der Drago=

ner, er solle die Leute absitzen und es sich bequem machen
lassen.

Hieronymus hatte das Zimmer verlassen, und Christine,
die gehört hatte, man wolle auf's Neue telegraphiren, brachte
das blecherne Kästchen herbei.

„Jetzt werden Sie mir helfen?" fragte schalkhaft lächelnd
das junge Mädchen und reichte dem Offizier eine der Pa-
pierhülsen, die sie aus dem Kästchen genommen.

„Ich befinde mich da in einer merkwürdigen Position,"
entgegnete Lieutenant v. W. mit heiterer Miene. „O, mein
Fräulein! Sie machen aus mir, was Sie wollen; indem ich
Ihnen hier helfe, vertraue ich Ihnen meinen guten Namen,
meine Ehre an; ich könnte garstig kompromittirt werden,
wenn man die Geschichte auf eine andere Art im Hauptquartier erzählte."

„Wir werden einander nicht verrathen," sprach treuherzig das schöne Mädchen und sah den jungen Offizier mit
einem unbeschreiblich innigen Blicke, der warm und glänzend
aus ihren großen dunkeln Augen drang, eine Sekunde lang
an. „Sind wir denn nicht im gleichen Falle, habe ich Ihnen
nicht auch meinen guten Namen, meine Ehre anvertraut, und
thue es auch jetzt noch unbedingt?"

„Ah, Sophie!" versetzte feurig Lieutenant v. W., „Sie
haben Beweise von meiner Verschwiegenheit; ich bin in der
That glücklich, ja selig, ein Geheimniß mit Ihnen theilen zu
dürfen."

Wir wissen nicht, durch welch' geschicktes Manöver der
Dragoner-Offizier bei diesen Worten plötzlich auf die andere
Seite des Tisches kam und wie er es wagen konnte, seinen
Arm um ihre schlanke Taille zu legen; sie duldete es auch
nur einen Augenblick; doch während sie seine Hand los
machte, tröstete sie ihn durch einen einzigen Blick, einen Blick,
der ihn nicht einmal traf, der vielmehr forschend in die Ecke
des Zimmers flog, wo sich Christine wieder auf ihren Stuhl
zurückgezogen hatte.

Darauf traten die beiden jungen Leute wieder an das

Fenster; sie ruhig, er zitternd. — Wie erfrischend war die
kühle Morgenluft, die nun in das Zimmer drang, wie süß
der Duft des Waldes, der Kräuter und Blumen, mit dem
ein leichter Wind ihre erhitzten Wangen kühlte! Es war schon
nicht mehr völlig Nacht draußen, ein unbestimmtes Licht bezeich=
nete schattenhaft die Gestalten der Gesträuche und Bäume, und
ließ beinahe das Terrain vor ihren Augen erkennen: Hügel,
Schluchten, Bäche und Wege, aber Alles noch ungewiß, wie
schlummernd und träumend. Am Horizont war nur eine
lichte Stelle, wo der Mond untergegangen, und hoch am
Himmel glänzten noch ein paar erlöschende Sterne — es
lag ein unbeschreiblich süßer Hauch auf der Landschaft, es
herrschte ein wonnig süßes Gefühl in den Herzen der beiden
jungen Leute, welche neben einander am Fenster standen; man
ahnte schon, wie es draußen werden, wie es sich im Innern
gestalten würde bei dem ersten Strahl eines aufflammenden
Lichtes, eines Lichtes, mochte es nun ein Sonnenstrahl sein
oder ein liebendes Wort, draußen die Schatten verjagend,
innen alle Zweifel aufklärend.

„Zuerst das grüne Licht,“ sagte tief aufathmend das
junge Mädchen.

Und darauf legte er die Hülse an's Fenster, zündete sie
an, und dann fuhren Beide erschrocken zurück, aber merk=
würdiger Weise dichter zu einander hin bei der plötzlichen Helle.

„Jetzt das blaue.“

„Ah, für mich, für den Feind!“

„Blau Licht bei Nacht ist eine schöne Farbe.“

Und Beide schauten es eifrig an und sahen noch eine
Sekunde lang in die verbrannte Hülse, nachdem sie schon
ausgeleuchtet hatte. Hierbei war es recht sonderbar, daß der
Offizier, als er nun seine Hand empor hob, die des Mäd=
chens fest hielt. Sie hatte sich, wahrscheinlich erschreckt von
dem blauen Lichte, zu ihm hingeflüchtet. Jetzt kam aber ein
entscheidender Moment; denn das nächste Feuer konnte roth
oder weiß leuchten, je nachdem der Ueberfall des Feindes
als freundlich oder unfreundlich angesehen wurde.

Der Dragoner=Offizier warf einen raschen Blick hinter sich in das Zimmer, vor allen Dingen nach dem Stuhle, auf welchem Christine gesessen; aber er war leer, — sie hatte das Gemach verlassen.

Dieses Mal suchte Sophie die Hülse selbst aus, sie legte dieselbe an's Fenster; der junge Offizier nahm die kleine Lunte und sagte dann mit zitternder Stimme zu dem Mädchen, wobei sie sich erschrocken von ihm abwandte, denn er hatte sie etwas haftig an sich gedrückt: „Sophie, wissen Sie wohl, daß jetzt für mich, für meine Zukunft, für mein ganzes Leben ein wichtiger, ein großer Augenblick gekommen ist? Sie zeigten Ihrer Mutter an, der Feind, ich, sei ge-kommen, jetzt sind Sie im Begriffe, hinzuzufügen, wie Ihnen der Feind erschienen ist; ich weiß nicht, welche Hülse Sie genommen haben; es sei das für mich ein Glücksspiel; wird im nächsten Augenblicke ein rothes Licht erscheinen, wohlan, so bin ich Ihnen gleichgültig, ist es aber ein weißes Licht, dann, Sophie, lieben Sie mich so innig, so treu — — wie ich Sie liebe.“

Das junge Mädchen schauderte in seinem Arm und erwiederte mit leiser Stimme: „Das habe ich nicht gesagt.“ — Sie war erschrocken, sie machte mit zitternder Hand einen Versuch, die Hülse von dem Fenster zu nehmen. Aber es war zu spät — sehr viel zu spät; das Feuer hatte gezün-det, und als nun eine helle weiße Flamme emporquoll, drückte der Dragoner=Offizier das schöne Mädchen fest an sein Herz; sie wandte das von dem glänzenden Scheine überstrahlte Gesicht nicht von ihm weg, und so kam es, daß er sie innig auf die frischen rothen Lippen küßte.

Dieser Kuß dauerte eben so lange, als die Hülse brannte, dann fuhr das Mädchen aus seinen Armen empor, rief: „Mein Gott! mein Gott!“ und warf sich in ihren Fauteuil, wo sie ihr Gesicht mit den Händen bedeckte.

Nach dem ersten Kuß, den man einem jungen Mäd-chen raubt, ist es ein wichtiges und sehr süßes Geschäft, für diese Unthat Verzeihung zu erlangen, und man setzt dann mit eifrigen Worten seine Gefühle, seine Wünsche, seine Hoffnungen auseinander. Das that denn auch Lieutenant v. W., und wir müssen gestehen, daß nach einer kleinen Viertelstunde das schöne Mädchen unter Thränen lächelte.

Zwölftes Kapitel.

Der lange Eduard wird von einer Patrouille aus dem Schlafe geweckt, zieht in der Morgendämmerung auf Entdeckungen aus und bemerkt mit Erstaunen, daß ein großes Licht vor ihm aufgeht.

Während dieser Viertelstunde aber hatte sich draußen allerlei begeben. Der Unteroffizier von der Feldwache am Hohlweg verließ jene Ecke nicht mehr, von wo aus er das einsame Landhaus beobachten konnte. Lange bemerkte er kein weiteres Licht, dann aber flammte es wieder, wie wir bereits wissen, grün, blau und weiß empor. Der würdige Unteroffizier, obgleich er der Reiterpatrouille diese merkwürdige Thatsache gemeldet, hielt es dennoch für seine Pflicht, auf dem nächsten Patrouillenzettel an's Hauptquartier hierüber einen Rapport zu erstatten. Dieser Rapport gelangte auf dem vorgeschriebenen Wege in das weiße Haus und vor das Lager des die Wache kommandirenden Hauptmanns, wurde aber von demselben, da er sich gerade eines guten Schlafes erfreute, an den wachthabenden Lieutenant im Hofe verwiesen.

Der lange Eduard träumte zur selbigen Zeit von einer neuen Ausgabe des Meidinger, von ihm sehr vermehrt und bereichert, auch mit Holzschnitten illustrirt, deren Stöcke er gerade im Begriffe war, eifrigst durchzusägen. In diesem interessanten Augenblicke wurde er geweckt, und nachdem er sich aus dem Mantel herausgewickelt, die Pickelhaube aufgesetzt und die Schärpe etwas zurecht gezogen, nahm er aus den Händen der Soldaten den Patrouillenzettel und las mit großem Erstaunen, was sich draußen auf den Vorposten begeben. Es ist eigentlich erstaunlich, brummte er in sich hinein, daß W. nichts davon gemeldet, er muß es doch auch gesehen haben; sonderbar ist es auch, daß er noch nicht zurückgekehrt ist. „He, mein Freund," wandte er sich fragend an den Soldaten, „habt Ihr auf Posten keine Reiter=Patrouille gesehen?"

„Dragoner, Herr Lieutenant? — Die waren nach ein Uhr bei unserer Wache. Der Unteroffizier führte den kommandirenden Offizier bis draußen vor den Hohlweg, wo man die farbigen Lichter deutlich sehen konnte; darauf ritt die Patrouille nach dem Hause hin, wo man die Zeichen gesehen."

„Um ein Uhr?" sagte der lange Eduard, indem er sich in seiner ganzen Größe erhob. „Sonderbar! Ich muß das Ding dem Hauptmann melden; unser braver Kamerad W. könnte in einen Hinterhalt gefallen sein." — Damit fertigte er die Patrouille wieder ab und ging mit langen Schritten in das Haus, wo er den Hauptmann weckte, ihm die Sache vortrug und ihn zu gleicher Zeit darauf aufmerksam machte, wie nothwendig es sei, das Haus mit den farbigen Lichtern ein wenig näher zu untersuchen.

Der Hauptmann war damit vollkommen einverstanden; da er aber nicht Lust zu haben schien, das Unternehmen selbst zu leiten, ihm auch wohl der Dienst nicht erlaubte, seine Wache zu verlassen, so beauftragte er den langen Eduard mit dieser Expedition und gab ihm zehn Mann von der Wache mit, um das verdächtige Haus zu untersuchen.

Unterdessen verkündete schon ein heller Streifen im Osten, daß der Tag anzubrechen beginne; ein leichter Wind bewegte die Zweige der Bäume, und einzelne Vogelstimmen schlugen schüchtern an und versuchten ihre Kehlen zu dem späteren großartigen Morgen=Concerte, womit sie den Auf=

gang der Sonne zu begrüßen pflegen. Die Schatten der
Nacht verschwanden schneller und schneller, und man war
schon im Stande, eine gute Strecke vor sich zu sehen.

Lieutenant Eduard stieg durch den Wald hinauf und
gelangte bald an die Vorpostenkette, wo Jedermann durch
Ueberlieferung wußte, daß die Reiterpatrouille vorüber gekommen, aber nicht zurückgekehrt sei. Der lange Eduard
dachte an alle möglichen Unglücksfälle; schreckliche Geschichten
wurden von seiner lebhaften Phantasie ausgedacht, und der
Bericht der Schildwache in der Nähe jenes Landhauses war
nicht dazu gemacht, seine Zweifel zu zerstreuen und seine
Befürchtungen niederzuschlagen, die in nichts Geringerem
bestanden, als Lieutenant W. sei in einen Hinterhalt gefallen
und vielleicht mit seiner ganzen Mannschaft niedergemacht
worden.

Die letzte Schildwache unfern des Gitterthors hatte von
ihrem Vormann die Meldung erhalten, die Dragoner seien
in den Hof geritten, und er habe genau auf alles aufzu-
passen, was vorfalle. Aber es war nichts vorgefallen. Der
Dragoner, der zwischen dem Gitterthor und diesem Posten
aufgestellt war, hatte sich nach und nach zu seinen Kameraden hineingezogen. „Dann war es," sagte der Soldat,
„hinter dem Gitterthor sehr still geworden."

„Sehr still?" fragte nachdenkend der lange Eduard.

„Ja wohl, Herr Lieutenant, außerordentlich still," antwortete die Schildwache; „nur ein einziges Mal noch hörte
man ein ziemlich lautes Klirren der Säbel; das dauerte aber
vielleicht eine Minute, und dann trat dieselbe tiefe Stille
wieder ein."

Der lange Eduard schauderte und sprach zu sich selber:
Gott der Gerechte! es wäre doch in der That fürchterlich,
auf eine so elende Art und nächtlicher Weile um's Leben
zu kommen. Dabei fiel es ihm heiß auf die Seele, daß
Lieutenant v. W. gestern Vormittag die bewußte Dame und
ihre blonde Tochter hieher geleitet; nichts schien ihm wahrscheinlicher, als daß sein armer Kamerad sich bei dem Ver-

suche, das Mädchen wieder zu sehen, vielleicht zu weit vorgewagt und so in eine schlimme Geschichte gerathen.

Während aber auf diese Art der lange Eduard drunten
vor dem Gitterthor diese traurigen Gedanken in seinem Herzen nährte und sich dabei eines tiefen Schauders nicht erwehren konnte, kniete droben im Zimmer der Gegenstand
dieses Schauders vor dem uns bekannten violet-sammtnen
Fauteuil oder vielmehr vor dem Mädchen, welches in demselben lag.

„Meine liebe Sophie," sagte er, nachdem sie ihm durch
einige Thränen zugelächelt, „du bist nun meine Gefangene,
und ich kann dich nur auf Ehrenwort frei geben, das heißt,
dich hier auf dem Landhause lassen, wenn wir heute abziehen."

„Und worauf soll ich mein Ehrenwort geben?" fragte
sie erröthend.

„Ei," antwortete er lachend, „daß du meines Rufes
gewärtig bist, mir zu folgen, wohin ich es verlange — natürlich als mein liebes Weib."

Sie senkte den Kopf auf seine Stirn, gab aber keine
Antwort.

„Du kennst jetzt meine Familie," fuhr er fort, „sie ist
eben so alt und bedeutend, wie die deiner Mutter. Glaubst
du, diese werde es ungern sehen, daß du Frau v. W. werden sollst?"

„Nein, ich glaube nicht, mein lieber Freund," entgegnete das Mädchen; „ich glaube, es wird sie glücklich machen,
ja, vielleicht den Frieden in unserer Familie wieder herstellen."

„Das wäre prächtig, mein Kind!" jubelte laut der
Dragoner-Offizier; „dann würde es uns ja vielleicht gelingen,
sie von jener Partei wieder zu uns herüber zu ziehen. Ah!
das macht mich sehr zufrieden, und ich kann es jetzt einigermaßen entschuldigen, meinen Patrouillendienst nicht vollkommen gewissenhaft ausgeübt zu haben. Wenn Seine Königliche Majestät erfährt, welche Proselyten ich gemacht, und
wie ich zur dauernden Beruhigung dieses Landes beigetragen,
so kann mir ein gutes Avancement nicht entgehen." — Bei

diesen Worten sprang er vergnügt in die Höhe, zog das Mädchen von dem Fauteuil empor und drückte sie eine gute Weile fest und innig in seine Arme.

Da wurde die Thüre zum Salon heftig aufgerissen, und als Lieutenant v. W. erstaunt über diese Unterbrechung um sich blickte, sah er die lange Gestalt eines Infanterie-Offiziers wie eine Erscheinung in dem Halbdunkel des Vorzimmers stehen.

Diese Gestalt schien aber offenbar noch mehr überrascht und erstaunt, als der Dragoner-Offizier; sie hatte den Degen gezogen, bewegte sich langsam vorwärts und rief endlich mit einem tiefen Seufzer, mit einem Tone der höchsten Verwunderung: „Heiliger Meidinger!"

Bei diesem Ausrufe mußte der Dragoner-Offizier augenblicklich, wen er vor sich habe; er ließ das junge Mädchen aus seinen Armen in den Fauteuil niedergleiten und bot seinem Freunde lustig lachend die Hand.

„Du hast, wie mir scheint, mit Erfolg patrouillirt," meinte der lange Eduard nach einer Pause, nicht ohne einen kleinen Anflug von Neid und nachdem er sich einigermaßen von seinem Erstaunen erholt.

„So vollkommen," antwortete ihm rasch Lieutenant v. W., „daß ich jetzt im Stande bin, dir hier meine Braut vorzustellen."

„Ah! mein Fräulein, wir kennen uns!" rief der lange Eduard, indem er sich tief verbeugte. „Ich hatte die Ehre, mit Ihnen vor einiger Zeit zu speisen. Wer hätte gedacht, daß Sie so bald zu uns übergehen würden!"

Das junge Mädchen, das sich bei der so unerwarteten Dazwischenkunft eines Dritten in großer Verlegenheit befand, erinnerte sich gern des Infanterie-Offiziers, den es bei seinem Oheim gesehen, und war so im Stande, ein für diesen seltsamen Augenblick über alle Erwartung ruhiges und vernünftiges Gespräch einzuleiten. Doch war die Position der drei Personen ziemlich unhaltbar, ja unerquicklich, und so hörten sie denn auch nach einigen Augenblicken mit großem Ver-

gnügen von dem Thale herauf einen einfachen Trommelschlag
durch die Stille des Morgens herüber schallen, dem bald
andere rasselnd und wirbelnd antworteten. Dazwischen klangen
Trompeten und Hörner und mahnten zum Aufbruche.

Der lange Eduard war diskret genug, sich mit der
Hoffnung auf ein frohes Wiedersehen rasch zu entfernen,
wodurch er seinem Kameraden Zeit ließ, einen innigen Ab=
schied von dem geliebten Mädchen zu nehmen. Das that
dieser denn auch, er küßte sie auf die Stirne, auf den Mund,
auf die Augen, und als er sich darauf gewaltsam von ihr
losriß, sagte er: „Uebermorgen sind wir in H.; nicht wahr,
meine geliebte Sophie, dort finde ich den Brief deiner
Mutter?" — —

Die Dragoner hatten sich unterdessen im Hofe vollkom=
men restaurirt, sie waren lustig und wohlgemuth und hätten
gar zu gern ein vergnügtes Lied gesungen; doch ritt ihr
Offizier schweigend vor ihnen her, in tiefe Gedanken ver=
sunken, und schaute nieder auf den Sattelknopf, bis er das
Infanterie=Piquet erreichte, an dessen Spitze der lange Eduard
marschirte. Dieser reichte seinem Freunde lachend die Hand
und sagte ihm: „Wahrhaftig, ich kann dir nur gratuliren;
ich glaube, du allein wirst aus diesem Feldzug eine vernünf=
tige Eroberung mit nach Hause bringen."

Bald hatten sie das weiße Haus erreicht, wo das Haupt=
quartier im Aufbruche begriffen war. Der Unteroffizier des
Feldpostens draußen, der zurückgezogen worden war, meldete
eben dem wachthabenden Hauptmann noch einmal auf's Um=
ständlichste die Geschichte mit den bunten Lichtern; Lieutenant
v. W. rapportirte, daß er jenes Haus auf's Genaueste un=
tersucht, und der lange Eduard setzte hinzu, er könne die
Versicherung abgeben, der Dragoner=Offizier habe auf's Um=
sichtigste gehandelt, und er für seine Person sich überzeugt,
daß die bunten Lichter vollkommen unverdächtig gewesen seien.

Dreizehntes Kapitel.

Erzählt, daß Feodor Dose vier Briefe aufbrach und las, daß er
hierauf einen wichtigen Entschluß faßte, in deſſen Folge dieſes
Kapitel das letzte Wachtſtuben-Abenteuer enthält.

———

Der geneigte Leſer wird nicht von uns verlangen, daß
wir ihm eine Fortſetzung jenes Kampfes berichten, aus dem
wir in den letzten Kapiteln eine Epiſode erzählten. Auch iſt
derſelbe bekannt genug, und wir können, um dem Titel un=
ſerer Geſchichte: „Wachtſtuben-Abenteuer" getreu zu
bleiben und um die Gränzen, die wir uns vorgeſteckt, nicht
zu überſchreiten, nur noch dieſes Schlußkapitel liefern, in dem
wir das Mögliche thun, um dem uns hoch ehrenden Intereſſe,
welches der geneigte Leſer an den handelnden Perſonen ge=
nommen, einigermaßen gerecht zu werden.

Von Wachtlokalen haben wir zuſammen ſchon eine gute
Anzahl der verſchiedenſten beſucht; es bleibt uns noch eines
übrig, freilich nicht das angenehmſte, aber um der Wahrheit,
wie immer, getreu zu bleiben, können wir es dem Leſer nicht
erlaſſen. — Wir hätten in der That lieber auf einem an=
deren Schauplatze geſchloſſen.

Es ſind des Stalles warme, aber etwas dunſtige Räume,
die ſich vor unſerem Blicke öffnen. Dieſer Stall befindet
ſich in einem langen gewölbten Gebäude, hat eine breite
gepflaſterte Gaſſe, an welche rechts und links die Pferde=
ſtänder ſtoßen. Dahinter ſtehen die treuen Thiere wohlge=
nährt, rein geputzt, mit wollenen Decken verſehen, und laſſen
nun, da ſie ſo eben ihre Heuveſper verzehrt haben, theils
anmuthig die Köpfe hangen, oder neigen ſie zu zwei und
zwei gegen einander, wobei ſie allerlei ſeltſame Laute aus=
ſtoßen.

Vielleicht träumen die Pferde von dem vergangenen

Feldzuge und erinnern sich lebhaft dieses oder jenes Gefechtes. Von einem so intelligenten Thiere wäre das gar nicht zu verwundern. In der Stallgasse brennen ein paar trübe Laternen und beleuchten mit röthlichem Scheine die Schilder, auf welchen die hochpoetischen Namen der Pferde geschrieben sind. Man sieht hier eine ganze Mythologie: Jupiter, Juno, Venus, Mars, und nur hier und da einige gewöhnliche Namen, wie „Lise" oder „Franz" oder „Peter".

Die Stallgasse ist sauber geputzt, auf dem Pflaster kein Fleckchen zu sehen; die Geschirre hangen an den verschiedenen Ständern, das Lederzeug blank gewichst, die Eisentheile wie Silber funkelnd. Und welch wohlthuende, ja feierliche Stille herrscht jetzt in dem Stallraume! Die Streu ist gemacht, und wer von den wachthabenden Kanonieren nicht gerade in der Stallgasse auf- und abgehen muß, hat sich zu seinem Pferde geschlichen und liegt neben demselben in dem frischen, hochaufgelockerten Stroh. Am Anfange des Stalles, dort, wo die Haupt-Eingangsthüre ist, befindet sich neben der Futterkiste ein kleiner Bretterverschlag mit einer ziemlich breiten Pritsche, einem kleinen Tische und einem hölzernen Stuhle. Auf letzterem sitzt der Wachthabende; er hat die Ellenbogen auf den Tisch gestützt, den Kopf in die Hände gelegt und blickt träumerisch in das Licht der Laterne, die vor ihm steht. Auf seiner Brust glänzt eine neue große goldene Tapferkeits-Medaille.

Wenn wir dem geneigten Leser sagen, daß dieser Wachthabende Feodor Dose ist, so hören wir schon hier und da die richtige Einwendung: Wie kommt es, daß ein Feuerwerker die Stallwache bezieht? Er ist ja seinem Range nach davon befreit! — Wir wissen das ebenfalls, können aber die Versicherung geben, daß der Feuerwerker Dose es diesen Morgen als eine Gunst erbeten, die heutige Stallwache thun zu dürfen. Und er hatte einen poetischen Grund dazu: er kannte diese stillen, einsamen Räume, er wußte, wie geeignet sie waren zu einem tiefen, ununterbrochenen Nachdenken: und da er am heutigen Tage wahrscheinlich viel

nachzudenken hatte, gern allein sein wollte, so bezog er
die Stallwache.

Der Feuerwerker hatte mehrere Briefe erhalten, für ihn
von dem wichtigsten Inhalte, und wollte nun hier dieselben
in aller Stille lesen und seine Entschlüsse fassen. Als Mann
von Ordnung nahm er diese Schreiben aus seiner Brieftasche
und legte sie, geordnet nach ihrer Größe und Schwere, vor
sich auf dem kleinen hölzernen Tische aus. Da lagen sie
nun, vier an der Zahl, und jetzt, wo er keine Unterbrechungen
zu befürchten hatte, beschloß er, die verhängnißvollen Siegel
zu öffnen. Das erste zeigte ein Posthorn und verschloß ein
Paket von dickem, blauem Papier, dessen Gewicht und Un-
behülflichkeit das kurze und magere Schreiben durchaus nicht
entsprach, wohl aber dem Absender desselben, dem dicken und
faulen Tipfel. Er schrieb von seiner fernen Gränzstadt und
erkundigte sich im Eingang, ob Dose den Feldzug glücklich
überstanden, ob er noch am Leben und im ungehinderten
Besitze seiner sämmtlichen Gliedmaßen sei.

„Ich bin recht glücklich," sagte unter Anderem der ehemalige Bombardier, „und Sie können sich nicht denken, lieber
Dose, mit welcher Beruhigung ich, fern vom Schuß, die
Berichte eurer glorreichen Heldenthaten gelesen. Meine Existenz ist eine ganz behagliche und würde ungetrübt zu nennen
sein, wenn nicht meines Vorgesetzten, des Postmeisters Dachsinger, unglückselige Leidenschaft für das Bayonnetfechten
täglich im Zunehmen begriffen wäre. Es ist das jetzt eine
Art von Dienst für uns geworden, und mich hat dieser trostlose Infanterist im wahren Sinne des Wortes zum Stich-
blatt erwählt. Denken Sie sich, Dose, er citirt mich zwei-,
dreimal die Woche, dann handhaben wir ein paar hölzerne
Gewehre, auf der Bayonnetspitze steckt ein Stück Kreide, und
ich werde nicht eher wieder entlassen, als bis ich auf meiner
ganzen Vorderseite mit weißen Flecken vollkommen getigert
bin, und das nennt er mich vertraulich und herablassend behandeln, dieses Ungeheuer von einem Vorgesetzten — in
bayonnetfechterischer Hinsicht nämlich, denn sonst kann ich

nicht über ihn klagen, da ich zuweilen sehr gut bei ihm speise und er mir auch eine kleine Zulage verschafft hat."

So schrieb Tipfel; doch schüttelte Feodor Dose bedeutsam sein Haupt und legte diesen Brief stillschweigend bei Seite.

Das zweite Schreiben, das er nun erbrach, befand sich in einem Umschlage von röthlichem Papier und führte das Siegel der Batterie, welcher Dose anzugehören die Ehre hatte. Es war eigenhändig von Hauptmann von Stengel, welcher seinem Untergebenen schrieb:

„Mein lieber Dose, wohl wissend, daß Sie bei meiner Batterie wieder eintraten in der Hoffnung auf einen längeren Feldzug und auf ernstliches Avancement, das Ihnen auch nicht hätte entgehen können, kann ich mir recht gut denken, daß Sie gegenwärtig, wo es mit Schiller heißt: der Soldat spannt aus, der Bauer spannt ein, und wo wir demnach wieder auf die bekannten vier Geschütze ohne alles Andere reducirt werden, nicht in Ihren Wünschen liegen mag, weiter zu dienen. Ihre Berechtigung für eine Civilversorgung hat sich durch die vergangene Zeit noch vermehrt, wogegen ich Ihnen gestehen muß, daß es mir äußerst angenehm wäre, Sie meiner Batterie zu erhalten. Hierzu wäre eine vortreffliche Gelegenheit, da ich im Begriffe bin, beim Abtheilungskommando einen sicheren Unteroffizier zum Wachtmeister vorzuschlagen und Sie hierzu ersehen habe. Im Falle Sie dazu geneigt wären, können Sie mir Ihre Antwort mündlich sagen; ich habe Ihnen dieses Schreiben nur zugefertigt, damit Sie Jedermann zeigen können, wie über Sie denkt

Ihr Chef und wohlgewogener Hauptmann,
Batterie=Commandeur v. Stengel."

Dose wußte schon im Voraus um diesen Antrag; er ließ den Brief sinken und schaute lange vor sich hin. Wachtmeister werden war keine Kleinigkeit, nach dem Hauptmann die mächtigste Person der Batterie, und in manchen Dingen noch mächtiger als der Chef selbst. Aber er schied damit so zu sagen aus dem aktiven Dienst und mußte Schreiber werden — eine Beschäftigung, vor welcher der Feuerwerker

eine unüberwindliche Abneigung fühlte. Freilich war das
silberne Porteepee sehr in die Wagschale zu legen, aber Dose
war nicht eitel, wenigstens nicht auf äußere Dinge; hätte
doch ihm Jemand die Mittel an die Hand gegeben, sich
einen großen Dichternamen zu erwerben, Feodor würde Alles
darum gegeben haben. — Aber Wachtmeister und in Friedenszeiten, für ihn, der es schon einmal erlebt hatte, daß die
Batterie demobil wurde, und daß man die Geschütze, die
noch kürzlich so lustig über die Ebene dahin flogen, in die
dunklen Magazine stellte, wo sie wahrscheinlich finster träumend ihre Zeit verbrachten — nein, Dose, der schon als
Post-Conducteur ein freieres, wenn auch mühsameres Leben
geführt, Dose konnte sich nicht wieder zum Kasernenleben
entschließen. — Es ist darin keine Poesie mehr! seufzte er.
Da bin ich allein hierher zurückgekehrt von den ehemaligen
Kameraden, und wenn ich das auch im Felde, wo mein Geschütz eine kleine Welt für mich war, nicht beachtet, so würde
ich mich doch wieder trostlos allein finden, sobald ausgespannt
und vollkommen verkauft ist. Meine Kanoniere werden nach
Hause entlassen, meine sechs Pferde kommen zu irgend einem
nichtswürdigen Kutscher, mein Leibroß, der Cato, muß, Gott
weiß, an welchem Karren ziehen, und ich allein bleibe zurück
— — ein entlaubter Stamm, dem innen im Marke nicht
einmal eine schaffende Kraft wohnt. — Nein, nein! seufzte
Dose, dann noch weit lieber Packmeister des Herrn v. Dachsinger, obgleich dieses Loos auch nicht beneidenswerth ist.

Der Feuerwerker stützte sorgenvoll sein Haupt auf die
Hand und sah die beiden noch verschlossenen Briefe an, die
vor ihm lagen. Von wem kamen sie? welchen sollte er zuerst erbrechen? Er beschloß, abermals der Größe nach zu verfahren; da sich aber die beiden Couverts ziemlich gleich sahen,
so richtete er sich nach den Siegeln und sparte den Brief
mit dem kleineren, obgleich dasselbe ein adeliges Wappen
zeigte, bis zuletzt auf. Er löste also von dem mit dem größeren Siegel behutsam den Umschlag, faltete das Schreiben
aus einander und las:

„Lieber Feuerwerker Dose! Als ich vor ein paar Mo=
naten die Batterie verließ, um meinen längeren Urlaub an=
zutreten, versprach ich Ihnen, eingedenk der mancherlei Be=
ziehungen, in welchen wir in den ersten Jahren meines Dien=
stes zu einander gestanden, sowie des Interesses, das ich
stets an Ihrer Person genommen, vorkommenden Falles und
wo ich Ihnen nützlich werden könnte, an Sie zu denken!"

Ah, von Lieutenant Robert! unterbrach sich Feodor
Dose selbst. Dann fuhr er zu lesen fort:

„Ich bin nun verheirathet und sehr glücklich; meine
Hochzeitsreise machte ich hieher an den Oberrhein und kam
so halb zufällig wieder an manche jener Orte, wo wir zu=
sammen unsere Geschütze aufgepflanzt und mit dem Feinde
Kugeln gewechselt. Hier ist natürlicher Weise jetzt wieder
Alles ruhig, und man sieht kaum noch irgendwo eine von
den Spuren, die wir zurückgelassen. So kam ich denn auch
zufällig in die Gegend von H., wo Sie sich eines Dorfes,
einer Ruine und eines weißen Hauses erinnern werden, welch
letzteres Sie so vortrefflich mit Granaten bedient. In der
Nähe dieses weißen Hauses befindet sich ein anderes, wo ich
in diesem Augenblicke friedlich sitze und an Sie schreibe.
So ist der Lauf der Welt, lieber Dose!

„Mein Versprechen, Ihnen nützlich werden zu wollen,
habe ich nach besten Kräften gehalten, und Sie werden das
aus einem Briefe ersehen, der wahrscheinlich zu gleicher Zeit
mit diesem an Sie abgeht. Er ist von einem meiner Freunde,
einem Ehemanne, so jung und glücklich wie ich, und wird
Ihnen Vorschläge machen, die Sie annehmen können und
hoffentlich annehmen werden. Antworten Sie baldigst, arran=
giren Sie Ihre Geschichten so schnell wie möglich und so
werden wir uns vielleicht hier noch sehen.

Ihr Lieutenant Robert."

Man kann sich leicht denken, daß Feuerwerker Dose
nach diesem einleitenden Schreiben den Brief mit dem kleinen
adeligen Wappen schleunigst erbrach. Derselbe lautete fol=
gendermaßen:

„Herr Feuerwerker Dose! Sie werden sich vielleicht jenes Tages erinnern, wo Sie Ihre Haubitze in einem kleinen Wiesenthal aufgestellt hatten und nach einem gewissen weißen Hause mit Granaten warfen. Dabei denken Sie vielleicht an den Unterzeichneten, der damals neben Ihnen hielt und beinahe von der ersten feindlichen zwölfpfündigen Kugel getroffen worden wäre. Wir nahmen bekanntlich jenes Haus, und in der Nacht darauf traf ich noch einmal mit Ihnen zusammen; es war bei der Feldschmiede, wo Sie Ihr zerschossenes Rad ausbesserten. Die schöne Gegend in der Nähe jenes weißen Hauses gefiel mir schon damals so außerordentlich, daß ich nach dem beendigten kleinen Feldzuge es wahrhaftig nicht unterlassen konnte, hieher zurück zu kehren. Ja, eine sonderbare Verkettung von Umständen bestimmte mich, eben jenes weiße Haus mit großen dazu gehörigen Gütern anzukaufen und mich hier häuslich niederzulassen. Daß man sich eine Frau anschafft, sobald man sich häuslich niederläßt, brauche ich Ihnen, einem erfahrenen Manne, nicht erst zu sagen, und habe ich hierin die allgemeine Regel befolgt, befinde mich auch außerordentlich glücklich dabei. — Nun sind aber durch die traurigen Zeiten, die dieses Land erlebt, viele Verhältnisse gelöst, andere unhaltbar geworden; namentlich auf unsern Gütern fehlt es in diesem Augenblick an zuverlässigen Leuten und einer kräftigen Hand, welche die vorhandenen Trümmer wieder zu einem angenehmen Ganzen zu vereinigen im Stande wäre; mit anderen Worten: wir suchen einen Verwalter von festem, erprobtem Charakter, sowie militärischer Strenge, und mein Freund Robert versichert mir, zur Ausfüllung einer solchen Stelle wären Sie, mein lieber Feuerwerker Dose, ganz geeignet. Da ich nun durch das, was ich von Ihnen während unseres Zusammenseins gesehen, die Ansicht meines Freundes vollkommen bestätigt gefunden, auch von demselben gehört, daß Sie die Batterie bei der Demobilmachung zu verlassen wünschen, so biete ich Ihnen hiermit diese Stelle an. Herr v. Stengel, Ihr Hauptmann, wird Ihnen einen vorläufigen Urlaub nicht verweigern; deßhalb lade ich Sie ein, so bald als möglich zu uns zu kommen, um unsere Bedingungen zu machen und, wie ich hoffe, in's Reine zu kommen."

So las Feodor Dose, und als nun darauf die Hand, welche das Schreiben hielt, auf den Tisch niedersank und er an das dunkle Stallgewölbe hinauf schaute, so schien sich dasselbe vor seinem inneren Blicke plötzlich zu öffnen, und er sah eine helle klare und freundliche Zukunft, keine Post= wachtstube mehr, keine Stallwache, kein Kasernenleben, aber ein poetisches Dasein, ein beschauliches Leben, auf Fluren und in Wäldern, im Schatten der alten Ruine, an den Ufern des murmelnden Baches. Feodor fühlte sich seit langer Zeit wieder zum ersten Male dichterisch angeweht, und wer weiß, ob nicht im nächsten Augenblicke ein neues Lied von ihm erschienen wäre, vielleicht betitelt: „Verlassen des Dienstes" oder „Der Verwalter", wenn nicht in diesem Moment das Knarren der Stallthüre seine Träume unter= brochen und das Klirren eines Säbels ihm angezeigt hätte, es nahe sich ein Vorgesetzter.

Es war der Hauptmann v. Stengel in eigener Person, der seinen Stall revidirte. Dose setzte seine Dienstmütze fest auf den Kopf, faßte den Säbel vorschriftsmäßig und meldete: „Im Stall hundertundzwanzig Pferde, von denen zwei in der Kranken=Abtheilung. — Zum Berichten ist nichts Neues; auf Wache befinden sich ein Unteroffizier und drei Mann."

„Aha, lieber Dose," sagte der Hauptmann schalkhaft lächelnd, indem er an den Tisch trat und die erbrochenen Briefe sah, „Sie haben gelesen? werr weiß, wie sehr! Nun, werden Sie mir nicht melden, — werr weiß, wie bald! — es befinde sich hier ein zukünftiger Wachtmeister?"

Dose stand da in der schönsten Haltung und entgegnete ohne weitere Ueberlegung mit der freundlichsten Stimme: „Verzeihen Sie mir, Herr Hauptmann, ich habe mir die Sache überlegt und muß für Ihre große Güte danken, ich bin zu dieser Stelle nicht gemacht."

„Ah, Teufel!" rief erstaunt der Batterie=Chef. „Sie haben nicht Luft, Wachtmeister zu werden? Das ist eine eigenthümliche Idee; werr weiß, wie sehr!"

„Ich weiß Ihr Vertrauen hoch zu schätzen," versetzte der Feuerwerker, „und da ich vor einem so wohlwollenden Vorgesetzten kein Geheimniß habe, so bitte ich Sie, diesen Brief zu lesen."

Damit reichte er ihm das Schreiben des Herrn v. W.

Der Hauptmann schüttelte anfänglich etwas mit dem Kopfe, während er las; bald aber fing er an zu nicken, und sein finster gewordenes Gesicht klärte sich auf. — „Nun ja," sagte er nach einer Pause, „das ist nicht so schlimm, werr weiß, wie sehr! Tüchtige Leute können Die schon brauchen; denn an Flickmaterial fehlt's durchaus nicht da oben. — Nun, ich gebe meinen Segen dazu! Den gewünschten Urlaub erhalten Sie so bald und auf so lange Sie wollen."

„Der Herr Hauptmann zürnt mir nicht?" fragte treu= herzig Dose, indem er einen Schritt näher trat.

„Was denken Sie, mein lieber Feuerwerker!" antwortete heiter der Batterie=Chef, indem er ihm die Hand reichte; dann aber setzte er seufzend hinzu: „Im Grunde haben Sie Recht; wenn man wieder eine Zeit lang die frische Luft in Wald und Feld eingeathmet, da beengt das Garnisonleben, — doch was will man machen? — Aber auf Stallwache brauchen Sie heute Nacht nicht zu bleiben," fuhr er nach einer Pause sehr freundlich fort; „einer der Bombardiere soll Sie ablösen, und morgen früh können Sie Ihren Ab= schied von mir nehmen. Doch, ich habe Ihnen noch etwas Wichtiges zu sagen!"

„Und ich habe noch eine große Bitte, Herr Haupt= mann," versetzte Dose.

„Man kann dem allgemeinen Weltfrieden nicht trauen," sprach der Hauptmann.

„Und wenn es wieder Krieg gäbe . . . .," sagte Dose, und seine Augen glänzten freudig.

„So . . ."

„So darf ich mich wieder bei Ihnen melden!" rief Dose, seinen Hauptmann im Drange des Gefühls unterbrechend.

Worauf dieser erwiederte: „Das will ich meinen — werr weiß, wie sehr!"

Noch einmal schüttelte der Vorgesetzte seinem Untergebenen die Hand und verließ dann den Stall.

Dose wurde gleich nachher von dem versprochenen Bombardier abgelöst. Er raffte seine Briefschaften zusammen, steckte sie in die Tasche, und als er darauf noch einmal hinabblickte in die halb dunklen, so eigenthümlich duftenden Räume, erinnerte er sich seiner ersten Wache, die er als junger strebsamer Vice-Bombardier ebenfalls in diesem Stalle gethan. Jetzt war wahrscheinlich seine letzte gekommen, und er mußte sich gestehen, daß, wenn er auch viel erlebt in den verschiedenen Wachtlokalen, die er während seiner langen Dienstzeit besucht, doch wohl die ersprießlichsten und angenehmsten Folgen haben würde — sein heutiges und

letztes Wachtstuben-Abenteuer.

Ferner:

F. W. Hackländer's Werke,

III. Serie. 14 Bände,

oder der „Sämmtlichen Werke" 35.—48. Band.

Auch unter dem Titel:

F. W. Hackländer's Neuere Werke.

14 Bände.

Geheftet 5 Rthlr. 18 Sgr. — 8 fl. 24 kr. Rhein.

Inhalt: Band XXXV—XXXVI. **Tag und Nacht.** Mit Illustrationen. 2 Bde. XXXVII. **Tannhäuser.** 2 Theile. XXXVIII. **Krieg und Frieden.** 1. Band. Enthaltend: Die Dame von Rittwitz. — Feuerwerker Wortmann. — Ein Sperrsitz-Abonnement zu Acht. — Bei dreißig Grad Hitze. — Eine Regenstudie. — Eine Schneestudie. — Ein Eisenbahnbild. XXXIX. **Krieg und Frieden.** 2. Band. Enthaltend: Ein erster und ein letzter Ball. — Geschichten einer Wetterfahne. — Der abgerissene Knopf und das erste Quartier. — Wie das Licht ausgelöscht wird. — London 1851. — Die landwirthschaftliche Ausstellung in Wien. — Die Feste in Rußland im Jahre 1846. XL. **Tagebuchblätter.** 1. Theil. Enthaltend: Ueber den St. Gotthard. — Venedig: 1. venetianische Feste, 2. Venedig im Schnee, 3. Weihnachtsabend in Venedig. 4. venetianisches Theater. — Paris im Winter 1851: 1. die Boulevards, 2. der 24. Februar, 3. Theater in Paris, 4. die Pariser Kunstausstellung von 1851, 5. ein Ball in der großen Oper von Paris. — **Tagebuchblätter.** 2. Theil. Enthaltend: Ungarn im Jahre 1857: 1. die Kaiserreise, 2. auf der Theiß, 3. ein Volksfest in Großwardein, 4. der Csardás. XLI. XLII. **Wechsel des Lebens.** 2 Bde. XLIII. **Theater: Der verlorene Sohn. — Unverheirathete Eheleute.** XLIV—XLVIII. **Die dunkle Stunde.** 5 Bände.

——— ———